中国教育学会国际教育分会
CHINA INTERNATIONAL EDUCATION

中国国际教育：
观察与研究

2024

苑大勇 主编

外语教学与研究出版社
FOREIGN LANGUAGE TEACHING AND RESEARCH PRESS

北京 BEIJING

图书在版编目（CIP）数据

中国国际教育：观察与研究. 2024 / 苑大勇主编. —— 北京 ：外语教学与研究出版社，2024. 9. —— ISBN 978-7-5213-5755-4

Ⅰ. G52

中国国家版本馆 CIP 数据核字第 2024BZ0733 号

中国国际教育：观察与研究 2024
ZHONGGUO GUOJI JIAOYU: GUANCHA YU YANJIU 2024

出 版 人　王　芳
项目策划　李国辉　李　晶　张　妍
责任编辑　赵　婧
责任校对　韩　蜜
封面设计　覃一彪
出版发行　外语教学与研究出版社
社　　址　北京市西三环北路 19 号（100089）
网　　址　https://www.fltrp.com
印　　刷　北京捷迅佳彩印刷有限公司
开　　本　650×980　1/16
印　　张　23
字　　数　356 千字
版　　次　2024 年 9 月第 1 版
印　　次　2024 年 9 月第 1 次印刷
书　　号　ISBN 978-7-5213-5755-4
定　　价　139.00 元

如有图书采购需求，图书内容或印刷装订等问题，侵权、盗版书籍等线索，请拨打以下电话或关注官方服务号：
客服电话：400 898 7008
官方服务号：微信搜索并关注公众号"外研社官方服务号"
外研社购书网址：https://fltrp.tmall.com

物料号：357550001

记载人类文明
沟通世界文化
www.fltrp.com

在教育强国建设中提升国际教育交流合作质量（代序）

在人类社会进入 21 世纪第三个十年后，国际政治巨变不已，科技革命加深加广，人工智能浪潮扑面而来，工业 4.0 时代渐成现实，各种思想思潮交流、交融、交锋，人们的学习方式、工作方式和生活方式发生了很大变化。中国正在日益走近世界舞台中央，华夏儿女应该放眼世界，胸怀全局，不忘本来，吸收外来，继往开来，创造未来。只是，在全球蔓延三年的新冠疫情，波及范围之广、影响领域之深，历史罕见，给人类生命安全和身体健康带来巨大威胁，给我国和各国的经济社会发展带来巨大挑战，对世界经济与全球治理造成重大干扰。教育作为其中的重要领域，也受到剧烈冲击。这是一次危机，也是一次大考。在后疫情时代，教育部门、各类学校、教育工作者应抓住机遇，迎接挑战，与各国同行和国际组织良性互动，把教育治理及各项工作做得更好，推动教育强国建设。

在教育强国建设进程中，我们应当认真研究国际教育新态势。深化教育改革、提高教育质量，必须立足中国、自力更生、锐意进取，同时也应放眼世界，关注全球性的教育问题，加强对国际性、全局性、战略性和前瞻性问题的研究，知己知彼、相互学习、实现超越。对国际教育新情况、新事物，应当以全球视野，全面观察、逐步聚焦、深入研究；亟须用中华民族情怀，去粗取精、厚德载物、悦己达人；应当用现代治理精神，正视剖析、见微知著、发现规律。

在教育强国建设进程中，我们应当科学谋划中国教育新举措。坚定不移地实施科教兴国战略和人才强国战略，坚持优先发展教育，加快推进教育现代化，推动教育取得全方位、开创性历史成就，让中国教育总体发展水平稳居中等发达国家行列。在未来的大国博弈中，培养具备国际竞争力的人才势在必行。学校在培养国际化人才时，应当形成战略思维，体现"外、特、精、通"，进而打好底色，擦亮特色，永葆本色，提升成色，优化国际化人才培养维度，造就一批又一批熟悉国家方针政策、了解我国国情、具有全球视野、熟练运用外语、通晓国际规则、精通国际谈判的高素质、专业化人才。

在教育强国建设进程中，我们应当统筹做好留学教育新布局。根据国际格局发展变化，做好"引进来"和"走出去"两篇大文章。中国学校和相关机构应当"张开双臂"，欢迎有真才实学的留学人员回国效力，发挥作用。大力推进"留学中国"品牌塑造，热忱欢迎世界各国优秀青年来华留学，让他们成为知华友华的使者。积极引进海外优质资源，扩大开展中外合作办学。与此同时，坚持"支持留学、鼓励回国、来去自由、发挥作用"方针，尊重学子出国学习的意愿，也尊重学子基于本国的"在地国际化"选择。此外，无私推广教育研究成果，将中国思想、中国经验、中国智慧和中国方案介绍分享给世界。

在教育强国建设进程中，我们应当迅速提高全球治理新本领。在世界形势趋于复杂的时代，把参与全球教育治理真正提上日程，搭建各国相互沟通的重要桥梁，促进不同文明之间的理解与互信。中国亟待参与全球教育规则制定与议题设置，不断拓展和深化同各国政府部门、各类教育研究组织和机构、教育智库、权威国际组织（如联合国教科文组织、世界银行、经合组织、二十国集团、金砖国家）等的教育合作。教育应当承担起价值反省与重建的责任，警惕狭隘的民族主义和民粹主义，通过全球化的知识生产打破国界与文明之间的藩篱。依照协调性、包容性、人文性、适切性、前瞻性和持续性原则，设立并运行制度规则或管理机制，凝聚共识、发布宣言、启动项目、形成合力，应对重大跨国性教育挑战，支持各国教育改革发展，实现教育治理水平提升。伴随着教育事业繁荣、综合国力增强和国际影响力的扩大，中国在实施全球教育治理方略、担负大国责任方面必将彰显更大决心、更强意志，中国参与全球教育治理的研究与实践任重道远。

在教育强国建设进程中，我们应当有效讲好和平发展新故事。要讲好

"一带一路"故事，让伙伴国人民知道这一倡议源于历史、植根现在、面向未来，可以促进民心相通，造福各国人民。要讲好"人类命运共同体"故事，让世界人民了解人类生存与未来息息相关、命运与共，形成共同发展繁荣的新能量。要讲好中国的教育故事，让各国同行明白，中国教育成就斐然、挑战仍存，中国知晓各国教育特色鲜明、资源丰富、互补性强、合作空间巨大、合作前景广阔。中国愿意发挥国际合作平台作用，借助联合国教科文组织等国际组织力量，推动各国围绕实现世界教育发展目标形成协作机制，在基础教育、高等教育、职业教育等不同领域踊跃合作，促进不同区域中的教育国际交流。通过讲好中国教育故事、加强教育文化外交、促进文化融通、增强文化互信、破解文明冲突，搭建起中国人民同世界各国人民有效互动交流的桥梁，与世界各国携手谱写人类文明的新篇章。

北京外国语大学党委书记、教授
中国教育学会副会长、国际教育分会理事长
王定华

前　言

2023 年 5 月 29 日，中共中央总书记习近平在主持建设教育强国第五次集体学习时指出，要完善教育对外开放战略策略，统筹做好"引进来"和"走出去"两篇大文章，有效利用世界一流教育资源和创新要素，使我国成为具有强大影响力的世界重要教育中心；要积极参与全球教育治理，大力推进"留学中国"品牌建设，讲好中国故事、传播中国经验、发出中国声音，增强我国教育的国际影响力和话语权。因此，教育领域的工作者和研究者，应当认真研究国际教育的新态势，关注全球教育问题，加强对国际性、全局性、战略性、前瞻性教育问题的研究。

关注国际教育领域的研究与实践是中国成为教育强国的必然选择。国际教育是教育对外开放的"基本点"，是国际关系的"晴雨表"，更是教育强国建设的"稳定器"。国际教育在建设教育强国过程中大有可为，国际教育工作者需要不断拓展自身能力，通过培养国际化人才，提升国际话语能力，创新国际教育实践，深化中国与"一带一路"共建国家的教育交流合作，培养"外、特、精、通"的优秀国际化人才，为中国教育对外开放奠定基础。

中国教育学会国际教育分会（China International Education, CIE）成立于 2021 年 6 月，是中国教育学会最年轻的分支机构之一，是中国从事国际教育科学研究、学术交流和成果推广的重要专业团体，秘书处设立在北京外国语大学，由北外党委书记王定华教授任分会首任理事长。国际教育分会成立以来，始终坚持学术立会，科研引领，践行新时代国际教育的政策举措，借助北京外国语大学的国际化平台，不断推动国际教育新发展。

国际教育分会成立以来，聚焦服务国际化特色学校发展，以"中国特色高品质学校国际评价研究"等课题为引领，带动会员学校坚持立德树人的人才培养根本任务，培养贯彻落实社会主义核心价值观、德智体美劳全面发展的社会主义建设者和接班人。此外，国际教育分会积极开展"寻访国际教育'名师优课'暨精品课例征集活动"等活动，以课程创新落实国际化人才培养路径，坚持"培养具有家国情怀、全球视野、专业本领，引领未来的高素质拔尖创新人才"的理念，优化国际化人才培养维度，造就一批熟悉国家方针政策、了解我国国情、具有全球视野、熟练运用外语、通晓国际规则、精通国际谈判的高素质、专业化人才。

《中国国际教育：观察与研究 2024》这本文集汇集了近两年在国际教育理论与实践领域研究的新成果，通过梳理国际教育领域中代表性、前沿性的理念、政策和实践的学术研究，整合各个学校的典型做法，分享国际教育领域研究者的学术思考，分析国际教育领域多个学校的核心实践举措，对教育政策进行回溯，共同为未来国际教育领域的新发展进行展望，以期服务于我国教育事业的高质量发展，为构建人类命运共同体培养优秀人才，为国际教育研究及教育强国建设提供支持。

中国教育学会国际教育分会副秘书长

苑大勇

2024 年 4 月

目　录

第一部分

国际教育的使命价值

中国基础教育阶段学生全球胜任力培养的课程实践

朱　竹　段可争　北京市东城区教育科学研究院

李劲红　北京市汇文中学

【摘要】本文梳理了国际教育、全球胜任力和培养全球胜任力的相关理论研究，并且对中国基础教育阶段学生全球胜任力培养的课程体系进行了归纳、提炼和总结，包括国际课程和公立学校三级课程体系。针对理论和实践的梳理，结合国家义务教育、高中新课程方案和公立学校多样化办学的最新要求，以及国际教育发展的最新趋势，对中国基础教育阶段如何培养学生全球胜任力进行了分析，提出了未来的发展路径。

【关键词】全球胜任力；三级课程；国际课程

一、基础教育培养学生全球胜任力的时代价值

（一）全球化时代构建人类命运共同体的挑战和应对措施

在 21 世纪的今天，全球化已经成为一个显著的时代特征，该概念明确被提出大约是在 20 世纪 80 年代。莱维在《市场全球化》一文提出"全球化"，即商品、服务、资本和技术在世界性生产、消费和投资领域的扩散，在大多数情况下，全球化指的是经济现象[1]。全球化增进人们的联系，跨国公司、互联网、大数据、云计算、人工智能等迅速发展，也给人们带来了空前的挑战和冲突，比如环境问题、金融危机、种族主义、贫富差距、移民问题和犯罪等[2]。

面对全球化带来的复杂局势，习近平总书记提出构建人类命运共同体，这是着眼人类发展和世界前途的中国方案[3]。构建人类命运共同体，基本

内涵就是建设持久和平、普遍安全、共同繁荣、开放包容、清洁美丽的世界。它是一种价值观，包含相互依存的国际权力观、共同利益观、可持续发展观和全球治理观[4]。在基础教育领域，推进构建人类命运共同体，就要增进学生对不同国家和文化的认识和理解，促进中外语言互通，在青少年心中打牢相互尊重和学习、热爱和平、维护正义、共同进步的思想根基。

（二）教育全球化和现代化的必然选择

教育的全球化主要指世界范围内的教育理念、发展进程和机构影响当地教育政策和实践的过程，如联合国教科文组织（UNESCO）的教育理念对中国的教育改革产生了深远影响[5]。教育的全球化会导致全球教育资源配置流动性更强，同时带动现代化发展，促进世界多元教育协调互助和教育的可持续发展。教育全球化推动各国教育目标进行重大调整，涉及公民教育、多元思维、宽容尊重、为人类福祉作贡献，教育国际化便应运而生。不同于教育全球化的客观性，教育国际化是一国政府、学校和科研机构做出的有目的的政策导向和实践措施，把国际的和全球跨文化层面的内容融入教育目的、职能和教学实施的过程，通常包括观念、政策、评估、课程、教师和学生几个层面。

改革开放以来，中国教育国际化始终致力于通过借鉴他国有益经验，推动中国现代社会的建设和发展。随着中国综合国力的增长和国际地位的提升，特别是共建"一带一路"倡议和"人类命运共同体"的提出，中国在国际教育领域也要讲好中国故事，为世界教育的发展贡献"中国方案"和"中国智慧"[6]。

（三）培养国际化人才的现实需求

在全球化时代，如何培养学生的国际意识和国际能力已成为世界各国教育普遍关注的热点问题[7]。经济合作与发展组织（OECD，以下简称经合组织）联合哈佛大学教育研究生院于2017年发布了《PISA全球胜任力框架》，并将PISA作为2018年国际学生评估项目。《PISA全球胜任力框架》

将"全球胜任力"定义为能够分析当地、全球和跨文化问题，理解和欣赏他人的观点和世界观，与不同文化背景的人进行开放、得体和有效的互动，以及为集体福祉和可持续发展采取行动的能力。这四个维度之间互相衔接和依存，同时还需要四个方面的支持：具备关于世界和"他文化"的知识，理解世界并采取行动的技能，开放的态度、对不同文化背景的人的尊重和全球思维方式，以及对人类尊严和多元性的认同[8]。

面对教育全球化的挑战，中国的教育目标也逐渐调整为培养具有全球视野的现代中国人，创新教育体系以培养全球化时代具有创新精神、懂得国际规则、又有中国文化根基、有能力参与国际经贸和文化交流活动的人才。综合国力竞争的关键在于人才的竞争，习近平总书记多次对人才强国战略作出重要论述，强调要把人才国际化作为人才强国战略的重要组成部分，增强我国人才国际竞争力[9]。中国国际化的人才需要具有民族认同感，并且可以在现代世界自由行走，具备 21 世纪所需要的技能，比如沟通合作能力、批判创新意识、国际理解能力、信息素养等。

二、基础教育培养学生全球胜任力的研究回顾

（一）关于国际教育的研究

国际教育通常可以视为比较教育的一个研究领域，或者培养国际意识和态度的教育实践活动；顾明远提出，国际教育的内涵之一就是研究跨文化和跨国的教育问题，以及社会、政治、经济和教育等因素对国际关系的影响和作用；从教育实践活动视角来看，顾明远提出国际教育指的是一种语言、能力、态度和观念的教育，可以帮助教育者理解国际教育以促进国家间教育、资源和学生的交流；从具体教育形态来看，滕珺认为国际教育的概念内涵丰富、形态多样，既包括来华留学、出国留学等人员的交流，也包括以人文交流机制为代表的信息交流，还包括各级各类学校中外合作办学的机制探索[10]。王殿军按教育事业视角将国际教育机构划分为三类，分别为外籍人员子女学校、国际教育民办学校和公立学校国际部。他认为，在中国办国际教育必须立足中国国情和中国教育的优秀传统，吸收借鉴中

国教育中好的东西，融会贯通；国际教育的人才培养目标应该是中国根基、全球视野；国际教育的最大价值是推动本土教育的变革，而不是国内教育的补充[11]。

对于基础教育阶段国际教育的研究通常还有基础教育国际化的概念。周满生认为，基础教育国际化重在培养学生的全球意识和对多元文化的理解力，培养学生的好奇心、想象力、批判性思维能力、沟通能力与合作能力，培养学生的规则意识；他还指出，需要重视国际理解教育，开辟中国特色的基础教育国际化发展道路，抓好课程建设和改革，处理好国际化与本土化的关系[12]。杨明全对我国的基础教育国际化界定如下：基础教育国际化是基础教育阶段学校教育实践探索和改革的过程，旨在适应国际教育服务贸易规则和深化素质教育改革、推动教育现代化，它以融合学校教育发展的世界眼光和本土情怀为追求、以国际交流与合作为基础，在国家之间的课程借鉴、国际基础教育援助、教育理念与模式的借鉴、中小学生的跨境学习等领域开展双向互动，最终体现全球化时代人类教育发展的新趋势；他认为我国基础教育国际化的实践策略主要有：制定基础教育国际化的相关政策，在基础教育领域开展国际教育援助活动，通过积极引入国际课程而推动课程领域的国际化，开展高中阶段的合作办学、推动学校人员的跨境交流[13]。

从 2004 年至今，我国每年公开发表的有关基础教育国际化方面的论文总体上呈现递增态势，这一时期的文章多集中于国际课程的引入，以及国外教育经验的介绍。2010 年发布的《国家中长期教育改革和发展规划纲要（2010—2020 年）》中明确提出了基础教育国际化。以 2010 年为分界点，2010 年到 2014 年的文献数量达到顶峰；2014 年基础教育领域国际办学政策收紧，研究数量有所下降，多以总结和回顾为主；但是，随着 2016 年《中国学生发展核心素养》的发布，基础教育国际化的研究热度仍然不减。这一时期研究基础教育国际化的论文主要是关于国际部的办学探索，以及学校一些国际合作的经验和途径介绍。总的来说，在我国基础教育国际化研究文献中，被引频次相对较高且在学术价值和影响力方面受到学术界认可的研究成果体现在以下两个方面：一是基础教育国际化的必要性和合理性探索，它是基础教育国际化研究存在的理论基石，为该领域研究的发展提供有力支撑，也为提升该领域的学术影响力奠定了坚实基础；二是我国基础教育国际化进程中的比较研究和经验借鉴，它试图通过研究发达国家和我国试点地区的成功经验和案例来找寻一条立足中国本土的基础教育国际化发展之路[14]。近来，杨明全将我国的基础教育国际化研究总结为基础教育国际化的理论依据及比较研究、基础教育国际化发展的本质与内涵研究、基础教育国际化的政策和实践研究[15]。滕珺等认为，未来国际教育从业者需要以教育现代化为基本理论依据和方向指引，建构中国自己的国际教育话语体系和专业标准，使中国的国际教育走向独立自主的高品质现代教育，为中国教育现代化自身的发展和构建人类命运共同体贡献力量[16]。

（二）关于全球胜任力的研究

全球化时代扁平化的全球经济及工作的多变，史无前例的全球迁徙以及社会、国籍、身份等性质的转变，气候的不稳定以及对全球环境管理的需求[17]，对于教育工作者来说，无论是为了学生个体发展还是为了中国更好地承担大国的责任和义务，都必须从现在开始培养学生的全球胜任力[18]。虽然最为人们熟知的全球胜任力框架源自经合组织，但实际上针对该能力的研究由来已久，它最早源于跨国公司人力资源部门。"全球胜任力"由美国国际教育交流协会于 1988 年首次提出，协会于 1993 年举办教育交流年会，提出"全球胜任力"的概念界定；之后的 20 多年，美国将该能力的培养纳入了整个国家人才培养战略中。美国亚洲协会的全球胜任力指标包括调查自身之外的世界、了解自己与他人观点的能力、与各种不同的人有效交流自己的观点、将自己的观点付诸恰当的行动以改进现状。张蓉、畅立丹等学者认为我国对全球胜任力的有关研究始于 2014 年，随着国际学生评估项目（PISA）的推广，学者和研究人员对全球胜任力的关注度提高，文献数量于 2016 年达到顶峰，2017 年有所下降，但 2018 年对全球胜任力的研究数量又开始呈上升趋势。全球胜任力研究随着国际组织的相关文件及活动而推进，并且今后仍将是教育界研究的一个重点。张蓉和畅立丹认为，我国全球胜任力研究主题分为概念介绍、培养途径和评价体系研究，即要通过课程体系建设、教师相应能力建设等途径培养并明确全球胜任力的评估策略和方式；她们同时也指出，今后对于全球胜任力的研究方向要加强同中国国情的结合、整理和完善理论体系、注重实践的可操作性[19]。滕珺也指出，随着全球化和中国的崛起，培养学生全球胜任力是中国教育未来的趋势，我们在中国讨论培养学生全球胜任力问题的时候，必须将民族文化身份认同作为一个重要元素纳入其中[20]。

21 世纪本来就是一个全球化的时代，全球胜任力和 21 世纪核心素养只是分别从时间和空间视角分别思考我们要培养什么样的人这一根本问题。21 世纪需要培养什么样的人的问题是国际社会的共识，各国都有本国的应对方案和素养模型，而核心素养就是中国方案，其中对于国际理解的具体阐述为：具有全球意识和开放的心态，了解人类文明进程和世界发展动态；能尊重世界多元文化的多样性和差异性，积极参与跨文化交流；关注人类面临的全球性挑战，理解人类命运共同体的内涵与价值等[21]。2018 年，北京师范大学中国教育创新研究院首次对外发布《21 世纪核心素养 5C 模型研究报告（中文版）》。这份报告吸纳了中国学者在相关领域的研究成果，并基于我国社会、经济、科技和教育发展需求，进一步追问"打下中国根基、兼具国际视野"的人应该具有哪些素养，提出了"21 世纪核心素养 5C 模型"，包括文化理解与传承、审辨思维、创新、沟通及合作[22]。虽然 2016 年发布的《中国学生发展核心素养》中提到了国际理解能力，但是对全球胜任力的研究还远远不够，中国的全球胜任力能力维度包含哪些，是需要进一步研究和思考的问题。

（三）关于培养学生全球胜任力课程的研究

作为教育的重要载体，基础教育阶段的课程通常有三种形式：国际课程、国家课程、地方和校本课程，基本每一类课程都涉及对全球胜任力的培养。国际课程通常开设于国际学校，出口大多是出国留学，也是比较传统的国际教育形式之一。开设最多的国际课程通常为 IB[1]、A-level[2]、

---

1 IB，国际文凭组织为全球学生开设的从幼儿园到大学预科阶段的课程。
2 A-level，即英国普通中等教育证书考试高级水平课程。

IGCSE[1] 和 AP[2]，其中 IB 课程源自国际文凭组织（International Baccalaureate Organization，简称 IBO），该组织致力于培养学生的全球意识，为学生未来国际流动做准备，培养学生的多语言沟通能力、跨文化理解能力和全球参与力，并且通过项目式学习（PBL）的方式具体实施[23]。

　　在国家课程中，高中政治选修课程"国家和国际组织常识"是对必修课程"政治生活"的延伸和扩展，供关注国际政治的学生选修。该课程以国际政治为框架，以介绍现代国家形式和国际组织的基础知识为主要内容。除了介绍国际组织，也对联合国、中国与联合国、世贸组织、亚太经合组织和欧盟进行详细介绍。这门课程的学习，有利于帮助学生借鉴人类政治文明的有益成果，拓展政治视野，培养世界眼光，同时对国际政治和国际组织进行了解[24]。虽然国家课程中对于全球胜任力有关能力有所涉及，但是，林崇德教授对基础教育阶段 35 门学科课标进行了分析，发现以下概念的提及频率较低：国际意识、法律与规则意识、环境意识、独立自主、反思能力、自信心、可持续发展意识、尊重与包容、伦理道德、计划组织与实施、公民意识、安全意识与行为、适应能力、冲突解决能力等。

　　在地方课程中，全球胜任力培养最明显的体现是联合国教科文组织的国际理解教育理念和可持续发展教育理念在中国的发展，从理念提出发展到课程育人。国际理解教育是一个由联合国教科文组织提出的类似于全球胜任力的概念，除了对该理念本身的研究，对国际理解课程的研究主要集中于学科渗透、区域国际理解教育课程建设以及校本课程开发三个方面[25]。此外，张蓉和郑彩华两位学者分别对英国、美国、日本等国家国际理解教育课程建设进行了研究[26] [27]，并且从目标、内容、实施、评价等方面对中国国际理解课程建设提出了建议。可持续发展教育理念也由联合国教科文组织提出，在中国经历了近 30 年的本土化发展历程，在理论、政策和实践方面都取得了丰富的成绩，并且为中国参与全球教育治理提供了中国方案，围绕生态文明和可持续发展教育也开发了大量的地方和校本课程[28]。

　　模拟联合国是迄今为止规模最大、应用面最广的培养学生全球胜任力

1　IGCSE，即国际普通中等教育证书课程。
2　AP，是由美国大学理事会提供的美国大学预科课程，供高中生选修并获取大学学分。

的活动，主要是以校本课程的形式存在于各学校中，全国一些高中已经有非常成熟的模拟联合国课程体系和社团以及各类比赛和活动[29]。各类高校也给中学生提供了平台，如北京大学全国中学生模拟联合国大会，其核心理念是向中国优秀的中学生推广模拟联合国活动，学生们扮演各个国家的外交官，以联合国会议的形式，通过观点阐述、政策辩论、投票表决等环节，亲身经历体现联合国的宗旨、原则、议事规则的主要活动，认识联合国和平、发展与合作的理念，在对国际事务产生兴趣的同时，了解世界局势对他们所代表的国家未来的影响，了解自身在未来可以发挥的作用，从而培养他们世界公民的意识，提升他们应对全球化工作和生活环境所必备的知识和沟通技巧[30]。

三、基础教育培养学生全球胜任力的课程实践

（一）在公立学校课程体系中培养学生全球胜任力

从公立学校三级课程视角来看，公立学校通常以实施国家课程为主，有的学校还会同时实施地方课程和开发校本课程。国家课程作为推动全球胜任力培养的重要载体，在旧的课程标准中对国际意识、可持续发展意识、环境意识、多元文化、尊重和包容等相关能力涉及相对较少[31]。2016年国家颁布的《中国学生发展核心素养》明确提出了国际理解，2017年颁布的高中新课程方案和2022年颁布的义务教育课程方案中，都有关于国际化人才培养的相关内容和要求。但是，根据新课程方案各学科课程标准，对全球胜任力相关能力的培养主要还是体现在人文学科中，更多体现在学科知识的渗透上。虽然新课标更多要求对素养进行培养，但是真正实现通过国家课程对全球胜任力的培养还是有一定难度的，在某一单元或者主题学习中可以设计相关的内容，但是不具备系统性和连贯性；此外，对全球胜任力的培养更多需要跨学科的尝试，但是国家课程很多还是分科教学为主，虽然在义务教育新课程方案中提到了10%的跨学科主题学习，但是真正实施起来还有较长的路要走。深圳市福田区从2012年就开创先河，构建小学

英语与科学整合的跨学科课程，将跨学科和全球胜任力培养融合到了国家课程的改革和实践中 [32]。

在地方课程中，虽然没有明确以全球胜任力命名的课程，但是和该能力有关的国际理解教育和可持续发展教育却有大面积的地方课程实践基础。例如，深圳市宝安区开发了认识世界、理解世界、走向世界等国际理解教育系列地方课程，每两周开设一课 [33]。天津市和平区教育局组织实验学校利用家长社区和网络资源，开发国际理解教育校本课程和配套教材，将和平区的特色资源优势融入区本教材之中，作为国家课程的补充，引导学生立足本土，关注国内，放眼国际，使学生能够由近到远地认识地域文化、民族文化和世界多元文化，逐步增强国际理解意识 [34]。北京市也开发了国际理解地方课程，在小学四、五年级和初中七、八年级实施 [35]。东城区基于人类命运共同体理念，以促进国际理解教育为目标，立足区域视角，通过行动研究设计并实践面向初中学生的国际理解教育综合课程"对话世界"，引领学生运用两种或两种以上学科的知识观和方法论去考察和探究一个中心主题或问题，建立可持续发展的核心知识、关键能力、态度与价值观及行为习惯 [36]。

校本课程是学校实现学生全球胜任力培养、实现学校特色发展的重要载体，也是学校最通常使用的方式；除了模拟联合国，一般学校采用的方式还有友好校交流、境外研学、校本选修课、国际活动（如文化节）和专家讲座、社团活动等。学校的国际化校本课程建设通常有如下路径：

1. 建立国际化的校本课程群

河北正定中学开设了全球胜任力培养的校本课程体系，建立了完善的国际教育交流工作体系，实施了丰富多彩的师生国际交流活动，开设了一系列国际化校本选修课程，开展了扎实的双向留学工作，开启了国际汉语课程输出项目。

2. 将全球胜任力培养融入学校特色发展

石家庄外国语学校基于学校独特的外语优势，搭建了国际交流与合作的平台，构筑全球胜任力培养德育课程，开展系列外语特色课程，培养具有家国情怀、世界眼光和综合能力的学生。

3. 将全球胜任力培养和一体化人才培养结合

北京第二外国语学院成都附属中学探索出了外语的"小初高贯通"的人才培养模式，实现了一体化人才培养。

4. 将全球胜任力培养和拔尖创新人才培养结合

北京市第一六六中学和美国冷泉港实验室 DNA 学习中心合作建立生命科学基地，进行阶梯化人才培养，对接拔尖创新人才培养机制，打造学校特色课程体系，并且搭建国际化平台，搭建对接国家课程的境外研学课程体系，开展友好校交流，开设校本选修课程群，整体提高学生全球胜任力[37]。

5. 将全球胜任力培养融入学校整体办学理念

学校进行顶层设计，将全球胜任力纳入学校的培养目标中，打通学校三级课程体系，对学生进行系统化培养。成都市盐道街小学以培育文化自信的学生、全球素养的教师、包容开放的学校为总目标，以共同建设领域、可持续发展领域、多元文化与互鉴领域为课程内容，通过跨学科融合、课外主题实践活动、中外人文交流和校园气氛营造四大路径进行实施并综合评价，通过观念引领、健全工作机制、提升师资力量和搭建交流评价四大策略保障课程体系。保定市第十七中学秉承"从这里走向世界"的办学理念，坚持"学思结合，知行统一"的校训，以"创素养课堂，建国际课程，育未来人才"为目标，充分发挥英语特色教育品牌优势，在构建国际理解教育课程和实施立体化学生培养方案等方面进行了有益的探索与实践。

（二）在国际学校课程体系中培养学生全球胜任力（以 IB 课程为例）

近年来，发展迅猛的全球化趋势使国际课程在我国基础教育领域迅速发展，引入的一批主流国际课程如 IB、IMYC[1]、IPC[2]、AP、A-level 等类型多

1　IMYC，全称 International Middle Years Curriculum，国际中学课程。

2　IPC，全称 International Primary Curriculum，国际小学课程。

样，各有特色，但能够从教育理念、课程设置和评估方式不分地域、全面落实国际化人才培养的国际课程屈指可数。IB 项目深耕全球国际教育 50 多年，发展成为 21 世纪国际教育的领跑者，全球胜任力要素培养几乎渗透在课程的每个环节，可以作为培养全球胜任力的优质国际课程典范。

1. IB 课程核心理念有助于学生国际意识的培养

IB 课程核心理念为培养学生具有 "国际情怀"，即对世界和不同文化保持开放和好奇的态度，成为全球公民，从而增强国际理解。要解决人类面临的重要问题（如可持续发展等），需要将绝大多数人培养成为具有国际情怀的全球公民，通过理解和尊重多元文化，创造更美好、更和平的世界。这与全球胜任力人才的态度、全球思维及认同的培养完全契合。

2. IB 课程的架构有助于培养学生的国际能力

IB 课程架构对于国际竞争力人才培养有以下优势：（1）课程的框架由重要概念和探究主题构成，为探究式学习提供了方向；（2）课程实施载体为系统的跨学科课程群，内容为跨学科整合本地和全球重要议题，为培养学生解决复杂现实问题的高阶能力提供了机会；（3）课程的实施方式是通过贯通式、深度系统的探究式学习，培养学生一系列高阶思维能力；（4）完善的多元化评价体系：内部与外部评价结合，阶段性与总体性评价结合，过程性和终结性评价，学生自评，同伴互评，老师评价及他人评价。其中，档案袋评价记录学生完整的学习过程，社区服务活动和个人项目展示是学生团队合作能力、解决问题能力、创造力及全球责任感最好的体现，这些都是 IB 项目评价活动的特色。

IB 的小学课程（PYP）以六大跨学科主题——我们是谁？我们身处什么时空？如何自我表达？世界如何运作？如何组织自己的生活？如何共享地球？——为框架，制订了科学严谨的跨学科探究计划，以六大学科群为载体，基于重要的社会议题来形成课程结构，为学校提供了将本地和全球重大议题纳入课程框架的指引，从而实现地域文化整合，进行跨学科主题探究式学习。

IB 的初中课程（MYP）模式以重要概念为驱动，在全球背景下提供与社会实际紧密联系的学习情境，以八大学科群为载体将本地和全球重大议题纳入课程框架，学生用探究式学习方式进行跨学科整合式学习，最后落实到社区服务或个人项目设计的学习成果展示。在此过程中，融入全球胜任力的知识和能力培养要素，即跨文化的全球情境中的全球思维方式的培养、发现问题和解决问题过程中的综合知识运用、独立思考、团队合作、批判性思维能力的培养、有效进行跨文化互动的跨文化交际能力的培养，最终在社区服务或个人项目设计中实现对社会的行动回馈。这是一个包含以概念驱动的跨学科主题教育与探究式课程设计、体验式教学形式和交流评价的全过程教学活动，鼓励学生成长为具有创造、批判和反思意识的思考者。课程鼓励学生在他们所学的传统学科之间以及课程学习与真实世界之间建立联系，培养学生在交流、多元文化理解和全球参与等方面的技能，对于将要成为全球领导者的年轻人来说，这些都是至关重要的。

IB 项目强调培养学生的学术能力、自我管理能力、交流能力和社会能力，并将这些能力的培养体现在课程设置之中。例如，DP（Diploma Programme，大学文凭预科）项目要求的三门必修课程 TOK（Theory of Knowledge）、CAS（Creativity, Action and Service）和 EE（Extended Essay），既是课程，同时也是对学生的综合评价方式。TOK 培养学生的判断能力及综合归纳能力，鼓励学生对基础知识进行批判和质疑，防止主观臆断和思想意识上的偏见，以增强学生在理性基础上进行分析表达的能力。CAS 鼓励学生提高自身艺术修养、坚持不懈锻炼自我、关心他人、发挥合作精神，强调学生兴趣开发、设计目标、解决问题、服务社会的能力。EE 提供了学生按照自己感兴趣的主题进行学术写作的机会，使学生熟悉如何独立进行项目研究，旨在提高学生的研究技能，鼓励学生进行创新。在课程方面，IB 项目能够充分发挥学生的主动性，有利于培养学生的批判性思维，对不同文化和语言的重视能够促进学生对不同文化的理解；在评价方面，IB 项目多样化的评价工具，尤其是档案袋评价法是 DP 的一大评价特色，内容多元化评价模式、对教师专业发展的支持等方面都体现了终身学习、国际理解、批判性思维等理念。

IB 项目的课程框架设计奠定了贯穿始终的探究式学习方式的基础，其中 PYP 的六大跨学科探究主题和 MYP 的重要概念驱动学习模式，使每个主题的学习都是一个相对独立的 PBL 学习项目，而 PYP 的六大学科群和 MYP 的八大学科群就是进行探究式或项目式学习的跨学科课程群，具体学习内容的选取除了尊重学科本身需要外，尽量满足多元文化情境和与社会实际相联系，从而使学生掌握理解本地文化和他文化的知识、具备进行有效跨文化互动的能力、培养跨文化及全球思维方式。

四、中国基础教育阶段培养学生全球胜任力的未来展望

（一）国际课程对全球胜任力课程构建的启示

　　国际学校对于全球胜任力培养的优势主要体现在自带全球胜任力培养基因的少数优质国际课程中，如 IB、IMYC、IPC 等课程。若公立学校基础教育阶段的地方课程和校本课程与之融合，构建出新的课程方案，可作为全球胜任力培养中国课程方案的重要组成部分。本文对融合课程的构建提出如下建议：（1）在区域教育政策中对全球胜任力培养进行要素的补充；（2）在区域及学校总体课程建设中对全球胜任力培养进行要素的补充；（3）结合本区域或学校特色建设以全球胜任力培养为目标的课程群；（4）将国际课程中的部分课程内容直接对接校本课程建设，如 TOK、CAS、EE、个人项目展示等；（5）借鉴 IB 等课程成熟的评估体系，完善本校全球胜任力评估体系的建设。此外，依据教育部等六部门联合印发的《义务教育质量评价指南》，国际学校在义务教育阶段不得引入境外课程，因而需要将国家课程和国际课程进行融合，结合各自的优势，构建符合学校自身办学特色的课程体系。

（二）国家深化课程改革对全球胜任力培养的启示

　　根据 2022 年义务教育课程方案，在国家课程中，各门课程应安排至少 10% 的跨学科主题学习，可以设计与全球胜任力主题相关的跨学科课程，通过项目式学习的方式，进行综合能力的培养。义务教育新课程方案和普通高中新课程方案均要求素养的培养，可以设计学科内的与全球胜任力主

题相关的课程，比如历史、英语、地理、政治、科学等学科，突出"大单元""大概念"提取和"教学评一体化"。此外，还可以在综合实践课程中设计全球胜任力的课程，让学生通过研学走向世界，通过活动与不同国家的学生开展交流，让学生具备全球意识和为世界可持续发展行动的能力。

在地方课程中，可以在国际理解教育、生态文明和可持续发展教育长期实践的基础之上进一步深化区域推进课程的经验，将一些区域推进课程的成果固化和推广，比如推广北京市石景山区的生态文明教育课程整体推进的范式和北京市东城区开发的国际理解课程的实践成果。同时，区域也可以自主开发地方课程，比如，《北京市中小学地方课程教材开发指南》规定可以开发国际理解相关教材，主要指立足首都城市国际交往中心功能建设、旨在培养国际交往人才的教材，包括国际理解、国际交往等[38]。

在学校课程建设上，《国务院办公厅关于新时代推进普通高中育人方式改革的指导意见》提出构建普通高中多样化有特色发展的格局，学校可以基于自身发展基础，建设国际化的特色课程。因此，高中阶段有国际部（招收外籍人员子女）或者中外合作办学（不参加高考）的公立学校，可以依托独特的办学基础，发展对外汉语或者国际课程特色，将其和国家课程以及学校整体课程建设融合，打造独特的品牌优势。外国语学校可以依托自身独特的外语优势，开设第二语种或者"一带一路"共建国家文化与语言特色课程。综合高中可以构建国际化、普职融通的特色课程群，培养国际化、具备高素质技术技能的人才。优质高中可以和全球高校、科研院所合作，探讨拔尖创新人才培养课程，培养具备全球胜任力的拔尖创新人才。此外，很多学校可以将全球胜任力培养作为办学理念，打通三级课程，进行培养目标的顶层设计，或者建立校本课程群。完全中学、一贯制学校、集团化学校和城乡一体化学校还可以探索全球胜任力一体化人才培养课程体系。

参考文献

[1] 文富德. 印度经济全球化研究 [M]. 四川：四川出版集团，2008：13.

[2] 朱文莉. 国际政治经济学（第二版）[M]. 北京：北京大学出版社，2009：26.

[3] [27] 郑彩华. 中小学国际理解教育课程比较研究 [M]. 北京：人民出版社，2019：8.

[4] 中共中央文献研究室. 十九大以来重要文献选编 [M]. 北京：中央文献出版社，2019：98.

[5] 冯增俊，陈时见，项贤明. 当代比较教育学 [M]. 北京：人民教育出版社，2015：129.

[6] [16] 滕珺，马健生，石佩，等. 全球视野下中国"国际教育"现代性本质及其实现 [J]. 比较教育研究，2019，41（12）：36-41，50.

[7] 滕珺，张婷婷，胡佳怡. 培养学生的"全球胜任力"——美国国际教育的政策变迁与理念转化 [J]. 教育研究，2018，39（01）：142-147，158.

[8] 滕珺. 国际组织需要什么样的人 [M]. 上海：上海教育出版社，2018：272-275.

[9] 滕珺，安娜，龚凡舒. 百年坐标下出国留学的新使命与新趋势 [J]. 中国教育学刊，2021，（08）：8-13.

[10] 滕珺. 重构现代课程——中国国际学校创新实践年度报告 2019 [M]. 上海：上海教育出版社，2020：10.

[11] 王殿军：面向未来的教育创新 [M]. 上海：华东师范大学出版社，2020：129.

[12] 周满生. 基础教育国际化的若干思考 [J]. 教育研究，2013，34（01）：65-68，75.

[13] [15] 杨明全. 基础教育国际化：背景、概念与实践策略 [J]. 全球教育展望，2019，48（02）：55-63.

[14] 赵书琪. 我国基础教育国际化研究的回顾与展望——基于 2004—2014 年 CNKI 期刊数据的分析 [J]. 贵州师范学院学报，2015，31（12）：56-60.

[17] 曼西利亚，杰克逊. 全球胜任力：融入世界的技能 [M]. 上海：华东师范大学出版社，2020：10.

[18] [20] 滕珺. 培养学生"全球胜任力"，怎么看？怎么办？[J]. 上海教育，2016（29）：48-51.

[19] 张蓉，畅立丹. 国内全球胜任力研究综述 [J]. 教育与教学研究，2019，33（03）：1-10.

[21] [31] 林崇德：21 世纪学生发展核心素养研究 [M]. 北京：北京师范大学出版社，2016：239.

[22] 魏锐，刘坚，白新文，等. "21 世纪核心素养 5C 模型"研究设计 [J]. 华东师范大学学报（教育科学版），2020，38（02）：20-28.

[23] 滕珺，胡佳怡，李敏. 国际课程在中国：发展现状、认知维度及价值分析 [J]. 比较教育研究，2016，38（12）：54-60.

[24] 蔡赐福. 激活"国家和国际组织常识"选修课的几种方法 [J]. 思想政治课教学，2010，（11）：18-19.

[25] 段道焕. 我国国际理解教育研究综述 [J]. 河南教育学院学报（哲学社会科学版），2020，39（03）：59-61.

[26] 张蓉：国际理解教育课程建设的国际比较研究 [M]. 南京：南京师范大学出版社，2020.

[28] 张婧：中小学生态文明教育路径研究 [M]．浙江：浙江大学出版社，2020．

[29] 中国联合国协会中国模拟联合国发展情况调研小组．中国模拟联合国活动发展报告 [J]．国际政治研究，2011，32（02）：169-177．

[30] 杨博允，曹疏野，宋佳骏．北大中学生模联：从模仿到超越之路 [J]．中国德育，2013，8（08）：12-16．

[32] 孙艳．福田区教育国际化实施路径探究：以小学英语跨学科课程为例 [A]．苑大勇．中国国际教育：观察与研究 2022 [C]．北京：外语教学与研究出版社，2022．

[33] 李帆．国际理解教育地方课程的实施研究——以深圳市宝安区的实践为例 [J]．学园，2015，（24）：12-13，18．

[34] 郑彩华，杨旭．区域推进中小学国际理解教育的实践探索——以天津市和平区为例 [J]．天津市教科院学报，2017，（03）：72-75．

[35] 王远美．六位一体：国际理解教育区域推进模式探析 [J]．基础教育课程，2013，（11）：10-16．

[36] 刘娜．对话世界：区域国际理解教育综合课程的开发与实施 [J]．基础教育课程，2022，（21）：19-26．

[37] 朱竹．在国际化课程中提升学生综合素养 [J]．北京教育（普教版），2020，（08）：101．

[38] 北京市教委．北京市教育委员会关于印发《北京市中小学地方课程教材开发指南》的通知 [EB/OL]．（2022-11-10）[2023-12-31]．http://jw.beijing.gov.cn/tzgg/202211/t20221110_2856297.html．

作者简介

朱　竹：　北京市东城区教育科学研究院课程政策理论研究部教研员，北京大学国际公共政策硕士。研究领域为全球教育治理、课程教材、国际教育。

段可争：　北京市东城区教育科学研究院国际教育部教研员，中国农业大学工商管理硕士。研究领域为教育合规、全球胜任力。

李劲红：　北京市汇文中学教师，IB 课程协调人。研究领域为国际国内课程融合、跨学科项目式学习。

中国模拟联合国本土化历程及其教育价值

苑大勇　北京外国语大学国际教育学院
赵怡萌　北京外国语大学亚洲学院
葛晓辞　北京外国语大学国际组织学院

【摘要】随着中国在国际事务中发挥的作用日渐加大，国际化人才的培养变得愈加重要。模拟联合国作为一项面向青少年、以提升学生全球胜任力为目的的教育活动，自从引入中国后便如火如荼地开展，在自身发展的同时，特别重视本土化发展。该活动通过模拟联合国会场的方式，提高青年人的国际参与度、领导能力和全球事务参与热情，从而更好地培养具有全球胜任力的国际化人才，推动构建人类命运共同体。本文基于案例分析、文本分析和数据统计等方法，针对中国模拟联合国教育活动的引入、发展、本土化等不同发展阶段进行研究，分析其教育价值，为培养国际化人才提供参考。

【关键词】模拟联合国；国际化人才；全球胜任力；教育价值

模拟联合国（Model United Nations，MUN，以下简称"模联"）是指按照联合国等国际组织的实际形式与议程，就全球问题、国际热点与治理方式展开商讨，从而提升学生国际素质与能力的教育活动。在模联活动中，参与者扮演各国代表，充分利用演讲、游说、辩论等多种外交手段，力求在符合其代表的国家立场和保障国家利益的基础上，达成多边合作，针对具体话题达成一致并起草"决议草案"。模联活动的教育价值在于提高学生的国际参与度、培养其全球胜任力，以及参与全球事务的热情与领导能力，增加青年一代参与国际组织和国际事务的热情。模联通过领导力提升、口才与思辨能力训练，多方位促进了国际化人才的培养，成为培养国际化人才的重要教育形式。随着中国在国际事务中地位的提升，培养兼备合格国民与全球公民意识的中国新青年成为教育的重要使命，模联项目也已经逐渐形成本土化的发展模式，议题和模式更加贴合中国特色发展道路。研究模联本土化的历程，分析其活动过程的教育价值，引导学生在培养全球胜任力的同时，增进对本国国情与文化的理解，成为重要的教育命题。

一、中国模联活动的发展历程

中国在融入国际体系的过程中，面临着一个史无前例的时代，亟须激发国内外主体的活力，加速国际组织人才的培养[1]。20 世纪 90 年代以来，模联在中国发展已经 30 多年，逐步形成了多层次、高普及、广覆盖的特征。模联活动范围以北京高校为起点，以沿海地区重点外国语中学为引领，向其他地区不断扩展。具体活动内容也从全球热点出发，与中国议题不断深入结合。模联及其中国化衍生活动普适性增强，已经从精英小众活动成为普及性大众活动。模联在中国的发展大致可以分为以下三个阶段。

（一）初步探索：少数地区分散型发展（1993—2004 年）

自模联引入中国后，多个地区先后响应，最早的模联活动（未统计港、澳、台地区活动信息）可追溯到 1993 年由北京顺义国际学校举办的经联合国认证的"海牙国际模拟联合国大会"分会，即"北京模拟联合国大会"（BEIMUN）。但由于该学校专门服务于在华外籍人士子女，该大会并没有中国国籍学生正式参与。1995 年，在外交学院的倡导带领下，中国国内首次大学生模联活动得以开展[2]。联合国驻华代表、外交部等领导出席致辞，充分体现了国家层面对模联的重视。外交学院首次大会顺利举办，增强了国内引入模联活动的决心，也为模联在中国的发展打下了坚实的基础。此后，随着国际化人才培养需求的扩大，模联正式在中国扎根并日渐普及。2001 年，北京大学两名学生赴美观摩最负盛名的哈佛全美模联大会（NMUN），标志着我国模联活动探索正式开始。他们悉心学习了大会的形式和整体流程，回国后开始筹建北京大学模联协会。2002 年，西北工业大学模联团队应邀参加全美模联大会。这是中国首支正式受邀参与该会议的代表队，标志着我国模联团体与国际会议开始正式接触，反映出中国模联建设初见成效，得到国际认可。随后，该校牵头举办了自己的模联会议，受邀代表部分来自全球知名院校。这是中国自引入模联活动以来第一次自主的全球化尝试。

2004 年，外交学院承办了国内首次国际化模联会议"亚太地区模拟联合国大会"（此后被认定为首届中国模拟联合国大会）与"2004 北京模拟联合国人权委员会"。该模联会议的主办、指导单位及具体议题均与国际社会相联系，体现出该会议作为国内首个正式的国际性模联会议的国际视野。同年，中国联合国协会也开始举办全国性的大学生模联活动：中国模拟联合国大会（CNMUN，中国模联）[3]，这也是中国直至目前最为权威的模联活动。以此为基础，中国模联开始了本土化活动与原创性议事规则的创新。

在此阶段，我国的模联活动处于初步建设与发展阶段，依旧属于小众、精英性质的活动。国内高校、学界不断尝试、摸索，整体发展趋势呈现分散状态，国内高校积极参与策划活动，为模联的后续发展积累了经验。

（二）生机蓬勃：多地区集中型发展（2005—2011 年）

2005 年起，模联在中国如"雨后春笋"般普及开来。这个阶段的发展呈现出以北京高校和沿海地区的重点外国语学校为主，在相应地区集中、快速发展的态势。各大高校会议不再局限于联合国核心机构（即联合国大会、联合国安全理事会、联合国经济及社会理事会、联合国托管理事会、国际法院和联合国秘书处）。以外交学院主办的北京国际模拟联合国大会（BIMUN，北京国际模联）为例，自 2009 年起，北京国际模联开始在同一大会中设多个委员会，围绕相同的主题、不同分支话题展开讨论。2009 年大会的主题为"美好的未来"，用中英双语设置了三个委员会，分别讨论粮食、饮水以及索马里海盗危机。同年，以沿海地区重点外国语中学为首，先后有 50 多所高校、中学建立模联协会，派出代表队参加会议或自行举办大会。此外，集中针对中学生的模联活动"北京大学全国中学生模拟联合国大会"（PKUNMUN）开始举办。此后，模联活动整体升温，越来越多的国际组织参与到模联活动中，各个大会的委员会、议题设置更加丰富起来。

在此阶段，中国教育的国际化也使模联活动不断多元化。校内会、地区会、国际会等不同的层次，为更多中学生提供了接触国际事务的机会。在共青团中央等官方机构的号召下，中学生模联以社团形式在各地生根发芽，成为一种门槛相对更低、更为普及的活动，再一次为模联的发展铺平了道路。

（三）特色融入：本土化多元发展（2012年至今）

模联项目发展30年之后，活动已然取得了巨大的进步，积累了大量的经验。自2012年起，中国模联进入深入本土化阶段，具体体现在活动中国化、话题本土化以及规模多元化等方面。

活动形式上，主办方开始以模联的活动经验和流程为基础，融合全国政协议事流程，创办首届"全国青少年模拟政协"（以下简称"模拟政协"）。该活动更加符合中国实际政治制度和提高中国青少年公民政治素养的需要，是模联在中国扎根并中国化发展的良好体现。参与者模拟政协委员，体验实际会议流程及提案产出环节。活动在让代表们深入理解中国政治事务的同时，大幅促进了提案的多元化与创新性。在模拟政协的成功经验下，以中国参与为特色的模拟活动逐渐占据市场：模拟亚太经济合作组织（APEC）、模拟两会等活动层出不穷，在中国各个地域"百花齐放"。随着活动的火热开展及中国国际话语权的不断提升，各类话题也愈加聚焦于中国。2012年，习近平总书记在党的十八大提出"要倡导人类命运共同体意识"，这一由中国提出的新理念迅速成为各类模联活动议题的优先选项。随着模联活动的影响在中国不断深入，知名院校和重点高中逐渐将模联活动融入学校的课程。为进一步促进模联活动的国际教育理解力培养效果，部分院校及机构着手研发简化流程，以在保证高追求的同时适当降低参与门槛，使更多年龄段代表能够有机会参与进来。

二、模联多元主体本土发展的模式特征

在中国模联的本土化发展过程中，根据主体及其性质不同，主要可以

分为高校教育性模联、个人非营利性模联和商业性模联。三者彼此共存，但又在一定情境下相互竞争。本部分将详细介绍多元发展模式下各类模联活动的现状及其优劣（见表1）。

表1　中国模联三大分类及其特征

高校教育性模联	个人非营利性模联	商业性模联
资源丰富化	人才来源丰富化	管理方式体系化
会议普及化	创新空间广泛化	发展方式多元化
发展联盟化	会议不稳定性强	活动定位偏差化

（一）高校教育性模联：普及化和联盟化发展

高校教育性模联，指依托于高校学生社团举办的模联活动。此类活动以提高学生国际理解力为教育目的，设定为非营利性。高校模联具有资源丰富的特点，目前在我国呈现出普及化、联盟化的发展特性。

1. 高校教育性模联协会的普及化

高校模联活动常以"协会"和"大会"两种方式呈现。"协会"即学生社团，开展相关日常活动；"大会"为集中的模联大会活动。二者相辅相成，互相依托。模联活动受到大量高校的重视。据不完全统计，在39所"985工程"高校中，有38所高校都拥有公开的模联协会，其中北京大学、中国农业大学等模联协会都开办依托于高校协会的模联大会。在115所"211工程"高校中，有103所高校拥有公开的模联协会，未展开模联活动的高校多为体育类或艺术类等专业性院校。从"985""211"高校的数据来看，模联活动的普及率接近92%，具有较广的覆盖度。这一数据在全国其他高校可能有所降低，但不影响体现高校模联活动具有较强的普及率。[1]

2. 高校教育性模联协会的联盟化

除独立协会外，高校间也会形成模拟联合国协会联盟。协会联盟往往依托于某一高校主办的模联大会形成，逐渐发展成有一定规模的高校联盟

1　本段数据由作者根据各高校社团联盟等公众号公开信息统计。

并共同协办会议。例如，亚洲国际模拟联合国大会（AIMUN，以下简称"亚洲国际模联"）由北京大学模联协会主办，参加的高校包含中国和其他国家的高校，形成了由参会学校组成的协会联盟，进行模联系统内的互联互动。

3. 高校教育性模联活动的资源整合

高校教育性模联可以借助高校各类良好的教育资源，这也是高校模联的核心竞争力。首先，参与者对现实社会中相关领域专家学者有较强的可接近性，从而更加了解议题下的现实发展和问题。例如，亚洲国际模联2016年大会邀请世界卫生组织相关负责人参与开幕式，介绍世界卫生组织模拟会场的相关议题内容，权威性强。其次，高校的学术人才资源丰富，为模联活动提供了专业相关度高的学术团队成员。例如，2022年大会欧洲理事会会场，主席团多为就读于国际关系、外国语学院的专业学生，能为参与者提供较高质量的学术体验。此外，高校的资金和技术相对有保障。许多高校模联拥有独立稳定的活动专项资金，由专人运营模联相关网站或新媒体账号，建立以协会为核心的模联系统。

与其他类型模联活动的个人代表报名方式不同，高校模联的报名方式一般是以各个高校协会名义进行统一代表团报名。高门槛的报名方式保证了参会代表在议题认知、学术水平和研讨能力等软、硬实力方面都具备基本素养，整体水平差距适中，使得高校模联会议进程稳定、会议质量较高。拥有更高学术质量的高校会议也会进一步吸引高质量代表参加，从而形成模联会议质量上的正向循环。

（二）个人非营利性模联：灵活与不稳定性

个人非营利性模联指不依托于高校或社会组织，以个人为主体、不以营利为目的的模联会议。因其非营利性，此类模联活动的举办极大依赖于举办方团队的财力和社会关系等。个人非营利性模联具有创新空间大、人才来源广的特点，但同时也面临更多的不稳定性风险。

1. 个人非营利性模联的发展现状

个人非营利性模联可进一步细分为校际会、地区会和全国会，参与者广泛涵盖大中小学生。校际会的参与者为联合举办会议的学校，地区会的参与者则是会议举办地区的所有学校，此两者主要为高中生参与。全国会则打破了地区和年龄限制，参与者覆盖多年龄段，来自多地区。一般而言，校际会的议事规则和议题较为简单，适合模联活动的初次参与者。地区会和全国会则给参与者进一步提升的空间。由此可见，个人非营利性模联整体呈百花齐放态势，相辅相成，在北京、南京等城市都有多个上述各细分类型会议。同时，各类会议之间因时间、议题、目标代表群等重合，存在一定竞争关系。在后疫情时代，个人非营利性模联的重新举办也是对个体举办者和参加者的考验。

2. 个人非营利性模联的广阔创新空间

由于审核机制较为简单，个人非营利性模联常常在会议方式、操作流程和议题选择等方面有着较为充足的创新空间。在会议形式上，许多个人非营利性模联会议尝试以线上线下相结合的方式进行，尽可能地保障更多代表良好的会议体验。在操作流程和议题选择上，往往有更多的创新选择。例如，许多大会设置危机联动会场，参与者可根据比例时间轴实时进行危机推演。相较于高校教育性模联，此类形式更早、更普遍地在个人非营利性模联展开。议题设置方面，个人非营利性模联更大胆地跳出联合国框架体系。例如，2020年环梦模拟联合国创新性地设置了以1884年柏林会议为议题的历史体系会场和以宣统二年（1910年）资政院为议题的国会政治体系。参会代表既可以拥有传统模联会议带来的辩论、磋商、写作等方面的学术体验，又能选择更多符合个人兴趣的议题，这极大地丰富了传统模联的表现形式和内容多样性。

在个人非营利性模联中，学术团队成员向全国大中学生公开招募，不局限于某个高校或联盟，学生通过相应测试后即可加入学术团队。这是个人非营利性模联实现议题创新的一个重要学术保障。多元的主席团组成意味着更加丰富的学科背景，可以给参会者提供更加丰富的视野选择。

3. 个人非营利性模联的不稳定性

个人非营利性模联具有个人主办和非营利的两大特点，因此在资金、管理、场地等各方都具有较高风险，不稳定性显著。资金问题是个人非营利性模联活动不稳定的根本原因。由于缺乏高校依托和商业赞助，一般来说，个人非营利性模联仅向参会者收取少量与成本相近的费用，不做额外收费谋求利润。模联会议风险承担能力较弱，一旦出现场地变动、代表人数与预估相差较大等情况，就会造成会议经费短缺的严重问题，许多组织者不得不个人补贴费用。这给组织者带来了较大的财务负担，较难继续举办活动。

（三）商业性模联：营收与创新

商业性模联指依托固定公司或投资方，以营利为目的的模联会议活动。此类活动往往不仅局限于模拟联合国大会，而是进一步发展成为更加完善、易于营利的教育生态体系。

1. 商业性模联的发展现状

从数量上看，商业性模联大会较少，参与者选择范围有限。但其活动不局限于模拟联合国大会，而是发展成了更为全面的系列教育活动，例如夏令营、研学旅行等。

2. 商业性模联的管理体系化和发展方式多元化

商业性模联在公司管理下采用较为规范化的管理模式。与其余多数模联活动只在会期之间设置管理人员并开展活动不同，商业性模联往往设有常设职位并开展日常活动，用人要求与渠道公开透明。大会之外的其他各类活动也更注重代表的全流程、全方面培养。

商业性模联以多元发展方式应对各类危机。有的模联创造了"城市会议室"的"微模联"形式，缩短会议时间，限制参与人数，让参与者在更短的时间内拥有和传统模联活动一样的体验和收获。

3. 商业性模联活动"变味"

过于商业化是商业性模联面临的挑战。模联活动创立之初，学生活动这一单纯的活动性质让会议组织者、学术团队、代表等多方会议参与者处于扁平化关系中，并以学术为导向开展活动。商业性模联的营利性则让模联活动变成了"商品"，代表变为了"消费者"，组织者和学术团队成员变为了"服务人员"，这就有损在活动中进行直接、单纯的学术沟通的形象。代表因不满会议投诉组织者和学术团队的行为屡见不鲜，也让后者很难在服务代表和保障学术性之间作出平衡。

（四）高校教育性、个人非营利性和商业性模联：互补与竞争

综上所述，与其他二者相比，高校教育性模联依托于高校，从而优势较多，不可替代性较强，在模联活动举办上拥有无可比拟的重要地位；个人非营利性模联则受举办者个人资源限制，优势不太明显，风险承担能力较弱（见表2）。此外，三大模联主体尚未形成明确的共同优势，对不同目的导向的报名代表来说，三类会议彼此间的替代性小，故整体而言未形成激烈竞争，也并未有某一种模联活动在竞争中形成完全优势。

表2　高校教育性、个人非营利性和商业性模联优势互补与竞争关系图

特征	高校教育性	个人非营利性	商业性
形式创新性		√	√
资源丰富性	√		
代表广泛性	√		
人才丰富性	√	√	
管理正规性			√

三、中国模联本土化教育价值意蕴

为推动教育进一步改革，提升国际理解教育，中国应当打造"一带一路"国际理解教育升级版，在供给侧扩大国际理解教育，把培养具有全球竞争力的人才摆在重要位置[4]。在各类概念的碰撞中，国际理解教育构成"三重张力"：合格国民与全球公民，全球竞争力和全球共生力，内向全球化和外向全球化。模联活动以其模拟外交官关注国际议题、辩论发言等活

动特点，成为国际理解教育的生动实践形式。根据国情不同，国际理解教育的发展必将经历本土化融合的过程。模联本土化发展，旨在培养关心中国时政、熟悉特色议程、深入了解中国特色社会主义政治制度的合格国民。在此基础上，中国青年也应成为具有全球视野、通晓国际规则、精通国际谈判的全球公民，在国际的舞台上贡献中国方案。

（一）关心本国时政，具有全球视野

中国化模联活动不拘泥于传统联合国框架内的模拟活动，积极拓展开发中国特色社会主义议题与会场设置，使模拟活动具有中国特色。参与者可以更好地了解中国时事热点，思考改进与解决方案，积极成为一名关心本国时政的合格国民。以北京模联（BJMUN）为例，2019 年以来的会议与中国有关的主题大致如表 3。

表 3　北京模联 2019—2022 年本土化话题发展

年份	冬季会议	暑期会议	秋季会议
2019 年	中国历史：西汉盐铁会议	无	无
2020 年	中国历史：熙宁三年（1070 年）政治局势	无	无
2021 年	无	丝绸之路的可移动遗产及文物的保护	UWC中国乌源项目
2022 年	中国历史：官渡之战——曹袁庙算 中国系统：德馨市"双减"政策下的发展前瞻	中国历史：永贞革新——贞元二十一年（805 年）政治局势 中国系统：东西部省市协作平衡发展联席会议	中国系统：2012 大兴机场临空产业规划

（资料来源：表格为作者根据北京模联官网年鉴资料自行整理而成，来源：http://bjmun.cn/。）

根据北京模联这几年的话题，可以看出其本土化特征非常明显，并且聚焦在历史和政治两个主要维度。在中国历史方向上，主要以历史上影响深远的改革、有民主政治倾向的会议等为内容。中国历史会场结合历史学科教育，给爱好历史的参会者更多选择。代表在提升模联能力的基础上，可以更好地以史为鉴，积极参与到当今的社会主义民主政治生活中。

在中国当代社会政治方向上，中国系统会场以时事焦点问题（如表格呈现的"双减"、区域协调发展、大兴机场建设等问题）开设议题。该类问题更具有现实教育意义，使参会代表着眼于当下社会发展过程中的变化，并进行积极思考。中国特色议题培养了参会代表的公民意识，激发了代表作为合格国民的主人翁意识，关心国家与城市发展建设，积极参与公共事务，积极建言献策。

（二）熟悉特色议程，通晓国际规则

如今中国模联有两大主流议事规则，分别为：罗伯特议事规则（以下简称"罗规"），以及北京议事规则（以下简称"北规"）。罗规依靠代表们的会上讨论产出成果，而北规则围绕书面文件展开。后者为中国原创性议事规则，以罗规为基础，取其精华，革故鼎新。

罗规会议中，代表们将委员会的宏观话题拆分为可行的、值得讨论的小主题，并正式提出"动议"。同样，随着我国模联学术水平的不断提升，各主办单位依照代表水平、会议规模等对罗规进行了细节上的改进，力求提高可行性，降低参与门槛，以帮助参与者更好地拆分中国议题，理解中国政治特色。在此需求下，北规应运而生。

北规是创新的议事规则，完善了罗规的不足之处。北规（动议导向）要求代表们在会前以书面形式草拟条例，在会上利用动议向全场征询修改意见，投票通过后由主席写入决议草案。这一改动避免了罗规可能出现的无会议成果产出的问题。北规（文件导向）对文件的依赖性更为明显。代表们需提前提交非正式文件并讨论，全部完成后方可提交正式文件并进行投票。这一改动让会议流程更加清晰规范，也减轻了代表在会期内的文件写作压力。这一改进旨在完善罗规已知的两大问题：会议效率与会议成果。这充分体现出中西思维倾向的差异：西方强调思维碰撞、个人利益，而中

国则更加重视相互妥协，成果产出。在以提高会议效率、减轻代表负担为目的的各类规则的改进上，北规在模联本土化、大众化、效率化的发展上大有可为。

（三）了解我国制度，精通国际谈判

除了在传统模联活动范围内对议题与议事规则的本土化，许多活动主办方也结合中国特色社会主义政治制度，将模联的活动形式本土化、多元化。模拟两会与模拟政协是我国模拟学生活动的创新形式，通过直接模拟中国特色政治活动形式，用直观、生动的方式促进参与者深入了解中国特色社会主义政治制度，培养合格国民。

与模联相比，模拟政协或模拟两会活动充分仿照政协会议的商讨流程，单次持续周期更长。与会代表在正式会议之前需要准备好聚焦中国时事的"提案"，并在大会上进行汇报展示以及现场答辩。活动对于参与者文件的正式性、与时政的关联度以及政策的可行性及创新性的要求都更高，能够更综合地培养参与者对于社会热点话题的挖掘分析能力。在会议间隙的模拟发布会环节，代表通过汇报展示和即兴问答，更加真实地模拟决策发布流程，使参与者的公开场合应变及谈判能力得到多维度提升。中国化模拟会议活动能够让参与者深刻体会中国共产党领导的多党合作和政治协商制度的优势，为国家和社会事务贡献青年智慧。

（四）从合格国民到全球公民

成为合格国民与培养全球公民并不矛盾，而是相辅相成的。前者作为基础，进一步推进青年全球公民能力的培养。上文已提到，合格国民应当主动关心时政，熟悉规则与会议流程，且足够了解本国形势与特色。这三点均有利于增加青年对本国的了解程度，使其在全球议题中立足于本土，放眼国际，更好地在国际事务中发挥本国文化特色，从而促进一个国家在全球当中的竞争力。

模联是上述规律的良好实践平台。只有对本国国情、立场有基本了解，才能在模联活动乃至真实的世界政治参与中提出科学、理性、实践性强的

中国方案。具备合格国民特点的青年可以进一步借助模联活动发展为全球公民，在共同应对全球挑战的会议中进行思维碰撞，尊重理解他人文化、建立得体的沟通习惯，培养开放包容心态，为人类面临的共同问题出谋划策，增加全球共生力，进而推进构建人类命运共同体。

四、中国模联教育活动未来展望

国家大力倡导"国际组织人才培养"，为此，中国需要培养大量的具有国际素养的人才。现阶段的中国模联尽管已取得诸多成效，但依旧存在一些问题。首先，模联活动被包装成具有强烈竞争氛围的比赛，不断设立各类"奖项"，正在呈现出从单纯的学术性活动演变为功利性活动的倾向。同时，不同主办方有限的资源给会议带来了诸多限制。议题方面，近年来西方代议制民主频出危机，西方国家内民粹主义泛滥 [5]，部分国际议题不符合我国当前国情，无法直接使用。流程方面，我国模联活动缺乏全时段（会前、会中、会后）和面向全人员（代表、志愿者等）的培训流程，导致活动效度降低。此外，中国各地各校模联活动略有"各自为政"之风，现阶段议事规则不够统一，活动的权威性由此降低。模联活动进入到深入本土化多元发展时期，应当从过去的实践经验中总结不足，并进一步向普适化和国际化发展。为此，本文从以下四个方面提出展望。

首先，加强模联教育活动规章制度的规范性。中国模拟联合国协会等官方主体可发布活动举办的详细制度，给模联"定调"。制度内容可涉及活动定位、目标、人员构成、培训流程、收费标准等，改善当下各类主体举办模联"各自为政"的情况，以集中统一的力量引领模联本土化整体发展，同时提高各类模联会议的权威性和组织性。其次，鼓励各举办主体和不同地区打破信息和资源壁垒，优劣互补，加强合作交流，以共同举办会议、进行资源置换等方式提高模联整体活动水平，促进模联在合格国民以及全球公民培养方面的作用。第三，模联本土化的过程中离不开持续下沉。包括模联在内，当前中国在国际理解教育实践方面取得一定成就，但还需在中小学层面进一步普及 [6]。可继续丰富会议参加与主办主体，鼓励有能力的大中小学积极开展模联相关活动，以社团、第二课程、校内会议等各类方式丰富模联本土化形式，让模联真正成为涉及全地区、全年龄段青少年的人才培养教育活动。最后，积极学习各国先进模联建设经验，参加和举办国际性模联活动，通过借鉴国外经验，推动模联活动更加有效地培养国际化人才。

（本文已发表在《中国校外教育》2024 年第 02 期，有修改。）

参考文献

[1] 郦莉. 国际组织人才培养的国际经验及中国的培养机制 [J]. 比较教育研究, 2018, 40（04）: 39-47.

[2] 外交学院模拟联合国协会. 1995 年外交学院模拟联合国大会 [DB/OL].（2022-12-07）. https://bimun.org.cn/huishou/facmun-1995/.

[3] 中国联合国协会中国模拟联合国发展情况调研小组. 中国模拟联合国活动发展报告 [J]. 国际政治研究, 2011, 32（02）: 169-177.

[4] 中华人民共和国教育部. 教育部等八部门关于加快和扩大新时代教育对外开放的意见 [EB/OL].（2020-06-23）[2024-04-23]. http://www.moe.gov.cn/jyb_xwfb/s5147/202006/t20200623_467784.html.

[5] 王畅. 西方代议制民主的危机与民粹主义的泛滥 [D]. 河南: 河南大学, 2021.

[6] 北京王府公益基金会、南南国际教育智库研究院，全球化智库. 新时代·再出发: 国际理解教育行动策略 [R]. 北京: 2020.

作者简介

苑大勇： 北京外国语大学国际教育学院教授，中国教育学会国际教育分会副秘书长。研究领域为全球教育与文化、国际与比较教育、职业教育、终身教育等。

赵怡萌： 北京外国语大学亚洲学院本科生。研究领域为全球治理研究，国际组织研究。

葛晓辞： 北京外国语大学国际组织学院硕士研究生。研究领域为国际组织研究。

国际组织参与全球教育治理的非正式机制研究

牛晓雨　北京外国语大学国际教育学院

【摘要】新冠疫情对国际组织参与全球教育治理的机制产生了巨大影响，也为非正式的治理机制提供了发展契机。国际组织采取非正式治理机制，有多种原因，包括全球治理参与者的角色定位、采用非正式治理机制的历史基因和疫情环境下形成的辅助治理地位。通过对疫情以来两个国际性国际组织（联合国教科文组织、经合组织）和两个区域性国际组织（亚太经合组织、欧盟）的主要报告进行研究，非正式教育治理机制可归纳为三种：一是基于探索优秀经验制度化的"最佳实践"机制，二是基于问卷等测量工具开发的数字治理机制，三是基于经验分享和内部磋商的共同应对机制。未来，国际组织应淡化治理角色，各成员贡献应对经验，突出平等参与，共同应对全球教育的问题与挑战。

【关键词】非正式治理；治理机制；国际组织；全球教育治理

一、教育治理中的非正式机制

在 2014 年 6 月 NORRAG[1] 研讨会报告（Global Governance of Education and Training and the Politics of Data）中，全球治理被描述为"一个松散的概念，因为它可以应用于全球层面的各种秩序和监管实践……全球治理本质上是关于规范和规则的，无论它们是正式的还是非正式的，是否被广泛接受——它是一个复杂的规则体系，而不是一个单一的规则体系"[1]。在此基础上，全球教育治理的利益相关者进一步创建了正式和非正式的治理机

1　NORRAG：国际教育政策与合作网，总部位于瑞士。

制[2]。正式的全球教育治理机制可包括：目的和目标，法律、规则、公约和章程，协议、契约、伙伴关系（包括公私伙伴关系），以及政策和金融合作的倡议。非正式治理机制通过其非法定化、非制度化的路径，在国际社会问题解决中发挥着关键作用[3]。非正式全球教育治理机制或许不是为了管理或规范而建立的，但它们能够对教育领域的利益相关者产生显著影响，这种非正式的全球教育治理机制可能包括三个领域：

1. 实行"最佳实践"。包括拨款和贷款机构的教育投资策略及政策文件的影响，以及"最佳实践"知识和方法（如教育投资回报率、以能力为基础的培训、国家资格认证）的传播。这些"最佳实践"办法有可能成为全球规范，从而影响各成员以及赠款和贷款发展机构的决策和优先排序。

2. 通过财政"胡萝卜加大棒"治理。包括教育拨款和贷款及其相关的条件在受援国的影响。各成员同样可以使用财政"胡萝卜加大棒"的手段来影响国际组织的行为[4]。

3. 数字治理。包括采用来自评估和测试的数据和指标，如国际学生评估项目（PISA）、国际数学和科学趋势研究（TIMMS），以及基准测试和排名方法，如对教育成绩的系统评估和基准测试、世界大学排行榜等。

二、国际组织采用非正式治理机制的动因

（一）国际组织全球治理参与者的角色定位

国际组织是全球教育治理的参与者而非主导者，无论是教育性质的国际组织还是非教育性质的国际组织，非正式的策略与机制是它们参与治理的手段之一。

首先，包括联合国教科文组织（UNESCO）在内的联合国体系内的国际组织，历经数十年发展，塑造了自身在全球教育治理中的四种角色：一是促进对话、协商和探讨的协商者角色；二是提出教育宣言、行动纲领、政策声明和行动指南的倡议者角色；三是构建教育监测和治理网络的构建者角色；四是帮助发展中国家提升教育水平和教育治理能力的促进者角

色 [5]。可以看出，联合国教科文组织在国际社会教育议题的解决中始终充当着辅助、促进的参与性角色。教育及疫情后教育的恢复更离不开各成员的内部教育治理，需要联合国教科文组织等国际组织兼顾各方利益，充分尊重参与者的自主权、调动其积极性与行动力。

其次，包括经合组织（OECD）等起初并不以教育问题为主要关切的国际组织，它们参与全球教育治理的角色经历了一个明显的转变。起初，经合组织参与教育指标的制定与教育测评的目的是实现大国教育价值的对外输出，但是随着这些治理内容的开展，话语权逐渐转移到经合组织秘书处内部具有专家性质的成员手中，促使经合组织从过去被动的价值传输、指标设定和评测调查转向有意识地在教育领域内独立作为，通过主动提出评测框架参与教育治理并扩大其活动领域与影响范围，一步步走向全球教育治理舞台中心，成为名副其实的"全球教育治理参与者" [6]。

（二）国际组织采用非正式治理机制的历史基因

国际组织的治理机制携带着非正式的基因，学者们关注到了国际组织综合运用正式机制和非正式机制参与教育治理的理念与实践。日本学者黑田一雄（Kuroda Kazuo）将全球教育治理活动划分为四种类型：一是通过国际法律、公约和宪章确定原则进行全球治理；二是通过开发和提出新的具有国际影响力的观念进行全球治理；三是通过在国际会议上就国际政策达成共识以及通过制定资金合作框架进行全球治理；四是通过建立国际指标和标准并加以监测进行全球治理 [7]。孙进等在此基础上将全球教育治理的机制划分为四种机制，分别通过以下四条路径施行：一是通过国际法律、公约和宪章确定原则；二是通过发展和提出新的具有国际影响力的观念；三是通过在国际会议和多边论坛上进行政策对话、就国际政策的目标达成共识以及通过制定政策和金融合作框架；四是通过建立国际指标和标准并实施监测。其中，传统治理机制包括第一、二条路径，当代治理机制包括第二、三条路径，第四条路径属于新机制 [8]。如果我们从正式和非正式的角度出发，黑田一雄所提出的全球教育治理活动和孙进等提出的全球教育治理机制，其中第一条和第三条强调正式的法律、公约、宪章和政策，可视为正式治理活动和机制；第二条和第四条则关注相对柔性的观念、指标和标准，可视为非正式治理活动和机制。

经合组织更是以非正式治理机制为主要途径。理查德·伍德沃德（Richard Woodward）将经合组织的治理机制划分为基于共同价值观的认知式治理（cognitive governance）、基于监督与同伴压力的规范式治理（normative governance）、基于润滑治理进程的缓冲式治理（palliative governance），以及基于法律工具的法律式治理（legal governance）[9]。在此基础上，又有学者将经合组织的治理机制划分为认知式治理、基于教育指标的数字式治理（digital governance）和基于政策评价的规范式治理[10]。上述治理方式中，认知式治理、规范式治理、缓冲式治理和数字式治理，即是通过非正式途径开展的治理活动。

除此之外，还有研究者发现二十国集团（G20）所践行的非正式治理模式具备组织形态和议程设置去中心化的非正式性、推动全球伙伴精神的平等性、提供全球教育产品的公共性，以及广泛接纳多方意见的包容性等特征，推动了全球教育发展和全球教育治理变革[11]。

由此可见，无论是对于联合国教科文组织和经合组织等传统意义上的国际组织，还是对于二十国集团这类多边国际组织，非正式治理机制始终是国际组织参与国际教育治理的重要路径之一。

（三）疫情加强了国际组织开展全球教育治理的必要性

新冠疫情对全球政治、经济、文化、教育等领域的发展带来前所未有的重大冲击。这一度使得各国各级各类学校停课，也使教育质量和教育公平问题更加凸显[12]。面对新冠疫情这一波及全球的重大突发事件，需要全球共同努力解决危机，"通过相应的措施或手段为全球疫情下的教育提供最佳的政策引领或实践共享"[13]。在整个国际社会中，国家或政府是全球教育治理的绝对主角，能够充分利用教育立法和政府间的沟通协商等正式治理机制为国家内部疫情阶段教育活动的开展提供切实保障。例如，中国政府及驻外使领馆积极解决中国留学生的学业、住宿、签证等方面的困难，并提供防疫物资和防疫指南；日本文部省颁布了《针对新型冠状病毒感染症实施临时停业停课指南》。此时，国际组织则更多的是全球教育治理的协调者，通过搭建沟通平台、提供技术支持和质量监测等柔性治理手段，为各成员开展教育治理提供支持与指导。例如，联合国教科文组织及时成立新冠病毒全球教育联盟，经合组织在全球范围内积极开展关于新冠疫情对全球教育影响的数次调研，等等。

三、国际组织开展非正式教育治理机制的实践方式

对疫情以来两个全球性国际组织（联合国教科文组织和经合组织）及两个区域性国际组织（亚太经合组织和欧盟）的主要报告进行分析，可以发现疫情为国际组织采用非正式治理机制参与全球教育治理提供了契机。国际组织通过采取经验分享和内部磋商、优秀经验制度化和问卷等测量工具开发等相对柔的举措参与疫情影响下教育秩序的恢复与重建。其中，全球性国际组织的非正式治理机制特征更为明显；区域性国际组织则因为地缘关系，使得旧有协商机制在疫情影响下仍保有较好的持续性和稳定性（见表1）。

表1 四个国际组织参与全球教育治理的非正式机制实践

	治理方式	具体内容	特征
联合国教科文组织	治理形式	教育报告、宣言、国际性和区域性会议（线下、线上）	线上会议为主
	治理议题	交流与合作：区域合作、高等教育国际化 健康与发展：未来教育、（新冠）疫情教育、受教育权、变革性教育	1. 高等教育国际化 2. 应对危机与未来
	治理机制	形成意见并部署落实类： 1. 开展研究—发布报告—敦促执行／呼吁建议／提供政策参考—公共对话和集体行动 2. 交流研讨／经验分享／内部磋商—形成共识—提供建议／提供方案—成员作出承诺	注重经验分享和内部磋商

（续表）

	治理方式	具体内容	特征
经合组织	治理形式	研究报告、问卷、会议、内部研究、与成员国合作研究	与成员国合作研究
	治理议题	危机教育：疫情教育、国际学生评估项目新冠疫情学习经验调查、教育危机、难民和新移民教育 未来教育：全纳教育	应对危机与未来
	治理机制	形成意见类： 1. 制定／提交方案—会议批准 2. 开展研究—形成报告—建议策略（—同行指导—会议完善） 3. 经验分享—助力政策制定 形成意见并部署落实类： ● 访谈研究—问卷开发—指导反馈—实地试验	探索经验制度化
亚太经合组织	治理形式	（行动、教育）计划、教育报告、部长级会议非正式协商、专项论坛	小员额（50人）会议为主
	治理议题	教育战略：教育战略 就业能力：就业能力、创业教育 未来教育：未来教育、学习型社区	1. 提高就业创业能力 2. 应对未来
	治理机制	形成意见类： ● 会议协商／研讨—形成共识—提出建议	区域持续性
欧盟	治理形式	建议、宣言、行动计划、欧洲理事会结论、工作文件、工作会议、主题会议与活动	1. 注重利益相关者磋商 2. 增强国际组织间互动（难民教育）
	治理议题	职业教育：职业教育与培训（VET） 未来教育：数字教育、学习促进环境 可持续性、高等教育机构服务欧洲未来发展、教育复苏、数字和绿色经济 教育合作：高等教育合作、难民（儿童、高等）教育	1. 提高数字和就业能力 2. 合作 3. 应对难民危机和未来发展

（续表）

	治理方式	具体内容	特征
欧盟	治理机制	形成意见类： 1. 会议讨论 / 活动会面—达成一致—编写建议 2. 广泛磋商—公众咨询—形成方案—提供指南 3. 经验分享—助力政策制定 形成意见并部署落实类： 1. 欧盟委员会提议—欧洲理事会建议—成员国依据国情实施、区域层面合作、委员会支持 2. 形成理事会结论—对成员国提出要求（请做到）和建议（视情况）	探索经验制度化

（一）联合国教科文组织：经验分享和内部磋商

从表 1 可以看出，2019 年末以来，联合国教科文组织主要关注两类教育议题：一是区域合作、高等教育国际化等教育交流与合作议题；二是未来教育、疫情教育、受教育权、变革性教育等健康与发展教育议题。联合国教科文组织通过教育报告、宣言和线上线下会议等形式，或是通过开展研究形成报告，进而提出呼吁建议和提供政策参考、敦促相关利益群体执行；或是通过搭建会议、研讨平台，促进公共对话和集体行动；抑或是开展线上线下会议进行经验分享和研讨磋商，在达成共识的基础上提出方案建议。近期，联合国教科文组织参与全球教育治理在议题上倡导高等教育国际化、应对危机与未来；在形式上以线上会议为主、线下会议为辅；在机制上注重经验分享和内部磋商等非正式治理机制。

（二）经合组织：研究推进和经验制度化

疫情以来，经合组织关注两类教育议题：一是危机教育，包括疫情教育、国际学生评估项目新冠疫情学习经验调查、教育危机、难民和新移民教育；二是面向未来的全纳教育。经合组织主要通过会议、研究报告（内部开展研究或与成员国合作开展研究）、问卷等形式，通过制定方案提交会议审定、形成研究报告提供政策建议、分享经验助力政策制定、研究开发问卷并开展实地调研等协商机制形成共同认可的教育理念和工具并付诸实践。疫情后，经合组织参与全球教育治理在议题上倡导应对危机与未来；在形式上积极开展合作研究；在机制上关注问卷开发和经验制度化探索等非正式治理机制。

（三）亚太经合组织：区域协商机制的持续性

亚太经合组织在疫情发生后关注三类教育议题：一是周期性的教育战略；二是包括就业能力和创业教育在内的就业创业教育；三是面向未来的未来教育和学习型社区。亚太经合组织主要通过（行动、教育）计划、教育报告、部长级会议非正式协商、专项论坛等形式，通过会议协商和研讨形成共识，进而提出影响教育行动的计划、报告和建议。疫情后，亚太经合组织参与全球教育治理在议题上关注提高就业创业能力和更好地应对未来；在形式上以小员额（50人）会议为主；在机制上在疫情影响下，区域协商展现出较好的持续性和稳定性。

（四）欧盟：经验制度化

欧盟自疫情以来关注三类教育议题：一是职业教育；二是提倡数字教育、学习促进环境可持续性、高等教育机构服务欧洲未来发展、教育复苏、数字和绿色经济的未来教育；三是注重高等教育合作、难民（儿童、高等）教育的教育合作。这些议题主要通过建议、宣言、行动计划、欧洲理事会结论、工作文件、工作会议、主题会议与活动等形式推进：一是通过会议讨论达成一致形成建议；二是通过广泛磋商和公众咨询形成方案指南；三是通过工作会议形成理事会的工作文件和建议，指导区域和民族国家开展行动；四是通过内部经验分享制定政策。疫情后，欧盟参与全球教育治理在议题上关注提高数字和就业能力、教育合作以及应对难民危机和未来发展；在形式上注重与利益相关者进行磋商，尤其是注意增强在全球教育问题（例如难民教育等）的解决上与其他国际组织进行互动；在机制上关注探索经验制度化的非正式治理机制。

四、国际组织采用非正式治理机制的类型与启示

（一）机制类型：传统类型与共同应对风险的创新类型

1. 最佳实践：基于探索优秀经验制度化的非正式治理机制

教育及培训领域的"最佳实践"能够促进教育政策和优先事项的转变，包括两方面内容：一是一系列具备全球影响力的"最佳实践"，二是关于教育有效方法和"最佳实践"的相关评论与发展历史。这种基于教育"最佳实践"的非正式治理机制得以长期施行，正是出于对教育回报率分析的高度信任。在 20 世纪 80 年代和 90 年代，基础教育相对于其他更高层级教育的高回报率备受强调，尽管学术界对此提出了批评，但这无疑影响了世界银行教育投资的资源分配。举例来说，职业教育与培训中的"最佳实践"，指的是一个能够影响全球职业技术教育和培训（TVET）改革的国际技能工具包，它包含技能培训、国家资格证书框架、质量保证体系、技能发展基金或其他"最佳实践"等内容[14]。

在后疫情时代，联合国教科文组织、经合组织、欧盟等国际组织都在探索在全球或区域范围内推广应对疫情的教育"最佳实践"，并试图将优秀经验制度化。例如，联合国 2020 年 11 月 30 日发布了《奥斯纳布吕克宣言：职业教育和培训是复苏和转向数字经济和绿色经济的推动者》（Osnabrück Declaration on Vocational Education and Training as an Enabler of Recovery and Just Transitions to Digital and Green Economies），该报告是欧洲负责职业教育和培训的成员国教育部长、欧盟候选国家和欧洲经济区国家、欧洲社会伙伴和欧盟委员会通过会议达成的一套职业教育与培训领域在 2021—2025 年期间的发展愿景和战略目标，目的在于通过职业教育和培训增强可持续竞争力、社会公平和韧性。宣言中提出的四个目标成果中的两项都提出在欧盟层面的支持中要提倡和推广"最佳实践"：一是在"通

过高质量、包容性和灵活的职业教育与培训实现韧性与卓越"目标中，提出要"促进创新政策改革和职业教育与培训（VET）卓越性方面的最佳实践交流和同行学习"；二是在"可持续性——VET 中的绿色链接"目标中，提出应当"促进职业教育教师和培训师的实践交流，特别是对与绿色经济相关的趋势和技能需求进行交流，以便进行同行学习与审查和分享最佳实践"。[15] 通过欧盟层面最佳实践的分享交流和同行学习，促进欧洲教育领域国家与国家之间的相互借鉴和成果复制。

2. 数字治理：基于问卷等测量工具开发的非正式治理机制

数字治理基于国际可比数据这一工具而开发[16]。其中，最为著名的就是经合组织自 2000 年开始实施的国际学生评估项目（以下简称 PISA），它被认为"对教育政策有重大影响"[17]，这是因为其评估结果能够引导参与国家（地区）和个人的教育行动，鼓励教育系统和个人（政策制定者、教师和学习者）基于这种审查进行自我规训与监管。除了 PISA 之外，经合组织还在开发一系列新的评估工具，包括发展计划、基于 PISA 的学校测试、国际成人能力评估方案（PIAAC）和国际教学调查（TALIS）等，日益扩大经合组织在全球教育领域及教育治理领域的影响力。数字治理的形式也为其他组织所借鉴，世界银行自 2011 年以来也开展了名为教育成果系统评估（SABER）的调查。

后疫情时代，经合组织延续了这种数字管理的非正式治理技术，积极开发基于疫情影响下学习经验调查的 PISA 新版本。2020 年 10 月 12 日经合组织发布《一个捕捉新冠疫情期间学习经验的工具：PISA 全球危机问卷模块》（A Tool to Capture Learning Experiences During COVID-19: The PISA Global Crises Questionnaire Module），针对疫情席卷全球带来的世界教育中断，为使决策者、教育工作者、研究人员和公众了解教育系统如何应对疫情以及学生的学习经历如何发生变化，开发了 PISA 全球危机模块[18]。该模块包括 62 个学生问卷项目（划分为 11 个问题）和 68 个学校问卷项目（划分为 14 个问题），旨在了解疫情对学生学习和健康的不同影响，以及各教育系统中教育中断或变化的程度。为各国教育管理机构、组织和研究人员了解国内和国际情况提供了工具和框架。一方面，PISA 全球危机模块的开发能够帮助世界各国了解疫情对教育带来的全面影响，"PISA 测试已被公认为衡量全球学生表现的可靠工具"[19]；另一方面，经合组织通过 PISA 测试"将承担一个新的机构角色，作为全球教育治理的仲裁者，同时担任世界学校系统的诊断人员和政策顾问"[20]，有可能会对成员国应对疫情的教育政策产生一定程度的权力影响。

3. 共同应对：基于经验分享和内部磋商的非正式治理机制

同时，与通过"最佳实践"治理、通过财政"胡萝卜加大棒"治理和通过数字化治理三种已知的传统非正式治理机制不同，后疫情时代国际组织参与全球教育治理的实践或许能够创新发展出一种新的类型，即基于经验分享和内部磋商的"共同应对"机制。疫情以来，国际组织积极搭建沟通平台供各成员分享经验、开展磋商。一方面，这种经验不完全等于教育"最佳实践"；另一方面，所分享的经验并不代表它们会被作为优秀经验进行推广。成员对疫情教育风险的共同应对只是单纯的经验交流，像画廊陈列展品一样，展示理念与举措，并没有更多的价值赋值。

以联合国教科文组织呼吁全球共同应对的治理实践为例。一是单纯的经验分享与意见表达。2021 年 5 月 15 日发布名为"新冠疫情教育应对网络研讨会：对全球高等教育校园的影响"（COVID-19 Education Response Webinar：Implications for the Global Higher Education Campus）的网络研讨会报告，该研讨会聚焦新冠疫情危机对高等教育国际化的直接影响，邀请了世界银行高等教育全球负责人，联合国教科文组织高等教育项目专家，澳大利亚、美国、加拿大、智利、英国等国高等教育专家参与讨论，与会者分别围绕五个方面提出问题和想法：（1）新冠疫情危机带来的教训和挑战；（2）注意事项；（3）危机的影响；（4）转变跨境高等教育；（5）讨论者分享的良好做法[21]。二是基于经验分享与内部磋商达成共识。2021 年 3 月 29 日发布名为"新冠暴发一年：优先恢复教育，以避免代际灾难"（One Year into COVID：Prioritizing Education Recovery to Avoid a Generational Catastrophe）的线上会议报告，会议召集各国教育部长共同关注三个主题：重新开放学校和支持教师、减少辍学和学习损失、加速数字化转型，部长们自由选择加入相应议题的圆桌会议[22]。以圆桌会议 3 为例，以数字化转型与教育的未来为主题，在主持人的引导下，各国教育部长对以下有关数字化转型和教育未来的问题作出回应：（1）教育系统数字化转型的关键战略是什么？（2）新冠疫情如何影响教育的未来？（3）公私合作伙伴关系如何促进各级的数字化转型？通过研讨，会议最后形成部长级声明，从数字准备和前期投资、人为因素的重要性、实行更广泛的社会参与和建立伙伴关系、培养数字化学习与转型的文化以及重新设想和改变未来的教育五个方面达成共识。无论是单纯的经验分享与意见表达，还是基于经验分享形成全球行动共识，参与者及其观点都被给予充分的重视。

（二）机制启示：突出平等参与，共同应对全球教育问题

1. 促成者：国际组织淡化治理角色

从前国际组织在全球教育治理中更多的是充当参与者的角色，正式机制和非正式机制都是它们参与治理的重要手段。但在疫情影响下，国际组织更多承担了"促成者"的角色，通过非正式治理机制达成各成员之间的交流互动和磋商分享，充分彰显对各国教育民族性的尊重。在疫情之前，即使是采用非正式治理机制的手段参与全球教育治理，国际组织治理行为背后也暗含着大国价值的软包装输出；在疫情之后，国际组织更多的是通过搭建平台、促进交流等新型非正式治理机制，推动成员共同参与、促成全球教育治理，自身的治理角色日益淡化，第三方的角色逐渐凸显。

2. 实践者：成员贡献应对经验

以往各成员多是在国际组织制定的全球教育治理协商框架中参与议题的讨论与方案的制定，但在疫情影响下，参与者成为平等的"实践者"，有机会在各国际平台表达教育体系应对疫情的理念与做法，为全球疫情影响下的教育发展贡献自己的经验。这一转变，不仅能够有效缓解国际组织对成员缺乏足够的约束力进而导致行动效果低于预期的情况，而且能够有效避免成员"搭便车"的现象，能够充分激发各成员参与全球

教育治理的主动性与积极性，实现全球教育治理机制创新和治理能力提升。

参考文献

[1] [16] NORRAG. Global governance of education and training and the politics of data [R]. Geneva: NORRAG, 2014: 6.

[2] The Commission on Global Governance. Our global neighbourhood: report of the commission on global governance [R]. Oxford: Oxford University Press, 1995: 4.

[3] Ayres, S. Assessing the impact of informal governance of political innovation [J]. *Public management review*, 2017, 19 (01): 90-107.

[4] Clegg, L. *Controlling the World Bank and IMF: shareholders, stakeholders, and the politics of concessional lending* [M]. New York: Palgrave Macmillan, 2013.

[5] 孔令帅，张民选，陈铭霞. 联合国教科文组织全球高等教育治理的演变、角色与保障 [J]. 教育研究，2016，37（09）：126-134.

[6] 丁瑞常. 从"国际教育政策论坛"到"全球教育治理参与者"——经合组织在教育领域的角色流变 [J]. 教育学报，2020，16（05）：87-96.

[7] Kuroda, K. Globalization and development of global governance in education: implications for educational development of developing countries and for Japan's international cooperation [EB/OL]. (2014-02-19) [2023-11-20]. https://cice. hiroshima-u.ac.jp/wp-content/uploads/2014/05/E-Summary-Kuroda.pdf.

[8] 孙进，等. 全球教育治理：国际组织、民族国家与非国家行为体的互动 [M]. 北京：人民出版社，2020：37-39.

[9] Woodward, R. *The organization for economic cooperation and development* [M]. London: Routledge, 2009: 6.

[10] 丁瑞常. 经济合作与发展组织参与全球教育治理的权力与机制 [J]. 教育研究，2019，40（07）：65.

[11] 付睿，周洪宇. G20 与全球非正式教育治理 [J]. 清华大学教育研究，2019，40（04）：71-79.

[12] 古特雷斯. 教育的未来正在此处 [R/OL]. [2022-11-20]. https://www.un.org/zh/coronavirus/future-education-here.

[13] 常甜，马早明. 重大疫情危机中的全球教育治理：模式、表征与现实选择 [J]. 中国教育政策评论，2020，（00）：185.

[14] McGrath, S. Vocational education and training for development: a policy in need of a theory? [J]. *International journal of educational development*, 2012, 32 (05): 623-631.

[15] UN. Osnabrück declaration on vocational education and training as an enabler of recovery and just transitions to digital and green economies [EB/OL]. (2020-11-30) [2022-11-20]. https://www.cedefop.europa.eu/files/osnabrueck_declaration_eu2020.pdf.

[17] Grek, S. & J. Ozga. Governing by numbers? Shaping education through data [EB/OL]. (2008-02) [2022-11-20]. https://www.academia.edu/1359400/Governing_by_Numbers_Shaping_Education_Through_Data.

[18] Bertling, J., Rojas, N., Alegre, J., et al. A tool to capture learning experiences during COVID-19: The PISA Global Crises Questionnaire Module [A]. In *OECD education working papers* [C]. Paris: OECD Publishing, 2020: no. 232.

[19] Breakspear, S. The policy impact of PISA: an exploration of the normative effects of international benchmarking in school system performance [A]. In *OECD education working papers* [C]. Paris: OECD Publishing, 2012: no. 71.

[20] Meyer, H. D. & A. Benavot. PISA and the globalization of education governance: some puzzles and problems [A]. In H. D. Meyer & A. Benovat (Eds.). *PISA, power, and policy: the emergence of global educational governance* [C]. Oxford: Symposium Books, 2013: 9.

[21] UNESCO. COVID-19 education response webinar: implications for the global higher education campus [R/OL]. (2020-05-15) [2022-11-20]. https://unesdoc.unesco.org/ark:/48223/pf0000373520.

[22] UNESCO. One year into COVID: prioritizing education recovery to avoid a generational catastrophe [R/OL]. (2021-03-29) [2022-11-20]. https://unesdoc.unesco.org/ark:/48223/pf0000376984.

作者简介

牛晓雨： 北京外国语大学国际教育学院博士生。研究领域为比较教育、高等教育和博士生教育。

基础教育国际化人才培养的"多语贯通培养模式"实践研究

王　丹　雷甜甜　北京外国语大学附属中学

【摘要】基础教育国际化人才培养是当前教育改革的重要使命，北京外国语大学附属中学将"多语贯通培养模式"作为特色项目，探索复语班学生在多语学习的过程中如何提升国际理解能力。教师团队致力于围绕教材单元主题和课型要求，设计与教学紧密相关的国际理解力活动课程，并初步形成了课程体系，同时充分挖掘校内外资源，在多语文化节、跨学科实践活动及语言国驻华文化机构主题活动方面，开展主题活动类课程的开发与探索。

【关键词】国际理解；多语课程；活动课程

一、问题的提出

（一）研究背景

1. 国家战略发展的需要

《国家中长期教育改革和发展规划纲要（2010—2020年）》明确提出，"要加强国际交流与合作。坚持以开放促改革、促发展。开展多层次、宽领域的教育交流与合作，提高我国教育国际化水平。借鉴国际上先进的教育理念和教育经验，促进我国教育改革发展，提升我国教育的国际地位、影响力和竞争力……培养大批具有国际视野、通晓国际规则、能够参与国际事务与国际竞争的国际化人才。"[1] 2017年，国家主席习近平出席"一带一路"国际合作高峰论坛开幕式并发表主旨演讲时强调，坚持以和平合作、开放包容、互学互鉴、互利共赢为核心的丝路精神……将"一带一路"建成和平、繁荣、开放、创新、文明之路[2]。基础教育国际交流与合作有了明确的思想指引和发展方向,也给基础教育提出更高要求,在共建"一带一路"倡议中,教育交流是民心工程,是构建国家间良好关系的基础性工作。

2. 首都教育改革的需要

《首都中长期人才发展规划纲要 2010—2020 年》重点强调,"推进人才国际化发展",要求"加大海外高层次人才引进力度""加快人才发展国际化步伐""拓宽人才国际化平台"[3]。

3. 海淀区域发展的需求

海淀区大力引进国外优质教育资源,努力扩宽国际教育交流渠道,不断提升国际交流与合作水平,致力于打造成基础教育国际化示范区。基础教育国际化正惠及越来越多的师生,不断迈向新的高度。学校作为基层单位,必须通过教学改革、课程开发、学校管理、教师专业化、教育科研等途径,全面提升教育质量,推进基础教育的国际化水平提升。

4. 学校自身发展的需求

2014 年起,北京外国语大学附属中学(以下简称"北外附中")与北京外国语大学开展共建合作,积极借力高校资源,探索外语特色发展之路,通过小语种选修课、"1 + 3"复语实验班项目班、丰富多彩的对外交流及外事接待活动等,在国际理解教育方面积累了一定的经验。2018 年 4 月 12 日,"海淀区多语学校联盟暨北外附中多语贯通培养特色学校建设启动仪式"在北外附中召开,正式宣布北外附中为多语贯通培养特色学校。自 2018 年 9 月起,初一年级面向海淀区招收复语学生,在完成国家课程的基础上,开展日语、德语、西班牙语和俄语等多语教学实验,初二学年末继续面向全海淀区招收"1 + 3"复语实验班学生,深入构建初高中人才贯通培养模式。在这种多语贯通培养模式下,国际理解教育形式将更加丰富,学校的国际理解教育内涵必将更加深刻。

（二）研究意义

通过本课题的研究，学生能够加深国际理解，认识到世界性的变革及全球的连接性与相互依赖性，了解文化的多样性和差异性，在形成坚定的民族、国家认同的基础上，懂得、理解并尊重不同国家和不同民族的价值观念，具备全球胸怀和责任意识。

通过整个研究过程的实施，北外附中的多语教师团队不仅增强了自身的国际理解能力，以开放的眼光看待世界，而且通过主题活动课程的设计在教学观念上进一步增强了以学生为本的意识，始终把学生放在中心位置。此外，从开题到结题的整个过程，教师也提高了科研意识与课题研究能力，掌握了行动研究等方法，用研究的思维去解决小语种教育教学中的各种问题。

北外附中是海淀区多语种教育联盟基地校，在联盟会议上展示学校国际理解能力主题活动的成果，既可以充分发挥学校作为联盟基地校的引领作用，也可以增强多语种教育联盟的影响力，为多语学科建设、更大范围的国际理解教育提供一定思路。

二、文献综述

（一）理论基础

1. 视域融合理论

视域融合理论是伽达默尔哲学诠释学中一个重要的部分，视域通常指人的视野范围。视域也被用于哲学概念中，伽达默尔用胡赛尔的视域概念发挥了海德格尔的思想，在其哲学解释学中，视域可以这样理解，"由于理解受到了前见的影响，那么理解在产生之前，理解的主体往往会对文本赋予一种特殊的意义，或者说产生一种预期，这种预期可以看作视域。" [4]

每个理解者都有自己的视域，随着其理解范围的不断延伸，视域不断地交融，理解便更为准确。这种理解不限于理解者与文本之间，还上升到人与人、人与历史、人与社会之间。国际理解教育的核心即理解。不同的区域、民族和国家都有着自己不同的视域，对不同国家的文化也有着不同的前理解，从自己的视域出发去了解其他国家的历史和文化，这可能会导致矛盾与冲突。依照视域融合理论，在两个视域平等与包容的基础上，理解者能通过"对话"消除前理解的偏见，减少矛盾与冲突，这也是国际理解教育的初衷，国际理解的过程也是彼此视域不断融合的过程。在国际理解过程中，我们不仅要把握自己的视域，还要在尊重、包容的基础上公正地看待他人的视域，在视域融合的过程中达到理解的目的。

2. 生态伦理学理论

工业革命后，科学技术得到了空前的发展，人类对自然资源的索取急剧增加，甚至严重威胁了人类的生存环境。后来，人类逐步清醒地意识到人类不可凌驾于自然之上，否则只能自食恶果，便开始寻求与自然相处的新方式。许多学者力求把以人与人之间关系为基础的传统伦理学扩展到研究人与人关系、人与自然关系的更高层面上的生态伦理学[5]。在此背景下，生态伦理学诞生了，它探讨在大自然的面前人类该如何自处。生态伦理学的核心便是遵循自然发展的规律，处理人与自然该如何相处的问题，以伦理学的规范要求人类，认为人类应用包容、尊重、善良等心态处理人与自然的关系。

3. 国际理解教育

国际理解教育的内涵，除上文已论述的之外，还涉及终身教育、可持续发展教育等领域。人类只有一个地球，国际理解教育不仅要培养具有世界眼光、豁达心态、胸怀天下的人才，还要引导人们尤其是青少年具有环境保护意识和可持续发展意识，保护野生动物、节约资源、爱护环境、与自然和谐共处，关注人类社会面临的全球问题。这些问题，世界上任何国家都不能置若罔闻，也并不是哪一个国家能独立解决的。二战后，不同区域和国家间政治、经济和文化的差异引发的局部矛盾与冲突仍未结束，但人类应该清醒地认识到，战争与冲突带给人类的只会是巨大的灾难。国际理解教育倡导各国在平等尊重的基础之上，包容理解，相互沟通，共同协商，携手共同应对全球共同问题，促进世界和平稳定发展。

（二）现有研究基础

1. 关于国外国际理解教育的研究情况

（1）国外对国际理解教育的研究情况

国外有关中小学国际理解教育的研究，主要是基于具体学科或研究主题进行全球公民教育、跨文化交流教育等。这里选取几个代表性国家的研究进行介绍。新加坡学者 Cher Ping Lim 基于对新加坡的小学五年级两个班级扮演全球公民的角色来学习英语、数学和科学的研究，提出了一种替代性的、现实的方法来实施全球公民教育。在一个虚构社会的生态、社会和文化衰退的背景故事中，每位学生都要解决类似于现实的全球性问题，并期望他们独自或与他人合作一起研究并提出解决方案[6]。这些问题与小学英语、数学和科学课程有关，学生通过记录、观察，访谈和事前问卷调查赋予活动意义。Cher Ping Lim 说明了新方法如何增强学生的学习参与度、学习动机和社会责任感。这项研究对学校的全球公民教育产生了一些影响，包括设计有意义的环境以便在由全球公民组成的学校中进行参与式学习，发展学校的研究文化，以及作为全球公民教育、教师和学校能力建设的基础。

日本学者山本淳子提出，日本尝试将中小学国际理解教育与外语学习活动联系起来，引入英语阅读和写作活动，提升学生的英语学习动机。日本小学英语课程的学习指南包括了解日本与外国在生活和文化方面的差异性及表达特点，开展跨文化互动和主题交流，使用原型"英语笔记"学习英语，让不同国家的小学生都能在交流中提升国际理解素养[7]。

（2）国内学者对国外国际理解教育的研究情况

中国有很多的学者和教育工作者针对国外中小学国际理解教育的实践探索进行了研究，并就这些国家国际理解教育的实践情况与我国的实践情况进行比较研究，探索对我国中小学国际理解教育的启示。这些文献大都研究的是国际理解教育发展较早较快的国家，如美国、日本、澳大利亚、英国、韩国等，这里选取几项有代表性的研究解读如何从我国的研究角度看待国外中小学国际理解教育的发展情况。

　　吕晓爽阐释了美国中小学国际理解教育实施的理念，它的目标就是培养具备全球胜任力（全球胜任力即 21 世纪技能，包括探索世界的知识理解能力、跨文化沟通的交流技能、学会认识自己与认识他人的态度和价值观以及改变现状的行动能力）的世界公民；美国中小学国际理解教育的内容包括全球性事务与挑战、世界各地的多元文化、美国与世界的联系等三方面；美国中小学国际理解教育的开展途径包括跨学科主题教学、短期出国游学、学校整体参与、州政府部门和当地社区的资源支持等。美国中小学国际理解教育的评价主要是经合组织的"PISA 全球胜任力评估"、美国全球教育论坛的国际理解教育检测表和国际理解教育证书等形式。[8]

　　李文晶的研究表明，英国中小学实施国际理解教育课程的理论依据主要是基于《行动中的全球维度：学校课程计划指南》《课堂中的全球公民：教师指导》《全球学习的跨学科课程方法》等政策文件的要求指引；英国中小学国际理解教育课程的实施途径主要是学科渗透、跨学科课程设置、特色校园文化构建、网络教育资源共享等形式；英国中小学国际理解教育课程评价的方法主要有设计李克特量表、采用教育科研法（包括问卷调查、访谈、观察等）、设置学校奖（如"国际学校奖""全球学校奖""生态学校奖"）等。总体而言，英国中小学实施国际理解教育课程存在的问题主要体现在对中小学生的课程指导不足、内容难以掌控、师资不足等方面。[9]

　　靳文卿分析指出，澳大利亚国际理解教育的课程政策发展快速而成熟，已经制定诸如《全球视角下澳大利亚学校国际理解教育的框架》等官方指导手册；这些政策的目标明确且注重培养具有全球视角的价值观和能力；内容丰富多样并注重渗透性；实施方式灵活多样且强调实践性；提供科学的教学方法和资源网站。澳大利亚的中小学国际理解的内容主要包括"人类社会的统一与相互依存""自我意识和欣赏文化多样性""确信社会公正和人权""建立和平和解决冲突的技能""为可持续的未来制定行动"等五个方面的主题。[10] 靳文卿认为，国际理解教育的实施主要是通过学科课程的渗透、主题实践活动和跨学科学习等三个方式实现；澳大利亚的国际理解教育课程理念基于培养具有多元文化理解和民族凝聚力的国家公民这一国家利益，注重学习独特的土著文化，社区和非政府组织积极参与国际理解教育课程的设置、实施与评价；它的问题主要是国际理解教育课程的发展不平衡、课程渗透的实施难度大、教师国际理解素养有待提升等方面 [11]。

张艳妮分析了澳大利亚中小学全球教育的评价特点，包括培养目标明确落实到观念、知识、能力和行动等四个细化维度，对教师的全球化素养的重视与学生的全球化素养的培养要求同步，根据学生的学习阶段和认知水平作出相应的循序渐进的学习安排，通过合作与实践强化学生的全球化价值观 [12]。

张雯指出，日本中小学国际理解教育的主要领域包括多元文化社会、全球社会、地球课题和对未来的选择等四方面内容，日本国际理解教育的实践方式分为参与国际组织的项目合作、借助学科教学渗透国际理解教育理念、开展直接的异文化体验活动、构建国际理解教育主题课程、开发国际理解教育相关教材资源五大方面 [13]。

2. 国内学者对中小学国际理解教育的研究

（1）关于在中小学实施国际理解教育的研究

近年来，有关国际理解教育的研究领域，已逐步从最初的较多关注高等教育转向中小学阶段，国际理解逐渐成为我国学生必须具备的核心素养之一。基础教育是培养人才的关键期，国内外学者深知基础教育的重要性，有关国际理解教育在中小学开展的研究不胜枚举。杨既福说："国际理解教育是时代发展对教育的必然要求，是中小学素质教育的应有之义，在中小学实施国际理解教育有利于促进学生国际理解素养的提升，为培养国际化人才夯实基础。" [14] 陈红肯定了中小学实施国际理解教育的重要性，认为中小学教育在国家教育体系中具有基础性作用，在中小学开展国际理解教育有助于青少年认同本民族文化，了解他国历史文化，学习跨文化交往技能，并提出当前我国部分中小学对于国际理解教育还存在误读，以及相应的解决办法和实施途径 [15]。李雯等认为，国际理解教育为中小学的良好发展锦上添花，除了促进培养学生的国际化视野以及国际理解素养外，还润色了办学理念，丰富了课程内容，促进了教学的改革与创新，为中小学推进教育对外交流与合作夯实了基础 [16]。此外，姜星海和邬晓娟 [17] 以及孙湘娟 [18] 等学者也作了相关研究。以这些学者为代表的相关文章对中小学实施国际理解教育的重要性、意义、价值以及实施路径等都作了详尽的阐述，但较少涉及中小学国际理解教育的实施现状。国际理解教育该如何实施，实施效果如何以及如何评价？本文将以前人的研究为基础，着重从中小学入手，研究国际理解教育在中小学的实施现状及相应的评估体系。

（2）关于在学科中渗透国际理解教育的研究

1968 年联合国教科文组织第 64 号建议书《作为学校课程和生活之组成部分的国际理解教育》指出，国际理解教育不应该仅仅传授知识，还应致力于发展有利于国际理解和尊重人权的态度和行为，倡导将国际理解教育融入各门课程，将国际理解精神渗透在学校生活之中 [19]。教育承担着培养人才的主要任务，随着国际理解教育意识的不断加深，各地中小学对国际理解教育的实施进行了一系列的尝试，大都是在各学科中渗透国际理解教育。通过文献收集整理不难发现，有关国际理解教育学科渗透的研究主要有以下两个方面：

一是关于如何在学科中渗透国际理解教育的研究。邹秋萍和周琳基于美国课堂教学的案例，分析如何让国际理解教育在小学英语课中有力渗透，并认为在学科中渗透国际理解教育要明确定位，找到契合点，凸显教育理念，贯穿教学过程的始终 [20]。王建新认为思想政治教学应从四个维度来渗透国际理解教育：一是提升对国际理解教育的认识高度；二是挖掘教材的深度；三是增加教学视野的广度；四是拓展教学活动的厚度，在教学过程中潜移默化地提升学生的国际理解素养 [21]。陈红和何妮妮提出了在学科中渗透国际理解教育的必要性与可行性，并通过案例分析对渗透方法作了一定的归纳阐释：在保证学科教学目标完成的基础上，充分挖掘国际理解教育主题，提升学科教学的人文价值以及适当拓展知识等 [22]。

二是关于对各学科中已有的国际理解教育内容的研究。李雯和马宪平认为，我国的基础教育基本上是分学科、分学段进行的，教师应系统地梳理各学段的各个科目，具体到书的每单元、每课时中包含的相关理念，进行有目的的国际理解教育 [23]。逢超以人民教育出版社 2001 版小学语文教材为例，具体分析了其中有关国际理解教育要素的文本，认为关于国际理解的选文主要包括两个方面的内容，一是世界基本问题，二是国际多元文化，并归纳总结了语文教科书有关国际理解知识的综合性、儿童本位、渗透性等特点[24]。关于对学科中已有国际理解教育内容的研究，还有李子涵、刘玉凤、艾雁、任晶晶等人，他们的文章都针对相关内容进行了深层次的探讨。

（3）关于国际理解教育校本课程的研究

随着国际理解意识不断深入人心，各学校越来越重视国际理解教育的发展，大多数学校设置了专门的国际理解教育课程，以进一步加强学生对国际理解教育的认识，为培养国际化人才提供基础。相关研究不胜枚举，通过文献梳理，可以发现有关国际理解教育校本课程开发的研究，主要有理论与实践两个方面。

一是理论分析。王中华和熊梅以某小学为个例，总结了国际理解校本课程开发的可取之处，同时也探讨了课程开发的不足，并提出了对应的策略[25]。熊梅和李水霞阐述了国际理解教育课程目标、内容、组织设计，以及对校本课程的实施提出了相应的方案与建议[26]。石惠新和孙学文对于课程开发发表了自己的看法，提出了课程开发的目标，归纳了课程开发的特点，并把国际理解教育课程分为三部分：一是校本课程；二是相关活动；三是学科渗透[27]。除此以外，还有学者专门就某一门学科进行课程开发研究，如曾文婕和韦潞莹就数学学科对"数学环球之旅"校本课程进行了系统的阐述，介绍了课程开发的背景、课程目标、课程内容以及评价[28]。孙维华和王艳玲就英语课程对校本课程的开发进行了研究，阐述了国际理解与外语教育的关系，从课程目标和教材内容中阐明了国际理解教育在英语中的体现，提出了现存的问题并对课程开发进行了具体的阐述[29]。

二是实践案例研究。国内外许多学校在实施国际理解教育中，根据学校自身或所处地区的特点，开发了别具一格的校本课程。例如，成都市铁路中学研发的相关校本课程主要有三大类：一是拓展类"礼尚往来""影视百年大事记""影视赏析——英美视听与口语"；二是特色类"中国传统体育""中国传统工艺美术制作""这里是成都";三是创新类"机器人编程与设计(EV3)"等。又如,成都盐道街小学开设"从美食看世界""从节日看世界"等校本课程;成都市娇子小学立足于成都本土文化,开发并实施了三类国际理解校本课程:"蜀蚕吐绣"等本土文化认同课程,"娇之雅韵"等为载体的异文化理解课程,"英语世界"等语言培训校本课程。再如,成都市龙江路小学以"特色课程+延伸课程"的模式,全面开设国际理解教育课程,编撰了六本国际理解教育知识读本(校本教材),对应小学一至六年级,以此来实施国际理解教育。

三、概念界定

(一)多语贯通培养

北外附中多语贯通培养模式集中于日语、德语和西班牙语三个语种从初一到高三的教育教学探索。除了按照课程标准选用国家审核通过的教材实施教学外,多样的实践活动也是重要学习途径之一。在语言学习实践活动中,有主题的国际理解能力培养不可或缺。在学校多语贯通培养模式下,通过设计、实施有主题的日语、德语、西班牙语语言实践活动,可以有效提升学生的国际理解能力。

(二)国际理解

国际理解的内涵与外延均相当丰富,按照专家解读,国际理解共包括以下四个维度:(1)全球维度,是指全球共同关注的当下热点问题、全球责任意识、和平、文化间理解等相关主题;(2)国家维度,是指由于全球化带来的国内问题、国内各民族之间和谐共生、作为公民的国家认同感、全球化时代公民责任等主题;(3)社会维度,是指从家乡看世界、参与社会事务、社会安全、与地区中不同价值观和文化背景的人和谐共生等主题;(4)自然维度,是指环境、生物多样性、对自然的敬意、与自然的共生等主题[30]。

北外附中的项目团队认为,国际理解教育应立足本国,培养学生作为全球、国家、社会、自然之一员的责任感,通过教育使学生拥有全球胸怀,为世界之和平作出贡献，同时在纷繁复杂的世界局势中维系自己稳定的价值体系，培养对自身文化传统的认同和对世界文化的包容态度。在国际理解教育的实践过程中，唯有知晓不同的概念来源及边界，才能找到坐标，明确本校、本课程的国际理解教育目标及内容，才能做到"有目的、有计划地实施"。

四、研究目标与内容

（一）研究目标

第一，研究的成果导向目标，结合日语、德语和西班牙语三个语种的语言、文化特点和教学进度，以国际理解能力培养和语言理解运用为目标，采取配音、戏剧、歌曲合唱、外出实践、知识竞赛等形式，开发设计实践活动课程，从而形成国际理解相关成果集。

第二，研究的实践导向目标，以国际理解教育为主题、文化交流为目标，有效开展多语文化节、跨学科实践等活动，形成完善的、可以推广的活动方案。

（二）研究内容

本课题的研究内容与研究目标一一对应，主要包括以下两方面：

1. 与教材衔接的活动类课程

在日语、德语和西班牙语三个语种日常教学中融入国际理解教育。以教材单元教学主题为依托，根据各学段复语班学生身心特点、知识储备及开设的各语种国家文化特点，开发设计以国际理解教育为指向的活动课程，具体的活动课程形式包括配音、戏剧、歌曲合唱、外出实践、知识竞赛等。明确这些课程所要培养的是学生的哪些国际理解能力和态度，通过什么时间、什么环节来实施。唯有从课程角度思考和定位，才能避免将国际理解教育简单归结为外国文化知识学习的浅层理解，使其成为对学生真正产生影响的长远、系统的教育。

2．文化交流类综合实践活动

以国际理解教育为主题，文化交流为形式，结合学生学校生活、社会生活的实际，开展三方面主题活动，让学生在主动参与、主动探究的过程中，系统、全面地了解世界多元文化，树立全球观念。具体包括：

（1）多语文化节

三个语种联合举办，主要通过形式多样的体验和展示活动向全校学生宣传语言对象国文化，让复语班学生学以致用，在策划、组织、展示过程中增强对语言对象国文化的理解，增强责任感，以及对他国文化的包容。

（2）跨学科实践活动

联合其他学科进行国际理解力主题综合实践活动设计，让复语班学生将语言学习与其他学科学习紧密结合起来，培养全球胸怀。

（3）外国驻华文化机构主办的活动

依托日本大使馆、日本文化中心、德国大使馆、德国歌德学院、西班牙大使馆、西班牙塞万提斯学院等国际机构资源，积极参与适合中学生参加的各种外事、文化活动，进行活动的资源积累与反思。

五、研究方法和过程

（一）研究设计

1．研究对象

研究对象为北外附中 2018 级复语班的学生。北外附中在多语教育发展道路上，充分利用学校发展的内外部条件，依托北京外国语大学师资及教育教学资源，在初一年级开设"英语＋德语／日语／西班牙语"复语班，即"1＋3"复语班。

学校支持学生在初二学年末参加本校"1＋3"复语实验项目继续复语学习，实现六年贯通培养，给学生提供更多升学选择。复语班的学生可以选择英语或第二外语参加高考，或者凭借复语优势作为语言类高校自主招生的加分项，也可以通过北京外国语大学与对口语种国家对接的"留学生直通车"项目，选择国外优质大学留学。语言的学习离不开文化的理解与交流。北外附中致力于培养不仅外语能力过硬，而且视野开阔、拥有丰富价值观、有益于传播中华文化的外语人才。

2．研究方法

（1）文献法

学习教育学和心理学相关理论，探索小语种教学中渗透国际理解教育的途径和方法；学习课程论相关理论，确立国际理解校本课程开发的原则、领域等。

（2）行动研究法

组织教师按照"问题—研究—实践—问题"的思路，围绕本课题的三个研究目标设计语言实践活动，并在实践中不断调整完善，实践后反思改进，探索多语贯通培养模式下的国际理解能力培养策略。

3．技术路线

研究将按照开题、实践和总结三个阶段进行，包括文献研究和行动研究的相关内容，从文本到实践落实研究内容（见图1）。

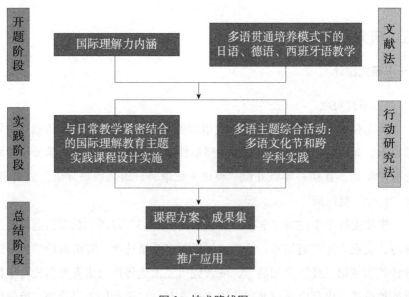

图1　技术路线图

（二）研究过程

1. 研究阶段

本研究包括前期准备、中期实践和后期总结三个主要阶段，各阶段设定具体的研究任务（见表1）。

表1 研究阶段

阶段	时间安排	任务
准备阶段	2019年12月—2020年8月	1. 文献研究法，夯实理论基础，设计课题方案，制订切实可行的研究计划； 2. 进行课题组建设，成立四个子课题组，使课题研究处于科学、规范的组织管理之中。
实施阶段	2020年9月—2022年7月	按照研究计划逐步推进，在小语种活动课程、文化交流和自主课程三个方面同步推进。
总结阶段	2022年7月—2022年9月	1. 整理课题推进过程中的优秀国际理解教育活动案例，形成成果集； 2. 完成结题报告。

2. 主要举措

在与教材衔接的活动类课程方面，小语种教师积极利用网络与图书馆资源，在学生核心素养的要求与国际理解教育内涵的指导下，结合本国与外国时令节日，结合单元主题，从配音、戏剧、歌曲合唱、外出实践、知识竞赛等形式中进行选择设计。

在文化交流方面，每学年举行全校范围的多语文化节，在传统美食、服饰和节日相关内容的基础上，通过专家讲座、校友进校园、"我是小老师"等各种项目，调动学生的积极性，推进国际理解教育。

3. 实施过程

每学期开始前上交课程方案，课程实施中留存资料，并定期组织小语种教师进行讨论与反思改进，每学期末上交改进后的课程方案；在下一年的实施过程中不断反思修改，已基本形成了各年级固定的国际理解活动课程体系。

受新冠疫情影响，2019—2020学年未举行大型文化活动。同时2019年末以来，考虑到学生安全，对各国驻华使馆及文化中心线下资源利用有所减少，外事活动也转为线上交流。

2021年，在校外专家等因疫情防控无法入校的情况下，学校采取了线上讲座的形式。在樱花季跨学科实践活动中，邀请了北京外国语大学日语学院翻译硕士教研部主任宋刚教授为全校师生做了"秒速五厘米 × 三体——日本与三体的共性"为题的讲座。宋教授风趣幽默地从令人意外的角度切入，让大家了解到日本与三体星球本质上的相似之处，深入浅出地为师生们带来一场视觉、思想与心灵的盛宴。与此同时，北外附中与日本埼玉县立杉户高等学校建立联系，日语学生定期与日本学校进行线上友好交流，交流主题广泛且实际。学生在锻炼口语能力的同时，通过与日本友人的实际交流，更加切实、具体地增进了对日本的理解。距离与屏幕并没有阻隔跨文化理解的脚步。

六、研究结果与分析

（一）学生的变化

日常教学中的点点滴滴也无处不体现着学生的进步。日语学生在通过阅读新闻报纸、观看纪录片等学习如何与大自然相处的同时，体会作为地球公民的人与人之间超越国家的联系，思考自身为两国关系发展可以作出哪些努力。除此之外，学生积极参加与国际理解教育相关的自然、文化交流活动，取得了优异成绩（见表2）：

表2　学生成果一览表

时间	语种	成果
2019年12月	多语种学生	海淀区多语风采展示活动特等奖、一等奖、二等奖
2019年12月	日语专业学生	第八届首都学生外语展示系列活动二等奖
2020年4月	德语专业学生	中国第九届全国德语奥林匹克竞赛A2组三等奖

（续表）

时间	语种	成果
2020 年 6 月	多语种学生	"外研社杯"首届全国基础阶段多语种技能展示评选活动三等奖、优秀奖
2021 年 12 月	多语种学生	海淀区多语风采展示活动一等奖、二等奖
2022 年 3 月	德语专业学生	中国第十届全国德语奥林匹克竞赛 B1 组三等奖
2022 年 5 月	日语专业学生	参加中日友城青少年线上活动
2022 年 6 月	日语专业学生	作品入选全国纪念《中日邦交正常化 50 周年作品集》
2022 年 6 月	日语专业学生	获第三届"洗足学园音乐大学杯"中学生日语配音大赛全国三等奖
2022 年 8 月	日语专业学生	大森杯中日邦交正常化 50 周年纪念主题作文比赛优秀奖

通过两年多的探索与实践，可以清晰地看到复语班学生除了在语言学习方面取得进步外，还在国际理解能力方面得到显著提升。

在学校多语文化节中，学生们通过动漫配音、智慧问答、"我是小老师"等生动有趣的形式展示自己对语言对象国文化的理解和民族文化自信。

在跨学科实践活动中，学生对全球共同关注的时事问题进行讨论，展现出全球化时代公民的责任感。

在外国驻华文化机构活动方面，学生主要参加了全国中学生德语奥林匹克竞赛、东亚地区青少年可持续发展项目大赛、亚洲地区明信片活动、德国使馆"倍儿柏林"开放日、歌德学院德语游戏日、塞万提斯学院"旅行箱中的西班牙语"等丰富多样的活动。尤其在东亚地区青少年可持续发展项目大赛中，学生通过大型活动开阔视野，真正实现了跨越国界、用德语解决问题的目的。

（二）教师的成长

首先，教师不断探索，思考如何在课堂中更好地融入国际理解教育，以研究课与论文的形式收获了累累硕果（见表 3）。整体来看，教师的教学观念与教学方法都有了相应的改变。

表 3　教师成果一览表

成果类别	成果名称／奖项
区级研究课	2020 年 日语"汉字含义的异同" 日语"折纸" 德语"家庭问答游戏" 德语"跳蚤市场" 西班牙语"空间定位" 2021 年 日语"喝茶的习惯" 日语"生日" 日语"校园引导" 德语"是—是—但是" 德语"小红帽" 德语"这是我的家庭" 西班牙语"学会给出方向" 西班牙语"喜爱的课程" 西班牙语"不要那样做"
论文	1.《春风十里来花见——北外附中樱花季跨学科实践活动》获中小学第十二届京美杯征文三等奖 2. 日语《包袱布中的美学》获区美育科研论文征集评选二等奖 3. 日语《roleplay 在中学日语教学中的应用》获区多语教育征文评比一等奖 4. 日语《中日汉字含义的区别》获区"学科德育"优秀案例评选二等奖 5. 西班牙语《西班牙语陈述式简单过去时变位课堂练习教学案例及分析》获区多语教育征文评比二等奖 6. 日语《学生兴趣在课堂——以日语存在句为例浅谈情境创设中的教学实例》获区多语教育征文评比三等奖 7. 日语《通过中日汉字的对比看汉字之美》获第 14 届京美杯美育教育教学优秀科研论文评选二等奖 8. 日语《发现生活中的艺术美——以折纸为例浅谈教学中的美育探究》获第 14 届京美杯美育教育教学优秀科研论文评选二等奖 9. 德语《跳蚤市场》获区"学科德育"优秀案例评选二等奖

　　例如在"汉字含义的异同"这一课中，学习的是中、日文中字形基本相同但字义不同的同形异义词，如"湯"在日语中是"热水"的意思，"汽車"是"火车"的意思等。日语中也存在不少与中文同形同义的词汇，但是其产生或来源却不尽相同。因此在课前自主探究任务中，教师给学生提供一些词汇，要求学生有逻辑地将中、日汉字含义的异同进行整理归类，旨在通过比较，发现中、日文汉字含义的异同，认识到中国文化对日本文化的影响，激发学生对中华文化和中国语言文字的热爱，增强文化自信。

　　从探究任务的完成情况来看，大部分学生都能够有条理地按照与中文同义、异义的区别对日语词汇进行分类（见图2学生绘制的思维导图），但普遍存在一个问题：有一部分同义词汇如"社会""进化""经济"等虽然是在日语中开始使用，又反向输入到中文的，但并非所谓的"和语词"（图2中红圈部分）。如"经济"其实是源自中国古代"经世济民"一词，日本人在翻译英文 economy 之时取"经"与"济"二字构成了一个新词。在日本的翻译词汇引入之前，中国也并非没有这些概念，只不过当时"社会""进化""经济""电话""哲学"这些词汇我们分别叫作"群""天演""计学""德律风""慧学"。所以教师在课上也就这一点进行了说明和纠正，让

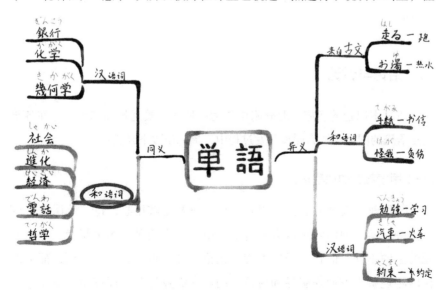

图2　学生绘制的思维导图

学生对汉字词汇来源能够有较为清晰的认识，辩证地看待事物，既不妄自尊大，反对日本使用汉字，又不妄自菲薄，认为汉字词汇来源于日本。中、日文汉字和词汇的交流是一个动态变化和发展的过程。通过课前探究任务让学生发现问题，教师再与之一起进行探讨、研究、讲解，学生的学习积极性与学习成果都随之提高，学习目标的达成也更加容易，学生可以更加深刻地认识到中国对日本文化的影响，同时增强文化自信。

其次，围绕国际理解教育的四个维度，德语、日语和西班牙语的教师以学年和学期为阶段，依据单元主题进行了国际理解力培养方面的活动课程设计与实施，完成了各语种的主题实践活动反思文集。

最后，各语种教师积极举办多语文化节，以国际理解教育为主题形成了活动方案、成果集；此外，反思总结跨学科实践活动，形成跨学科实践活动成果集。教师开发主题课程的能力也得到了锻炼。例如2022年多语文化节期间，教师队伍学习了姜英敏教授主编的《跨文化理解：高中国际理解教育课程开发》一书，决心开发出一堂符合本校学情的国际理解教育课程。在反复打磨之后，本次文化节活动中新增了由研究团队核心成员进行的"由了解到理解——中国人都会打乒乓球吗？"这一互动课程，深受学生喜爱。

七、结论与讨论

通过本课题的实施，北外附中作为一所多语贯通培养基地校，在各年级复语班的国际理解力课程开发过程中，提炼出以下经验：

（一）围绕教材的课程设计

国际理解教育需要教师用心设计。只要足够用心，每一节课都有可以挖掘、设计的国际理解力教育点。虽然每个语种、每个年级、每个单元的主题不同，但在实践中发现，无论是什么课型、什么主题，都可以在国际理解力方面作引导和讨论。例如在农业体验的课程中，除注重语言知识的落实之外，还可以让学生以课本的农业体验对话为前提，自选角度写一篇日记,不仅可以选择从人的角度,也可以选择从虫子、玉米、黄瓜等大自然的角度去写,既妙趣横生,又可以加强与自然和谐相处的理念。

国际理解教育的课程形式需要多样化。随着年级的升高,深层次的活动要多一些,不能仅仅局限于配音、唱歌等。从初一年级到初三年级,根据教学进度、学情与学生身心特点的发展,课程活动形式的侧重点可作如下变化(见表4):

表4 初一至初三年级国际理解教育课程活动规划

年级	活动
初一	歌曲、角色扮演
初二	配音、朗诵
初三	戏剧、主题演讲

教学过程中国际理解力方向的把握尤为关键。丰富多样的课程设计可以有效激发学生的语言学习兴趣,在语言学习的同时,必须牢牢把控学生的国外文化理解和民族文化认同能力。例如,日语的折纸作品讨论课,折纸艺术其实起源于中国,而后传入日本。其中如何引导学生对中国传统文化的认同和继承,对日本文化的了解和包容,这个分寸的把握对教师就提出了很高的要求。

(二)文化交流类活动设计

文化交流活动的设计需要深度思考。设计多语文化节时,不停留于传统的美食、服饰等浅层的外国文化理解,更要思考如何能让学生积极参与跨文化交流,具有全球意识和开放的心态。例如通过微课程、微讲座等形式,创造机会让学生意识到要尊重世界多元文化的多样性和差异性。实践活动外出时,首先要注意学生的安全,有组织有纪律,教师、班干部职责分工明确,及时清点人数,明确自由活动时间及集合地点等。参与外国驻华文化机构主办的活动时，要提前了解相关国家习俗中的各种禁忌，尊重对方的文化习惯，不轻易碰触敏感话题，学生不随意私自行动等。

（三）从外语教育到国际理解教育

国际理解教育如何不停滞于单纯对外国食物、服装、节假日的浅层理解，即如何不停滞于"国际了解教育"，而是通过真正的理解，认识到不同的价值观，以及当价值观有冲突时如何处理，将成为国际理解教育的要义，这也是需要进一步完善和深入探究的课题。

外语是我们对外交流、实现国际理解的一扇窗、一座桥，但国际理解教育仅局限于外语，或者说仅依靠外语教育去实现是远远不够的。因为国际理解教育的真正内涵不仅是通过无障碍的语言交流实现本国与外国的相互理解，更多地应是双方、全球的共生与共存；其学习目标也不仅以价值理解为中心，更应注重价值判断能力与问题解决能力的培养。这就需要国际理解教育的广泛开展，需要五育并举、全科育人，一方面克服过去主观臆断式的文化理解模式，培养文化理解的包容态度，另一方面更加深刻地认识本土文化，培养学生认识和解决冲突的能力。

参考文献

[1] 中共中央、国务院. 2010. 国家中长期教育改革和发展规划纲要（2010—2020 年）[EB/OL].（2010-07-29）[2023-12-23]. http://www.moe.gov.cn/srcsite/A01/s7048/201007/t20100729_171904.html.

[2] 习近平. 习近平在"一带一路"国际合作高峰论坛开幕式上的演讲 [EB/OL].（2017-05-14）[2023-12-23]. http://www.xinhuanet.com/world/2017-05/14/c_129604310.htm?eqid=bf5de85f0003f6fd00000005644d1eac.

[3] 北京市科学技术委员会. 首都中长期人才发展规划纲要（2010-2020）年 [EB/OL].（2010-08-02）[2023-12-23]. https://kw.beijing.gov.cn/art/2010/8/2/art_2384_2418.html.

[4] 姜明. 伽达默尔的视域融合理论 [D]. 哈尔滨：黑龙江大学，2014.

[5] 邬天启. 生态伦理学的观念、问题与出路——基于信息哲学维度的考察 [D]. 西安：西安建筑科技大学，2012.

[6] Lim, C. P. Global citizenship education, school curriculum and games: learning mathematics, English and science as a global citizen [J]. *Computers and education*, 2008, 51 (03): 1073-1093.

[7] 山本淳子. 小学校英語教育における国際交流の役割と意義 [J]. 新潟経営大学紀要, 2011, (17): 103-116.

[8] 吕晓爽. 美国中小学国际理解教育研究 [D]. 武汉: 华中师范大学, 2019: 34-39.

[9] 李文晶. 英国中小学国际理解教育课程研究 [D]. 南京: 南京师范大学, 2018: 60-66.

[10][11] 靳文卿. 澳大利亚中小学国际理解教育课程研究 [D]. 南京: 南京师范大学, 2018: 31-37.

[12] 张艳妮. 澳大利亚中小学全球教育研究 [D]. 武汉: 华中师范大学, 2016: 33-35.

[13] 张雯. 21 世纪以来日本中小学国际理解教育的实践探究 [D]. 武汉: 华中师范大学, 2019: 22-39.

[14] 杨既福. 全球化背景下中小学国际理解教育实施策略研究 [J]. 内蒙古师范大学学报(教育科学版), 2017, 30(04): 1-4.

[15] 陈红. 中小学开展国际理解教育的价值及路径 [J]. 人民教育, 2014, (15): 77-79.

[16] 李雯, 王淑娟, 李奕, 等. 教育国际化视野下学校教学领导的新探索 [M]. 北京: 中国人民大学出版社, 2016: 330.

[17] 姜星海, 邹晓娟. 我国中小学国际理解教育研究进展 [J]. 中国教师, 2013, (04): 40-42, 52.

[18] 孙湘娟. 探究中小学开展国际理解教育的价值及路径 [J]. 课程教育研究, 2018, (50): 39-40.

[19] 全球教育发展的历史轨迹: 联合国教科文组织国际教育大会建议书专集 [M]. 赵中建, 译. 2 版. 北京: 教育科学出版社, 2005.

[20] 邹秋萍, 周琳. 小学英语教学中如何渗透国际理解教育——基于美国两例教学实例的分析 [J]. 教学研究, 2014, 37(02): 117-119.

[21] 王建新. 政治教学中国际理解教育的渗透 [J]. 思想政治课教学, 2018, (07): 33-35.

[22] 陈红, 何妮妮. 试析如何在学科教学中渗透国际理解教育 [J]. 课程·教材·教法, 2010, 30(02): 72-77.

[23] 李雯, 马宪平. 教育国际化: 学校发展新视界 [M]. 北京: 中国人民大学出版社, 2013.

[24] 逢超. 小学语文教科书国际理解的教育要素文本分析——以人教社 2001 年版小学语文教科书为例 [J]. 课程教学研究, 2012, (11): 64-67.

[25] 王中华, 熊梅. 国际理解教育校本课程开发的经验、不足与对策——以 F 小学为个案 [J]. 教育科学研究, 2011, (09): 65-68.

[26] 熊梅, 李水霞. 国际理解教育校本课程开发与设计 [J]. 教育研究, 2010, 31(01): 50-55.

[27] 石惠新, 孙学文. 小学国际理解教育校本课程的开发 [J]. 课程·教材·教法, 2006, (03): 19-22, 66.

[28] 曾文婕, 韦潞莹. 积淀数学底蕴凸显国际理解——"数学环球之旅"校本课程的开发 [J]. 现代教育论丛, 2013, (03): 38-43.

[29] 孙维华，王艳玲．小学英语国际理解教育校本课程开发 [J]．中国教育学刊，2009，（09）：60-63．

[30] 姜英敏．国际理解教育≠对外国、外国文化的了解 [J]．人民教育，2016，(21)：62-65．

作者简介

王 丹： 北京外国语大学附属中学二级教师，校长助理、多语特色中心主任。研究领域为日语教育、国际理解教育。

雷甜甜： 北京外国语大学附属中学一级教师，教学指导中心教学主任。研究领域为国际理解教育、多语教师发展。

全球胜任力视域下探寻"五育融合"的学校实践：以保定市第十七中学外语节课程为例

杨志娟　李　梅　河北省保定市第十七中学

【摘要】随着全球一体化加速发展，培养中国学生成为具有全球胜任力的国际化人才已成为关乎国家发展、民族振兴的战略工程。为此，通过国际理解教育培养和提升学生全球素养是必经之路。保定市第十七中学重视国际化发展，在办学过程中以全球胜任力为导向、以"五育融合"为路径、以外语节课程统领国际理解教育的有益探索和有效实践，为实现国际理解教育本土化提供经验和思路。

【关键词】全球胜任力；国际理解教育；五育融合；外语节课程

当今社会，全球一体化加速发展，经济方式、数字技术、生存环境等加速转变，人类面临更多跨文化交流的机会和挑战，全球素养在互联互通、多元发展的世界中变得越来越重要。因此，培养学生拥有全球胜任力、成为兼具本土文化特质和国际视野、通晓国际规则、能够参与国际事务与竞争的国际化人才，从中小学起推广国际理解教育势在必行。在基础教育阶段，实施全球胜任力视域下的国际理解教育，培养视野开阔的国际化人才以适应未来发展的需求，具有深远的时代意义和价值。

一、外语节课程设计的缘起

（一）以国际理解教育促全球胜任力提升

"全球胜任力"一词来源于经济合作与发展组织在 2017 年发布的

《PISA 全球胜任力框架》（见图 1），具体包括能够分析当地、全球和跨文化的问题，理解和欣赏他人的观点和世界观，与不同文化背景的人进行开放、得体和有效的互动，以及为集体福祉和可持续发展采取行动的能力。全球胜任力已成为当代青少年的必备能力之一。

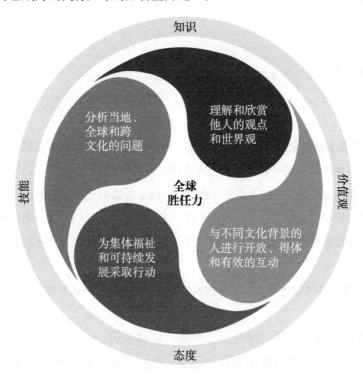

图 1　PISA 全球胜任力框架

　　2017 年，习近平总书记在党的十九大报告中提出了"构建人类命运共同体"的伟大设想，对于教育来说，就是要培养学生的世界胸怀和国际素养，即国际理解能力。《中国学生发展核心素养》指出，"国际理解"意为：具有全球意识和开放的心态，了解人类文明进程和世界发展动态；能尊重世界多元文化的多样性和差异性，积极参与跨文化交流；关注人类面临的全球性挑战，理解人类命运共同体的内涵与价值等[1]。该定义表明"国际理解"强调的是"全球共生力"，体现出中国拥抱全球化、构建人类命运共同体的愿望。2020 年，《教育部等八部门关于加快和扩大新时代教育对外开放的意见》提出：基础教育领域，将加强中小学国际理解教育，帮助学生树立人类命运共同体意识，培养德智体美劳全面发展且具有国际视野的新时代青少年 [2]。

由此可见，国际理解教育是培养和提升学生的全球胜任力的必由之路。通过国际理解教育，培养具有全球视野和全球胸怀、拥有与国际对接交流和沟通的能力、具有跨文化的生存能力、能够解决问题并创造价值的具有人类命运共同体意识和全球胜任力的世界公民才能适应未来社会的发展需求。

（二）以"五育融合"路径落地国际理解教育

2019 年发布的《中国教育现代化 2035》提出"更加注重学生全面发展，大力发展素质教育，促进德育、智育、体育、美育和劳动教育的有机融合"，明确提出"五育融合"的教育发展目标，其主旨就是要回归教育的本质规律，回答教育究竟"如何培养人"这个根本问题。因此，"五育融合"是在"人的全面发展"以及全人教育、终身教育的深刻认识和实践基础上提出的，既传承了中国文化元素，又具国家视野和世界眼光。党的二十大报告指出，教育是国之大计、党之大计。培养什么人、怎样培养人、为谁培养人是教育的根本问题。因此，国际理解教育只有顺应世界发展趋势并立足民族复兴大业，才能不断获得正向推进，才能为人类命运共同体的实现聚势、赋能、助力。中国国际理解教育的发展思路，一方面要在吸收国际优质教育理念的同时坚守对本土文化的自信，另一方面要站在"人的全面发展"的高度来阐释国际理解教育。因此，基于"五育融合"实施国际理解教育具有深远的时代意义和可行的实际价值。

（三）以外语节课程统领"五育融合"的国际理解教育

保定市第十七中学（以下简称"保定十七中"）是保定市一所百年名校，始建于 1906 年。学校秉承"从这里走向世界"的开放式、国际化办学理念，"创造适合每一个孩子发展的教育"，全方位培养具有家国情怀、国际视野、现代素养、人类命运共同体意识和全球胜任力的优秀世公民。在"融文化"课程理念引领下，学校坚持发展英语特色，不断创新国际化办学思路，立足外语特色，打造优质品牌教育，融合多种教育资源，融通中外交流渠道，对标《PISA 全球胜任力框架》和《中国学生发展核心素养》，基于"五育融合"，立足全人教育，构建多元化、本土化、校本化国际理解课程体系（见图 2），通过课程育人、对外交流、文化体验和活动浸润，夯实中国根基，拓展国际视野，提升现代素养，培养全球胜任力。

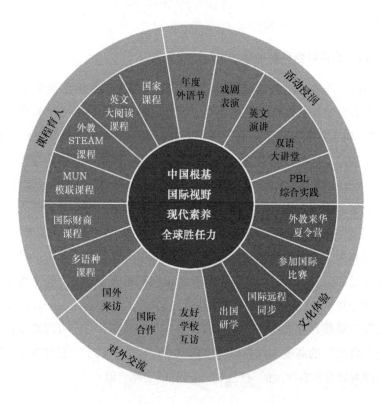

图 2　保定十七中国际理解课程体系

其中，外语节课程着眼构建具有中国特色的全球胜任力培育机制，以"五育融合"统领国际理解教育，全面落实外语课程培根铸魂工程，将外语节打造成为学生"用外语讲好中国故事，用外语沟通世界"的舞台。自

2009 年开始的英语节，到 2023 年改为外语节，已经成功举办 15 届（见表 1）。每年为期一个月的外语节在春天开启，在历届学子心中留下了美好烙印，也成为学校特色鲜明的教育品牌，培养了一批又一批具有中国根基、世界眼光和全球胜任力的优秀学子。

表 1　保定十七中历届外语节主题

年份	届次	主题
2009	第 1 届	Let English Be Part of Our Life 让英语成为生活的一部分
2010	第 2 届	Kiss English Kiss the World 亲近英语 拥抱世界
2011	第 3 届	Open the Door to the World 打开通往世界之门
2012	第 4 届	Learn English Fly Your Dream 学好英语 放飞梦想
2013	第 5 届	Better English Better Life 英语，让生活更美好
2014	第 6 届	Read Beautiful English Enjoy Colorful Life 美好英语 多彩生活
2015	第 7 届	English, a Key to the Outside World 英语，打开世界之门的钥匙
2016	第 8 届	Embrace the World with English Achieve Our Dreams by Effort 用英语拥抱世界 让努力成就梦想
2017	第 9 届	Fly Your Dream with English Color Your Life with Happiness 用英语放飞梦想 让快乐着色人生
2018	第 10 届	Boost Our Dreams with English, Entering a New Era 英语助力梦想走进新时代
2019	第 11 届	Learn English Unlock the World Pursue Your Dreams in the New Era 学英语 迎未来 追梦新时代
2020	第 12 届	Integrate with the World Tell Stories of China in English 融通世界用英语讲中国故事
2021	第 13 届	Utter the Voice of China Be with the World 话中国声音 与世界同在
2022	第 14 届	Advance with the Joint World Together for a Shared Future 携手世界 共向未来
2023	第 15 届	Hello, World. This is China! 你好世界，这里是中国！

二、国际理解视域下外语节"五育融合"课程设计

学校本着"课程即活动，活动即课程"的理念，致力于开发校本化国际理解课程。以英语特色为依托，以年度外语节为路径，以"五育融合"为导向，发挥"五育"共美的整体育人功能，通过开展丰富多彩、多元融合的活动，为学生提供增进跨文化理解的机会；让学生足不出校即可体验国际理解教育，培养自身的全球胜任力，同时获得德智体美劳全面发展。

以 2023 年第 15 届外语节为例，此次外语节以"Hello, World. This is China!"（你好世界，这里是中国！）为主题，内容丰富多元，有语言浸润类、语言实践类、项目探究类、跨界体验类、才艺展示类、社团活动类和集体展示类，各类别近 30 项活动，分学校、年级、班级、小组和个人等不同层面、不同形式推进、开展和呈现，做到"活动有设计、落地有方案、展示有平台、评价有方法"。配音模仿秀、英文大讲堂、小语种社团、模联大会等多语种元素和跨学科活动，以项目式学习驱动全员参与，以"五育融合"实现学生全面发展，以多元评价和展示激发学生多元智能发挥，实现"学—思—用—创"四位一体浸入式外语学习，开启了一场"融合、创新、欢乐、收获"的国际理解教育盛宴，为学生搭建展示自我的舞台，让每个学生站在中央，收获自信与成长（见表 2）。

表 2　保定十七中第 15 届外语节活动一览表

活动类别	活动内容	五育融合
语言浸润类	1. 听：英文歌曲、TED 演讲 2. 说：班级英语日、学校英语角 3. 读："英语星空朗读"活动、"英语海洋悦读"活动、英语报刊阅读和整本书阅读"校园之声——英语朗读者" 4. 写：美文摘抄、英文日记及展评 5. 看：观看《美丽中国》《四季中国》英文版、BBC 系列《完美星球》	德育、智育

（续表）

活动类别	活动内容	五育融合
语言实践类	6. 外语节海报制作大赛 7. 学生书法作品大赛 8. 外语节班级黑板报设计 9. 英语配音模仿秀 10. "Hello, World. This is China!"（你好世界，这里是中国！）英文巡回演讲 11. "Stories in Idioms"（成语里的故事）英文讲演 12. "Amazing Baoding, My Home"手抄报、征文、视频	德育、智育、美育
项目探究类	13. "中国非遗，世界瑰宝"知识大讲堂 14. "建筑里的世界"模型展	德育、智育、美育
跨界体验类	15. "田园种植，劳动最美" 16. "阳光体育，健康生活"	德育、智育、体育、劳育
才艺展示类	17. "English Theatre"（英文戏剧表演） 18. "English Reading, Mind Travelling"（书中人物走出来）服装台词秀 19. "China Style"（中国范儿）学生摄影展 20. "Hello, China"（你好，中国）配音秀	德育、智育、美育
社团活动类	21. STEAM社团："可持续发展绿色之城"项目成果展示 22. 模联精英社团："国际碳中和"项目式学习 23. 小语种社团：多语才艺展示	德育、智育、美育
集体展示类	24. 外语节启动仪式 25. 国际理解讲座 26. 外语嘉年华活动 27. 保定十七中第三届MUN模联大会 28. 外语节闭幕式及汇报演出	德育、智育、美育

（一）融达情理，立德树人，用外语讲好中国故事

人无德不立，育人的根本在于立德。要培养合格的社会主义建设者和接班人，必须坚持德育为先，在加强品德修养上下功夫，坚持用党的创新

成果铸魂育人，教育引导学生培育和践行社会主义核心价值观，使学生坚定"四个自信"，坚定理想信念，塑造健全人格。

保定十七中外语节始终把握时代脉搏，坚持"扎根中国、融通中外、素养为根、立德为本"的宗旨，坚持课程育人，坚持国际理解教育和全球胜任力培养的中国立场，全面推进英语课程培根铸魂工程。年度英语节主题从最初的"Let English Be Part of Our Life"（让英语成为我们生活的一部分）到 2023 年"Hello, World. This is China!"（你好世界，这里是中国！），活动由最初的单纯语言类活动，到 2020 年英文"习语青听"、2021 年庆祝建党百年"党史英语大讲堂""青春向党，强国有我"英文演讲、2022 年"我与团团的故事"英语征文、2023 年"党的二十大精神"英语宣讲活动等，见证了学校在国际理解教育中始终与时代同频共振，筑牢中国根基、实现立德树人，让每个学生成为有底气、骨气和志气的中国人的决心和行动。

外语节活动以"用外语讲好中国故事"为出发点，在学校的顶层设计下，以项目式学习结合德育渗透推进中华优秀传统文化、红色革命文化、传统节日文化等活动开展，在活动过程中学生加深了对中华优秀传统文化的了解，涵养了家国情怀，提升了文化自信。

第 15 届外语节非遗知识大讲堂活动以"中国世界级非遗、国家级非遗、保定非遗"为探究内容，全体八年级学生以小组为单位深入进行了项目式学习。活动加深了学生对非遗文化的认知，激发了学生对非遗文化的热爱，增强了学生对非遗文化的保护意识，在学校师生中营造了非遗薪火相传的浓厚氛围（见案例 1）。

案例 1　第 15 届外语节"中国非遗，世界瑰宝"大讲堂活动

活动目标	传承弘扬中华优秀传统文化，保护地方传统技艺，感受非遗魅力，加大非遗传播普及力度，提高学生对非遗的认同感和参与感，宣扬民族精神，传播民族特色，推广民族文脉。
设计思路	主要在八年级展开，备课组统一部署，英语教师及全体学生全员参与，初步了解，深入研究，选定主题，参加年级大讲堂。赛后收集、整理文字资料，汇编成册。
融合学科	英语、历史、地理、音乐、美术、体育等

（续表）

活动内容	中国世界级非物质文化遗产，中国国家级非物质文化遗产，保定国家级非物质文化遗产的探究、学习、了解与展示
参与学生	八年级全体学生
活动时长	30天
组织过程	1. 各班在课前播放非遗相关视频，初步了解非遗项目，学习如何介绍非遗文化； 2. 各班以小组为单位自主选择喜欢的内容进行介绍； 3. 教师组织学生进行任务分配，关注项目推进，进行过程性指导及拍照记录； 4. 根据班内比赛结果，推举一组代表本班参与年级非遗大讲堂的展示及评比。
展示方式	制作精美PPT，中英文对照，图文并茂，可插入短视频辅助介绍或进行现场表演展示。
评价标准	1. 表演人语音语调，仪态得体，表演具有感染力； 2. 作品内容详细，呈现形式精美，有创新点； 3. 时间控制在4—5分钟。
活动效果	学生在活动参与中充分发挥了主体作用，提升了知识技能，拓宽了视野，发展了素养，以英语为媒介，传播中华文化，从这里走向世界。

（二）融会学思，增智育人，打造浸润式语用环境

《义务教育英语课程标准（2022年版）》指出，义务教育英语课程体现工具性和人文性的统一，具有基础性、实践性和综合性特征；学习和运用英语有助于学生了解不同文化，比较文化异同，汲取文化精华，逐步形成跨文化沟通与交流的意识和能力，学会客观、理性地看待世界，树立国际视野，涵养家国情怀，坚定文化自信，形成正确的世界观、人生观和价值观，为学生终身学习、适应未来社会发展奠定基础[3]。

联通世界，语言奠基。英语作为一门国际性的语言，是实施国际理解教育、实现跨文化交流能力、提升学生全球胜任力的最佳载体。国际学生评估项目（PISA）已宣布将从2025年起增加外语技能的测评，以监测各国15岁学生外语能力的变化趋势。

学校立足国家课程和学科本质，围绕英语学科核心素养培养，遵循语言学习规律，积极整合、拓展多版本英语教材资源，拓宽英语学用渠道，为学生提供浸润式语言学习环境，让学生在真实情境中学用英语。课内学习遵循以大单元、大主题、大概念、大任务为统领，实施主题意义引领下的单元整合教学，让学习真实发生。外语节语言浸润类系列课程与外语节相关主题活动结合，科学进行多元作业设计，如主题式英文阅读、视听拓展、表演、演讲、微视频制作等。学生通过英语学习开阔视野，启迪心智，发展思维，提升了综合人文素养，为跨文化交流和可持续发展奠定基础。语言拓展实践类活动更是为学生提升语言综合能力和人文素养搭建了展示的平台。

第 15 届外语节 "English Theatre"（英文戏剧表演）融合语言学习实践与创作表演于一体，是深受学生喜爱的经典重磅活动之一（见案例 2）。

案例 2　第 15 届外语节 "English Theatre"（英文戏剧表演）活动

活动目的	通过开展英语节戏剧表演活动，提升学生文学戏剧鉴赏力和舞台展现力，引领学生感悟文学之美、语言之美和服装之美，在活动中培养学生的团队合作能力、活动组织能力和交往沟通能力，激发学生的创造力。
设计思路	以项目式学习为路径，以学生为主体，以班级小组为单位，通过阅读经典名著和视听欣赏等不同路径走进经典名著，学生改编、创编剧本，组成创作团队，确定人员分工，进行戏剧表演创作，完成彩排和最后的戏剧展演。
融合学科	语文、英语、历史、音乐、美术等
活动内容	英文剧目创编、彩排、演出
参与学生	七、八年级学生
活动时长	30 天
组织过程	1. 前期准备阶段：教师推荐、学生自选，确定戏剧主题和内容；学生组建团队，确定人员分工； 2. 中期创作阶段：剧目组创编剧本并反复打磨；导演组确定演员角色分工，组织排练；剧务组提供各方支持：背景组制作演出背景 PPT 或视频（音乐灯光组提供协助），道具组准备舞台布景和演员道具，服装组确定演出服装；礼仪组负责相关培训等；

（续表）

组织过程	3.后期演出阶段：进行戏剧表演大赛，完成最佳剧本奖、最佳导演奖、最佳演员奖等各种奖项评选；根据总体安排，选出优秀剧目参加英语节汇报展演。
展示方式	英语节戏剧表演大赛、英语节汇报展演
评价标准	从剧本完整度、舞台渲染力、演员展现力和团队协作度等方面进行评价。
活动效果	学生在活动中充分发挥了主体作用，提升了知识技能，拓宽了视野，发展了素养，以英语为媒介，传播中华文化，从这里走向世界。

（三）融炼身心，以体育人，促进健康生活和成长

体育具有重要的育人功能，不仅可以育体、育德，还能育智、育心。保定十七中一向重视体育工作和学生身心健康，将体育价值贯穿学校教育的始终，坚持体教融合，积极打造健康体育工程，开设阳光体育课程、冰雪课程、学校足球节、体育社团等，开展丰富多彩的体育活动，助力学生健康生活，快乐成长。

保定十七中外语节坚持"五育融合"，创新思路将体育融入其中。2021年第13届外语节举办了以"2022燃情冰雪，相约冬奥"为主题的冬奥知识中英双语大讲堂活动，致力冬奥知识和冰雪运动的推广普及，并录制了中文、英文、西班牙语、法语、德语、日语、韩语等七个语种的"青春迎冬奥，一起向未来"的冬奥宣传片。第15届外语节活动中，以"阳光体育，健康生活"为主题，学生参与项目探究，介绍一项当地传统体育项目，了解某一国家体育活动特色，调研社区全民体育开展情况，设计制订一份班级、家庭和个人运动计划等。学生在参与活动的过程中，既提升了语言实践运用能力，又提升了对体育运动的兴趣和对体育重要性的认识，取得了很好的效果。

（四）融渥情趣，以美化人，涵养审美和人文素养

2020年，中共中央办公厅、国务院办公厅《关于全面加强和改进新时代学校美育工作的意见》指出："以提高学生审美和人文素养为目标，弘扬

中华美育精神，以美育人、以美化人、以美培元，把美育纳入各级各类学校人才培养全过程，贯穿学校教育各学段，培养德智体美劳全面发展的社会主义建设者和接班人。"[4]

外语节课程活动设计充分考虑美育在全人教育中的重要作用，遵循"以美育人、以美化人"的理念，弘扬中华美育文化，引领学生树立正确的审美观念、陶冶高尚的道德情操、培育深厚的民族情感。第15届外语节举办的摄影展活动，引导学生认识美、展示美、体验美、传播美、欣赏美、研究美，提升学生的审美认知、审美趣味和审美创造，综合提升学生审美素养。

第15届外语节的"China Style"（中国范儿）学生摄影展活动，将摄影与语用创意结合，融合美育与德育。学生用镜头凝聚家国情怀，以影像彰显精神力量，让美好的生活印象在学生的心里留下痕迹，将家国情怀厚植于生活的沃土之中。作品展现了新时代中国的人文风情、发展变化和精彩故事。立德树人，育人育心。通过参与活动，学生的鉴美能力以及语言表达能力得到提升，爱国情怀深植于心（见案例3）。

案例3　第15届外语节"China Style"（中国范儿）学生摄影展活动

活动目的	用影像记录中国，用镜头书写时代。充分发挥主题引领下以目标为导向、以学生为主体、活动育人、五育融合的宗旨。丰富校园活动，培养学生对美的感悟力，提升学生对生活的热爱，鼓励他们用镜头展现时代中国的魅力和韵味，讲好中国故事，弘扬时代主旋律。
设计思路	以目标为导向，以影像为媒介，打破语言、时间和空间的界限，从生活出发、从学生视角、从各个方面记录中国、展示中国，让世界更好地认识中国、了解中国，提升文化自信；以美育美，陶冶学生审美情趣，提升学生鉴赏美、感受美、记录美和传播美的能力。
融合学科	英语、美术、历史、地理等
活动内容	摄影知识讲座，摄影作品征集、评选与展示
参与学生	七至九年级学生（自由报名）
活动时长	30天

（续表）

组织过程	1.拟定活动方案计划； 2.发布海报，进行宣传； 3.组织报名，建立档案； 4.召开活动说明会，进行专题培训； 5.第一次征集学生作品，针对作品进行二次培训，提出修改意见； 6.修改完善作品再次提交，根据评价标准组织师生评委会进行评选； 7.优秀作品展出。
展示方式	优秀摄影作品展览
评价标准	作品保证原创性，主题意义表达清晰，具有表现力和感染力，构图合理、美观，光影效果突出，色彩渲染和谐统一。
活动效果	将摄影与语用创意结合，增强了学生的动手能力，提高了学生的鉴赏能力以及语言表达能力。学生用镜头展现新时代中国的人文风情、发展变化和精彩故事，在活动中进一步培养了爱国情怀，学校以此有效落实了立德树人根本任务，实现了活动育人的效果。

（五）融通知行，以劳成人，弘扬劳动精神和品质

劳育是对劳动素养的要求，在全人教育中具有不可替代的育人功能。学校在外语节活动中开设劳育板块，通过活动设计和开展，让学生体验劳动的乐趣，弘扬劳动精神，培养劳动态度和观念，引导学生崇尚劳动、尊重劳动，形成校园新风尚。

保定十七中年度外语节恰逢春天播种时节，结合田园种植 STEAM 课程活动，向学生征集园圃设计和种植方案。学生开展项目式学习探究活动，了解农作物和中草药品种、特征、作用以及种植时节、地域土壤和温度湿度要求等各方面信息，最终确定种植品类，科学规划校园种植区域，提出合理可行方案，在适宜的节气完成校园试验田春耕与播种等实践劳动，并做好定期除草、施肥等工作，同时做好日志记录。学生通过该劳动项目探索生命成长的奥秘，体验劳动和收获的辛苦与喜悦，学生在身体参与、头脑利用、情感投入的过程中感知合作的力量，形成一种崭新的生命观、价值观。

（六）融贯中西，跨界探究，提升国际理解教育效果

国际理解教育的总目标是培养"全球化时代共生之人"，即"全球社会中的一员""国家中的一员""自然中的一员""地区社会中的一员"[5]。拥有全球胜任力的学生要具备 21 世纪人才的核心素养，即沟通能力、批判性思维、合作能力、创造力与创新能力。哈佛教育研究院提出，优质的全球胜任力教育应当基于学习的六大特点，其中，relevant learning（即将身边发生的话题以及全球性话题带进课堂，加强信息内容与学生生活的联系）位列其中。因此，要求学生通过跨学科运用知识、批判性思考与分析，形成自己的立场，为本地的、全球的、跨文化议题作出回应，为未来参与全球管理做好准备。

新修订的《义务教育课程方案（2022 年版）》提出要"加强课程综合，注重关联"，并明确规定"设立跨学科主题学习活动，加强学科间相互关联，带动课程综合化实施，强化实践要求""各门课程用不少于 10%的课时设计跨学科主题学习"[6]。跨学科主题学习是实现课程综合化实施、落地"五育融合"的重要载体。基于此，学校以外语节为抓手，积极开发国际理解教育跨学科课程及活动，链接真实生活，通过开展基于项目的情境式学习实践，为学生提供现实世界的真实问题情境，让学生在项目活动中应用多个学科的知识解决问题，提升创造力和创新能力（见案例 4）。

案例 4 "建筑里的世界" STEAM 活动

活动目的	通过融合学科知识，学生感受世界建筑的魅力，激发学生对建筑艺术的兴趣，拓展国际视野，引导学生尊重艺术，尊重文化差异，尊重世界文明成果，在项目探究中发挥创造力，提升综合实践能力。
设计思路	学生学习了解并自主搭建自己喜欢的世界建筑，感受建筑设计的奇妙和独特；根据自己喜欢的建筑样式或风格，自主设计心目中的某个建筑，以此启发思维，激发想象力和创造力。
融合学科	英语、数学、科学、艺术、语文、历史等

（续表）

活动内容	1. 学生自主搭建建筑模型或自主设计某一个建筑，可以绘制，可以搭建； 2. 学生从文学、历史、数学、科学、艺术等多方面介绍自主绘制或搭建的建筑模型； 3. 学生介绍设计理念、意义等。
参与学生	七、八年级学生
活动时长	30 天
组织过程	1. 前期准备：班内推介活动，学生个人或小组报名参加，着手制订计划，开展项目探究； 2. 班内初选：制定评价标准，进行班级内筛选，凸显建筑的学科融合以及创意设计； 3. 年级展示：在年级层面进行活动展示，学生通过模型、PPT、小视频等多种方式对自己的作品进行介绍，凸显文化内涵以及世界文明成果的交流及作品的创意设计。
展示方式	报告、建筑模型、视频
评价标准	1. 展示搭建的模型或绘画等直观形式；（20 分） 2. 在报告中阐释建筑模型搭建的简单过程以及思考；（20 分） 3. 在报告中阐释建筑的设计理念、历史背景、文化内涵等内容；（20 分） 4. 在汇报中借助现代信息技术介绍模型视图及结构知识；（20 分） 5. 汇报展示所用英文流畅，信息组织有条理，表达清晰明确。（20 分）
活动效果	学生通过三维打印技术、积木搭建、绘画等不同方式设计并展示建筑模型，在汇报中穿插历史故事、著名人物及事件、视频等不同形式，增强了汇报的趣味性和吸引力。学生通过活动拓宽了国际视野，提升了思维能力、动手能力和创造能力。

学校以年度"模拟联合国大会"（简称"模联"，MUN）为平台，聚焦世界性问题，以项目式学习驱动跨学科实践探究，为学生提供理性思考、建言献策的空间以及为世界发声的舞台（见案例 5）。

案例 5 保定十七中第 15 届外语节 MUN 模联大会活动

活动目的	1. 激发学生学习兴趣，促进学生深入学习，合作学习，体验学习，使学生真正成为学习的主人；

（续表）

活动目的	2. 具备团体合作精神、实践能力和可持续发展能力，在模联活动中善于思考，勇于表达，通过实践交流解决问题，提升学生的策划与应变能力、谈判能力以及解决冲突、消除分歧、达成一致的能力，提升思辨与逻辑思维能力，落实英语核心素养要求，增强学生自信心，提升英语水平； 3. 加强多元文化教育和国际理解教育，提升学生的跨文化意识和沟通能力。
设计思路	以世界碳排放与碳中和为议题，以项目式学习为驱动，学生通过参加模联社团活动有序进行模联大会的各项会前准备，按照规范流程召开模联大会。
融合学科	英语、地理、生物、政治、数学、信息技术等
活动内容	背景文件理解、信息调研及检索、立场文件撰写、开会动议磋商、决议草案书写
参与学生	学校模联社团学生
活动时长	30 天
组织过程	1. 会前准备：确定议题，分配代表的国家，分组进行分工合作；学生阅读背景文件资料，理解议题内容，着手进行议题背景信息和国家信息调研；学生撰写立场文件，教师指导；模联会议前演练演讲稿；提前拟定草案； 2. 会间活动：学生积极动议，站在自己代表的不同国家立场，动议急需解决的问题并进行磋商，修改、完善并宣读决议草案； 3. 会后工作：汇总资料，汇编成册。
展示方式	召开学校模联大会
评价标准	1. 会前提交立场文件，文件内容体现议题的国际背景、国家现状以及解决措施；（20 分） 2. 开篇演讲具有吸引力，能找到各个国家都关注的议题，推动会议的开展；（20 分） 3. 动议中积极发言，根据动议内容积极搜索相关资料，表明国家立场；（20 分） 4. 在磋商环节中，积极与他国交流，形成利益联盟，为决议草案书写做准备；（20 分） 5. 撰写决议草案时，作为决议草案的起草国，从联盟国的整体利益出发，积极筹划、撰写决议草案。（20 分）

（续表）

活动效果	在模联活动中，学生不仅提升了英语水平，还提高了信息调研能力、演讲能力及辩论磋商能力；同时，学习站在国际理解的角度思考问题，解决问题，胸怀祖国，放眼世界，以全球胜任力为构建人类命运共同体而努力。

三、外语节课程的跨界融合与未来发展

"语"通中外，"言"达世界。做国际化人才，展国际视野，提升人类命运共同体意识和全球胜任力，才能更好地了解世界、改变世界。保定十七中年度外语节唱响时代强音，彰显中国特色，放眼全球视域，实践"五育融合"，助力学生全面而个性化发展。丰富多彩的全员化、浸润型、项目式外语节活动为每个学生提供了锻炼自我、收获成长的舞台。一批批学子在这个舞台对话世界，放飞梦想。他们用语言架起沟通世界的桥梁，用外语讲好中国故事，抒发爱国情怀，树立未来志向，勇作未来建设国家和改变世界的栋梁。保定十七中外语节课程活动的成功开展，为实现本土化国际理解教育作出了有益尝试，提供了可行经验，但是在统筹规划学科联动、资源开发与配置、教师跨界能力、课程开发设计能力等方面还有待提升。

（一）统筹多方面资源，促进学科跨界融合

要思考"教什么"的问题。在学校层面，要对国际理解课程实施进行统筹规划，在共同育人理念的统领下，以学科渗透和跨学科融合为主渠道，实现学科联动，开发适应时代发展需要的在地化、本土化、校本化、融合式国际理解特色课程和课程资源。在此基础上，深化实践，多维并举，开拓创新，不断优化课程供给和支持。另外，要构建基于"五育融合"的人才培养质量评价指标体系，扎根中国大地办好人民满意的教育，立足国家和民族进行国际理解教育，才能够培养国家建设和世界进步所需要的全球化人才。

（二）培养教师发展共同体，提质教师专业成长

要思考"谁来教"的问题。教师的样子就是教育的样子。国际理解教育不单是外语老师和外语教学的问题，所有学科教师都应该承担起国际理解教育工作者的责任，提升作为国际理解教育工作者的国际素养。教师要积极走出自己的"舒适区"，应对跨学科、多样化的问题和挑战，以开放包容的心态、持续学习的能力和创新求变的意识，开拓自己的文化视野，培养全球意识，敢于接受新事物，不断提升课程开发和活动设计能力，努力成为一名建构课程、设计项目的设计师，提供帮助和指导的督导师，以及客观、多元、动态评价学生学习过程的鉴赏师，使自己成为学生与世界沟通的桥梁[7]。教师要打破学科壁垒，构建教师发展共同体，开展跨学科、跨学段研修，以研究为路径，以实践为抓手，以研促教，以教促学，加快专业成长。

（三）构建学习共同体，赋能学生全面发展

要思考"怎么教、如何学"的问题。首先，教师要整合教育资源，打破时空限制，借鉴优质的国际理解教育优秀课程或案例，以互联网教学素材为补充，扩大信息技术应用，拓宽学习渠道。以学生为主体，以个性化、体验式、项目式学习为课程实施路径，为学习赋能增效。在国际理解教育的实施过程中，要充分考虑学生的个体特点，重视体验式学习和探究式学习，通过师生间、学生间的交流互动，构建学习共同体，以此增强学生体验，使学生乐学善学，获得成就感和幸福感，推动学生主动、全面而个性化发展，为终身发展奠基。

总之，新时代、新赛道、新教育、新征程，为教育改革提供了机会与思路，作为教育者，要以学习为擎，以思考为翼，以实践为基，育人为本，培养学生为一个国际化、包容性强和可持续发展的世界做好准备。

参考文献

[1] 核心素养研究课题组. 中国学生发展核心素养 [J]. 中国教育学刊, 2016, 282（10）: 1-3.

[2] 中华人民共和国教育部. 教育部等八部门印发意见加快和扩大新时代教育对外开放 [EB/OL]. （2020-06-23）[2023-11-15]. http://www.moe.gov.cn/jyb_xwfb/s5147/202006/t20200623_467784.html.

[3] 中华人民共和国教育部. 义务教育英语课程标准（2022 年版）[S]. 北京：北京师范大学出版社. 2022.

[4] 中共中央、国务院. 关于全面加强和改进新时代学校美育工作的意见 [EB/OL].（2020-10-15）[2023-11-15]. http://www.moe.gov.cn/jyb_xxgk/moe_1777/moe_1778/202010/t20201015_494794.html?xxgkhide=1.

[5] 全球化智库，北京王府公益基金会，南南国际教育智库研究院. 新时代·再出发：国际理解教育行动策略 [R]. 北京：[出版社不详]，2021.

[6] 中华人民共和国教育部. 义务教育课程方案（2022 年版）[S]. 北京：北京师范大学出版社. 2022.

[7] 姜建瓴，周成海. 培养全球胜任力：国外的经验及启示 [J]. 基础教育参考，2020，18（08）：14.

作者简介

杨志娟： 保定市第十七中学英语教师，英语教研组组长，高级教师，主持国家级、市级课题，获评教育部"一课一名师，一师一优课"部级、省市级优课，指导多名教师获省级、市级优质课评比一等奖。研究领域为校本课程建设、全球胜任力、跨学科项目式学习。

李　梅： 保定市第十七中学教育集团党委书记、总校长，河北保定外国语学校党委书记，正高级教师，国务院政府特殊津贴专家，河北省特级教师，河北省政府特殊津贴专家，河北省省管优秀专家，河北省骨干校长，河北省骨干教师，河北省三八红旗手，河北省第十三、十四届人大代表。研究领域为现代学校管理、教育改革创新、学校课程建设。

第二部分

国际教育的品质保障

构建全球认可的中国特色高品质学校评价体系：以 Cognia 认证为例

徐　墨　北京外国语大学国际教育学院

李东玉　北京外国语大学中国外语教材研究中心

【摘要】在中国教育现代化进程中，教育质量评价和学校认证具有重要作用。本文通过案例研究等方法，梳理了全球最大的学校评价认证组织科格尼亚（Cognia）的发展历史、认证理念、认证程序和评价体系。本研究通过文献研究、实地调研和专家访谈等方式收集大量一手资料，深入分析了 Cognia 在中国评价实践过程中的主要特征及所面临的一系列挑战。鉴于此，我们建议借鉴 Cognia 评价认证组织的实践经验，建立扎根中国、融合本土教育需求又获得全球认可的学校评价体系，同时加强监管机制、提供培训资源、建立知识共享社群，促进中国国际化学校的高质量发展。

【关键词】Cognia；学校认证；中国特色高品质学校；评价体系

一、研究背景

随着中国教育现代化不断推进，提升教育质量成为教育发展的核心目标之一。2023 年 5 月 29 日，习近平总书记主持二十届中共中央政治局第五次集体学习并发表重要讲话，强调高质量发展是生命线，应加快建设高质量教育体系，深化教育评价改革，构建符合中国实际、具有世界水平的教育评价体系[1]。加速教育现代化，建设教育强国，提高教育质量，建立全面的评价体系实现"以评促教"，成为当务之急。

作为评价体系的重要组成部分，学校认证是一种权威性的外部评价机制，旨在验证学校是否达到了一定的教育质量标准和要求。它不仅提供了针对学校的教育质量水平的客观评价，还为学校识别自身问题、实现持续改进提供了方向指引和策略参考。对现有学校认证体系的分析与研究，将为我国教育高质量发展提供理论基础与实践启示。科格尼亚（下文称 Cognia）是全球最大的学校或教育机构评价认证组织，致力于全面评价学校或教育机构的质量水平，以协助其实现持续的改进和提升。根据 Cognia 官方发布的年度报告，全球 90 个国家的 36,000 个机构、500 万名教师和 2,500 万名学生曾参与该项评价认证 [2]，这一数字也从侧面凸显了其在全球教育领域中的广泛影响力。近年来，Cognia 在中国的业务规模迅速扩张，得到越来越多中国学校或教育机构的认可。截至 2022 年 10 月，已有 173 所中国学校或教育机构获得 Cognia 认证（未统计港、澳、台地区，下同）。

本研究以 Cognia 认证体系作为研究对象，根据文献、调研数据和访谈文本等资料，分析 Cognia 在中国开展学校认证实践过程中体现的主要特征及所面临的本土化挑战，并基于这些问题，进一步提出了在构建中国特色高品质学校评价体系过程中值得借鉴的优化措施。

二、研究设计

本研究选取 Cognia 作为研究对象，主要采用案例研究法对其进行深入探究，通过描摹 Cognia 的发展历史、理念和评价体系等关键要素，展现其在中国本土开展学校认证的宝贵实践经验，探讨如何在保持国际认证标准的同时，更好地满足中国学校的实际需求。

本研究对 Cognia 的案例研究主要包括以下几个步骤：首先，广泛搜集相关文献，包括 Cognia 官方发布的报告、新闻，以及中外学者公开发表的著作和文章等，以加深对 Cognia 认证体系的了解。其次，对已获得或有意参与 Cognia 认证的 11 所中国学校或教育机构进行调研，包括北京市公立中学国际部 S、私立国际化学校 K，以及大型国际化教育机构 F 等，通过实地走访获取实际经验，了解管理者、教师、学生、家长等利益相关者对国际评价认证的理解和感受。再次，运用德尔菲法，邀请 4 名 Cognia 的管理人员和评价认证人员，以及国内外具有评价认证或国际教育经验的 23 名专家学者进行深度访谈，深入分析 Cognia 与其他认证机构的差异及其在中国本土化过程中具有的优势和面临的挑战。最后，基于文献、调研资料和访谈文本，提炼总结 Cognia 的全球认证经验以及在中国的本土化实践特征及挑战，为中国特色高品质学校评价体系建设提供有益参考。

三、Cognia 认证的案例分析

（一）Cognia 的发展历史

Cognia 在学校或教育机构评价认证领域拥有悠久的历史。其前身最早可追溯至 1895 年成立的美国中北部认证和学校改进委员会（North Central Association Commission on Accreditation and School Improvement, NCA CASI）和美国南部院校协会和学校改进委员会（Southern Association of Colleges and Schools Council on Accreditation and School Improvement, SACS CASI），这两者在 2006 年合并为世界先进教育促进组织（AdvancED），致力于提供统一和综合性的教育标准，以促进教学质量的提升。随后，世界先进教育促进组织在 2008 年和 2012 年分别收购了国际与跨区域认证委员会（Commission on International and Trans-Regional Accreditation, CITA）和美国西北认证委员会（Northwest Accreditation Commission, NWAC），机构规模不断扩张。此外，Cognia 的另一个重要前身是"高级系统"（Advanced Systems），该机构专注于开发和实施各种教育评价工具和项目，旨在帮助学校、教育机构和教育部门评价学生学习成果和教学效果。"高级系统"于 2000 年转型为非营利组织"进展测量"（Measured Progress），并于 2018 年与世界先进教育促进组织合并成为 Cognia[3]。自此，Cognia 成为全球最大的学校或教育机构评价认证组织。

回顾 Cognia 的发展历程，它从美国本土起步，由地区性的教育协会逐步壮大，最终成长为全球性的教育组织。在这一过程中，Cognia 整合了美国不同地区的评价和认证经验，建立了统一的评价标准，并将这些标准推广至世界各地，不断扩大其在全球范围内的影响力，凸显了 Cognia 在教育评价领域的领导地位及其对于提升全球教育质量所做的不懈努力。

（二）Cognia 的认证理念

Cognia 强调通过认证推动教育质量的不断提升，认为每个学生都应该接受高质量的教育 [4]。这一理念推动着 Cognia 帮助学校或教育机构不断改进，以提供更卓越的教育，最终助力学生取得成功。与此同时，Cognia 的评价体系是一个多维度的评价体系，不仅关注学术成绩，还包括学校领导、教育文化、师资队伍质量、学生支持服务和社区参与等多个方面。这种全面性的评价有助于全面了解学校的表现，并为教育质量的持续改进提供多元视角。

Cognia 的特色之一是数据驱动的评价。作为世界上最大的教育评价组织，Cognia 依托长期的评价认证历史，拥有丰富的一手数据资源和学校评价认证的实践经验，能够利用大规模的学生学习测评数据和深入的数据分析，以客观的方式评价学校的表现，帮助学校制定战略、改进问题，从而提高教育质量。此外，Cognia 还拥有覆盖数千万学生和一线教育工作者的全球网络，这使得他们能够提供宏观的外部视角和有参考性的评价报告，帮助学校定位问题并提供具有针对性的改进建议。

（三）Cognia 的认证程序

Cognia 的认证程序涵盖了三个关键阶段，确保学校或教育机构在提升教育质量方面取得实质性的改进。这三个主要阶段分别是自我评价、参与性审核和过程性指导。

首先，学校或教育机构的相关人员需要在评价前接受 Cognia 的专业培训，学习和掌握必要的工具和方法，以便进行自我评价。在这个阶段，相关人员会进行学校或教育机构的内部审查与反思，识别并收集与评价标准相关的证据和数据资料。

其次，学校或教育机构将接受由 Cognia 主导的参与性审核。在这一阶段，Cognia 充分利用其全球网络的优势，邀请来自不同地区、拥有不同背景的教育专家，结合评价指标仔细审查学校或教育机构提供的申报材料。秉持一切为了促进学生发展的目标，Cognia 组织专家建立评价小组，通过访校参观、课堂观摩、数据审查等多种方式，对学校或教育机构进行实地调研。同时，评价小组还会对学校管理者、学生、家长、教职工和社区成员等进行一对一或小组访谈，以获得利益相关者提供的丰富数据和真实评价。学校或教育机构将在此阶段收到参与性审核报告，Cognia 会在报告中列出学校或教育机构的优势和不足，并提出有针对性的改进建议。

最后，当 Cognia 全球委员会确认报告中的调查结果证实了该学校或教育机构达到一定的质量标准时，将授予其 Cognia 认证。获得认证后，该学校或教育机构将继续得到 Cognia 评价人员在协议周期内的过程性指导，以保证实现预期的改进和提升目标。

（四）Cognia 认证体系的主要特征

自 2022 年 7 月 1 日起，Cognia 启用了新版评价体系（见表 1）。这一评价体系关注学校的文化、领导力、学习的参与感和学习中的成长，强调学校应以学生为中心，为他们提供全面的支持和积极的学习环境[5]。

表 1　Cognia 评价指标体系

关键指标		指标细则
关于学习的校园文化	1	领导者应培养和维持一种体现尊重、公平、公正和包容，没有偏见的文化。
	2	学生的身心健康是机构的理念、使命等指导原则的核心。
	3	领导者积极与利益相关者合作，促进学生的学术进步和身心健康。
	4	学生能够从与同龄人和成年人构建的积极关系中受益。
	5	教职工在支持学生方面能够积极、高效地协作。
	6	教职工能够获得所需支持，以加强他们的专业实践。
促进学习的领导力	7	领导者能够引导教职工关注学生的学习体验和需要，并进行持续改进。
	8	通过领导层的协调合作，学校或教育机构能够确保其对学生的承诺，完成优先事项并推动持续提升。

（续表）

关键指标		指标细则
促进学习的领导力	9	领导者能够培养利益相关者的个人与团队领导力。
	10	领导者能够在招聘、监督和评价教职工方面展现自身的专业度以优化学习。
	11	领导者设立并维护机构架构和运转流程，在稳定和变化的环境中都能为学生和教职工提供支持。
	12	教师进行课程教学，应保证具有相关性、包容性和有效性。
	13	教职工能够帮助学生和彼此实现该学校或教育机构的理念、使命等目标的达成。
	14	课程教学内容能够通过可靠的信息来源和材料加以补充，以促进学习并支持学生的兴趣发展。
	15	学生的需求推动了人力、物力、数字和财政资源的公平分配和管理。
学习的参与感	16	为学生带来具有多元文化、背景和能力价值的课程教学。
	17	学生拥有公平的机会激发他们的学习潜力。
	18	创造一个培养学生终身技能的学习环境，强调创造力、好奇心、风险承担能力、协作能力和规划思维。
	19	创造一个促进和尊重学生的想法并使其为自身学习承担责任的环境。
	20	学生拥有良好的学习体验，能够促进和发展他们的自信心和对学习的热爱。
	21	课程教学的设计基于高期望和以学生为中心。
	22	对课程教学进行监测和调整，推进和加深学生对知识的理解。
	23	教职工能够整合数字资源，促进学生的课堂参与并激发他们的好奇心。
学习中的成长	24	领导者能够基于多种来源的数据为学生和教职工的成长和身心健康作出决策。
	25	领导者能够鼓励教职工进行行动研究，以改进他们的教学实践并促进学习。
	26	领导者能够定期评价教学计划和组织条件，以改善教学和促进学习。

（续表）

关键指标		指标细则
学习中的成长	27	学生多样化的学术和非学术需求能够被看见和识别，并通过适当的干预措施得到有效解决。
	28	学生在追求个人目标的过程中能够获得支持，包括对他们未来的教育和职业生涯非常重要的学术和非学术技能。
	29	能够根据学生的需求和兴趣，推动专业学习的设计、交付、应用和评价。
	30	通过平衡的系统衡量学生的进步，包括针对学习和促进学习的评价。

（资料来源：作者根据 Cognia 官方报告自行整理。）

基于对 Cognia 认证体系的分析，并结合调研及访谈数据，本研究进一步梳理出该认证体系在中国教育情境实践过程中体现出的特点，主要包括以下四个方面：

第一，在关于学习的校园文化方面，强调建立起一个包容、关心学生全面发展的环境。校园文化应以尊重、公平、公正和包容为核心原则，消除可能存在的偏见或不平等。领导者应积极传播并全力支持学校或教育机构的办学理念和原则，并特别关注学生的身心健康，因为这对于他们的学习和成长至关重要。此外，领导者还应该努力支持教职工的专业发展，以确保他们能够为学生提供最佳的支持和服务。

第二，在促进学习的领导力方面，领导者的角色至关重要。他们需要不断努力创建和维护稳定的校园学习环境，这将有助于学校或教育机构的长期发展。领导者应大力培养个人和团队领导力，确保学生的需求得到满足，学校或教育机构的优先事项得以实施，以及教育质量得以持续提升。此外，领导者还需引导教职工持续改进，以确保他们能够适应不断变化的教育环境，提供高质量的教育。

第三，在学习的参与感方面，注重提高教学的多样性和吸引力，以调动学生的参与度和积极性。学校或教育机构在课程教学中应创造一个多元文化、背景和能力受到尊重的学习环境，鼓励学生充分发挥自身潜力，并确保每个学生都能够公平地获得机会。同时，教学应以学生为中心，通过个性化的设计，满足不同学生的学习需求，提高他们的学业成就。

第四，在学习中的成长方面，强调通过科学有效的综合系统全面了解学生的进步并对其进行评价。领导者应利用数字工具和资源来支持学生和教职工的成长和身心健康。通过定期评价教学计划和组织条件，学校或教育机构不断改进自身的教学质量，满足学生和教职工的需求和兴趣。

（五）Cognia 落地中国的本土挑战

虽然 Cognia 在中国的业务扩张迅速，但在其认证过程中，也逐步显现出快速发展所带来的一系列问题以及认证体系的水土不服，主要体现在资源配置与品质保障的需求，以及认证体系与中国情境在融合过程中存在的问题。

1. 资源不到位：快速扩张与品质保障存在矛盾

（1）专业人员匮乏，专业的全职认证师团队有待扩充

虽然 Cognia 为认证人员提供了较为丰富和完善的培训机会和学习资源，但全职认证人员数量严重不足，大多依赖招募兼职人员来补充。一般而言，认证专家具有较为丰富的认证经验，由 Cognia 就近抽调和派出，开展每次约为期一周的学校认证工作，并以"传帮带"的方式推荐、筛选和培养认证学校的教师、学校认证领域的研究者等成为认证人员，扩充认证师团队规模。

（2）欠缺持续服务，对认证学校的后续支持有待提升

第一，品牌含金量下滑，Cognia 认证的中国学校水平参差不齐。近年来，Cognia 认证在中国的门槛有所降低，办学时长仅有一至两年的学校也能够申请并获得 Cognia 认证。通过走访调研了解到，多数学校参与认证的实际流程较为简单，并没有严格按照 Cognia 的认证标准加以执行，甚至存在学校向本土代理机构交费就能通过 Cognia 认证的管理漏洞，导致学校对认证的必要性产生了怀疑。

第二，欠缺监管机制，认证后阶段的考核与监管机制亟须建立。Cognia 在完成对学校的初次认证之后，采用五年一审的方式对该学校进行再认证，其间与认证学校的交流较为匮乏，并未提供后期持续的反馈和服务。因此，在认证的过程中发现部分学校五年后的评价结果出现下滑，甚至出现低于初次认证水平的情况，体现出 Cognia 对认证学校的定期指导、考核和监管有所不足。

第三，校内支持匮乏，教职工对 Cognia 认证标准的理解不够充分。学校认证是一个复杂的体系，各类参与主体需要时间对认证标准、程序等内容加以消化、理解并最终运用。虽然 Cognia 提供了辅助工具和培训资源，帮助参与学校认证的相关人员了解认证体系及实践运用，但由于英语语言能力、数据收集和分析能力不足等原因，学校教职工难以完全理解认证标准，数据收集不甚完备，需要认证师团队、培训人员结合案例和学校的具体情况对 Cognia 的认证标准加以翻译和解读。

（3）缺乏校际支持，认证学校间的互动社群有待建立

Cognia 目前采用和认证学校点对点的联络方式，认证学校之间缺乏互动交流的机会，社群文化建设有所不足，不利于成员校内部的经验和资源共享，进而影响办学质量的持续提升。

2. 不了解中国：全球推广与本土认可存在张力

（1）缺乏能够以中文作为工作语言的认证专家

Cognia 的认证专家主要使用英文开展学校认证工作，收集和储存全球认证学校信息的在线平台 My Journey 也为全英文的界面。但随着 Cognia 在中国的不断发展，认证学校的范围逐渐扩大，越来越多的公立学校国际部、民办学校等参与到认证中来，导致仅用英文作为工作语言的 Cognia 与认证学校间存在交流障碍，中文数据也无法及时上传平台。如果 Cognia 聘用熟练运用中文的认证专家，将会给学校认证工作带来更多的沟通便利，减少因翻译不准造成的理解偏差，促进认证学校对 Cognia 认证标准的深度理解。

（2）亟须打通与中国教育主管部门的沟通渠道

目前，国际上的学校认证主要以自下而上的行业自我规范为主，但中

国现阶段还需政府牵头对学校认证事宜作出相应的政策引导和规范。Cognia作为国际认证机构，对中国的教育标准和相关政策的了解不够明确和深入，且并未得到中国教育主管部门的许可，存在潜在的政策风险，因此需要打通与相关部门的沟通渠道获得最新信息，遵循教育主管部门的政策导向和规章制度以获得官方认可。

（3）期待获得认证学校的集体认同和支持

认证是一种文化，需要集体认可，不能让学校产生反感和畏难情绪。在认证的过程中，应抓住主要矛盾而非面面俱到，不给学校带来额外的负担，重在解决学校的实际问题，帮助学校发展，减少参与认证的教职工的抵触心理和厌烦心态。此外，虽然Cognia基于My Journey平台为学校提供了大量的培训内容，但这些资源不仅全为英文，还需额外付费才能使用，无形中增加了学校的负担，降低了教职工参与培训的意愿。这些细节值得Cognia关注并加以优化。

四、中国特色高品质学校评价体系研究项目的优化措施

学校品质是一个复杂多维的概念，涵盖了质量、内涵、文化、特色、信誉等多个方面，构成了学校全面发展的基础[6]。因此，为了构建中国特色高品质学校评价体系，我们需要在符合中国教育主管部门的法规政策的前提下，具备为党育人、为国育才的职能，同时借鉴Cognia等全球知名评价认证体系的实践经验，在办学理念、学生发展、教师培养、课程建设、学校管理、校园文化、社会影响力等多个方面体现自身的比较优势，展现自身的校本特色，并在办学的全过程中持续改进。

（一）扎根本土，描摹中国特色高品质学校的宏观图景

构建高品质学校评价体系需要在符合本土政策法规的前提下进行，结合中国国情、发挥自身优势、满足本土需求，在参考Cognia认证标准、认证程序和认证工具的基础上，依托教育管理部门的理念和要求，融入思政内容、调整语言表述，提炼具有中国特色的高品质学校的办学目标。

（二）加强监管，引领认证由五年一审转变为年审模式

中国本土教育机构需要更多的指导、考核和监管。Cognia 实施的五年一审的学校认证模式，不能满足当前中国特色高品质学校的发展需要。在中国教育学会国际教育分会的引领和监督下，以年审（或两年复审）的方式为认证学校提供定期的、高频的、持续的支持或将更为适切。

（三）开展培训，帮助相关主体理解 Cognia 认证标准

组织和邀请既理解 Cognia 认证标准、又熟悉中国教育政策和实践的专家，定期为参与学校认证的教职工进行成体系的专业培训。在符合中国教育目标和管理制度的前提下，结合学校的实际情况和需求，运用本土化的表述对 Cognia 认证标准加以解读并给出相应案例，扫清参与认证的相关主体对 Cognia 认证标准的理解障碍。

（四）依托平台，发挥学会资源优势打造共享学习社群

依托中国教育学会国际教育分会的平台，链接各级各类会员单位和相关领域的专家学者，打造共享学习社群，建立常态化的校际交流机制，构建高品质学校学习共同体生态圈，带动认证学校互帮互助、资源互通、经验共享，反哺认证工作的后续支持和跟进，真正为学校提供持续改进的交流分享与学习平台。

（本文系 2022 年中国教育学会"中国特色高品质学校评价体系研究"教育科研专项课题成果。）

参考文献

[1] 中华人民共和国中央人民政府. 习近平主持中央政治局第五次集体学习并发表重要讲话 [EB/OL]. （2023-05-29）[2023-09-10]. https://www.gov.cn/yaowen/liebiao/202305/content_6883632.htm?device=app&wd=&eqid=edf45114000b4b50000000036490124b.

[2] Cognia. We know schools because we're in schools [EB/OL]. [2023-09-10]. https://www.cognia.org.

[3] Cognia. Our history [EB/OL]. [2023-09-10]. https://www.cognia.org/the-cognia-difference/history/.

[4] Cognia. What is Cognia? [EB/OL]. [2023–09–10]. https://www.cognia.org.

[5] Cognia. Performance standards: K–12 and postsecondary institutions [R]. Alpharetta: Cognia, 2022: 1–4.

[6] 王定华. 启动学校品质提升 [J]. 人民教育，2015，（12）：26–31.

作者简介

徐　墨： 北京外国语大学国际教育学院讲师。研究领域为比较教育、全球教育治理、民办国际化学校等。

李东玉： 北京外国语大学中国外语教材研究中心讲师。研究领域为课程与教学论、教材研究等。

比较法视野下我国教育法法典化路径探索：基于日、德、法三国的比较分析

刘昕凯　上海对外经贸大学

【摘要】《中华人民共和国民法典》的颁行开启了我国法律"法典化"的新纪元。在依法治国、依法治教的大背景下，顺应理论和现实的双重呼唤，教育法作为教育领域最高行为规范，编纂成典理应提上立法议程，而如何编制成典是立法工作者首要考虑的现实问题。我国法律在传统上与大陆法系有着千丝万缕的关联，大陆法系立法技术成熟的国家在教育法领域的法典化经验，是我国现阶段制定教育法典积极有效的域外资源。本研究以日本、德国和法国的教育法作为比较研究对象，通过分析归纳上述三国教育法在立法体例、技术特征以及立法进程中的制度设计，为我国教育法典的制定提供积极借鉴。同时，从强化教育法律理论证成，全面完善教育立法，发挥教育行政部门引领作用，分步编纂、总分制定四个维度，为我国教育法立法成典提供路径探索。

【关键词】教育法典；法典编纂；立法体例；比较法

2021 年 1 月 1 日，被誉为"社会生活百科全书"的《中华人民共和国民法典》正式施行。这是新中国成立以来第一部以"法典"命名的法律，使得法典化成为当下研究的新领域，对于我国未来立法实践意义重大。同年 4 月，全国人大常委会会议发布 2021 年度立法工作计划，其中特别提出要促进包括环境法典、教育法典、行政法典在内的条件成熟的行政立法领域的法典编纂工作[1]。此外，教育部发布《教育部政策法规司 2021 年工作要点》，明确表示要加快推进教育立法，启动研究教育法典的编纂工作[2]。《国家社科基金教育学 2021 年度重大招标和重点课题指南》亦将教育法典

化研究纳入选题范畴[3]。可见，我国教育法法典已被正式列上立法议程，启动编纂指日可待。

在国内法典化大环境下，适时推进立法资源较为成熟的部门法律独立成典有着历史和现实双重价值。具体到教育领域，自古以来我国就有重视教育的传统，尤其在新中国成立以来，科教兴国、人才强国战略更是把国民教育提到前所未有的高度，关注教育就是在关注国计民生。我国已有较为成熟的教育单行立法，以及大量的教育行政法规、部门规章，可以说我国的教育领域已经具备充足的法律法规资源，但在具体规范方面可能存在重复、交叉、疏漏、割裂[4]。因此，对法律适时进行清理、修改、调整，或是通过法律解释解决法律适用过程中面临的新问题和新挑战是十分必要的。

同时，相较于传统强势法学学科，教育法学的体系化程度又是相对较低的。这也导致学界在其独立地位、研究方法和理论体系等基本问题上始终难以形成一致的定论[5]。至于能否成典、如何成典更是充满争议，学者们著述颇丰却又观点各异。部分学者支持将教育法划为行政法项下的特殊法，认为应作为行政法典的一部分进行编纂；另一部分学者认为应将教育法独立成典才能更好地符合当前教育实践发展的特点和规律。此外，教育领域出现的诸如"双减"等紧迫的现实问题也为这部"法典"的编纂带来诸多挑战。

最值得考量的是这部意义非凡的法典的编纂路径，即采取何种立法技术才能达到符合我国国情的最佳立法效果。我国与大陆法系立法传统渊源深厚，无论从教育发展水平，还是立法技术与实施效果来看，大陆法系无疑是最好的借鉴。基于此种考量，本文从比较法的角度出发，通过分析归纳以日本、德国和法国为代表的大陆法系国家的教育法立法体例的特征以及立法过程中行之有效的做法，为我国教育法典编纂寻求积极的借鉴思路。

一、改革开放 40 多年来中国教育法律的发展现状

新中国成立以来，我国法治建设事业蓬勃发展。从借鉴苏联的立法

模式，到坚持走中国特色社会主义法治道路，从法律"拿来主义"到立法的自立自强，我国法治建设工作取得了可喜的成就。就教育法而言，自改革开放以来，我国教育立法呈现井喷式的发展态势，在理念层面上实现了从教育法制到教育法治的转变，在实践层面初步形成了具有中国特色的教育法律体系[6]。根据中国人大网和教育部政策法规司发布的相关数据，我国现阶段已形成了以《教育法》为母法，以《义务教育法》《高等教育法》《职业教育法》等7部教育法律为主干，涵盖16部教育行政法规及200余部地方性政府规章，内容涉及学校教育、教师制度、学位及考试制度、监督及救济制度的较为全面的多元化教育立法格局。这为我国依法治教的顺利推进提供了充足的立法资源和制度保障。

在取得骄人成绩的同时，我国教育立法也存在着一些不可忽视的问题，其中最明显的就是各主要教育单行法受制于当时的立法环境，存在一定缺陷，突出表现为：有关教育法的相关核心理论没有形成完整的自我论证体系；各法律文本在内容上存在一定程度的重复交叉，层级区分不明显；存在一些暂存的或者早已名存实亡的"僵尸"条文，整体的法律适用有待激活。另外，受到传统公法理论的影响，我国教育法领域重实体、轻程序的倾向仍然存在，教育法整体操作性不强，尤其在教育权利保护、教育救济和教育诉讼领域存在明显的制度缺失，导致在司法实践中缺乏统一的裁判尺度。最后，从涵盖内容来看，随着社会不断向前发展，教育领域出现的诸如终身教育、家庭教育、残疾人教育、教育权利救济等新兴问题或者现象都期待着教育法律作出回应。

改革开放40多年来，学界对教育法学的研究从多层次、多方向、多角度有序铺展开来，形成了丰富的理论成果，为编纂教育法典提供了丰富的教育法学理论[7]。国内教育法体系规模效应初显，高校教育法学学科建设取得长足发展，同时域外教育法立法技术不断成熟，有较为充足的实证借鉴，这一切有利因素都为我国教育法法典的诞生积蓄了强劲的力量。是故，亟待解决的众多理论和现实问题正呼吁着一套成熟全面的教育法典加速诞生。

二、大陆法系代表国家的教育法体例特点分析

我国法律在法律渊源上与大陆法系密不可分，以日本、德国和法国为代表的大陆法系立法传统对我国立法的发展产生了长足的影响，这使得我国法律整体呈现出成文化、体系化、法典化的特点。具体到教育法领域，国内目前尚无成形的教育法典，学习大陆法系国家成熟的立法经验，尤其是体例设计，对于我国教育法顺利成典意义重大。

（一）以"基本法 + 单行法"为特点的日本教育法体例

日本教育法可追溯至 1947 年颁行的《日本教育基本法》，在日本形成以《日本国宪法》中的教育条款为纲、《日本教育基本法》为核心、教育单行法并立的教育立法格局。同时，日本教育法学者也非常重视理论研究，经过多年的沉淀，日本当代法学理论形成总论和分论两大部分。20 世纪 60 年代，经过兼子仁等一批（日本）学者的不懈努力，日本教育法学脱离行政法学科门类，成为旨在维护和保障教育权的一门独立学科 [8]。20 世纪 70 年代，日本教育法学会成立，标志着日本教育法进入高速发展的轨道。

总体来看，日本教育法律运行逻辑严密，体例清晰。日本教育法研究从日本宪法规定的教育相关条款入手展开论证，即全部阐述、衍生均基于《日本国宪法》的基础性规定 1。其后又基于国家对教育的基本精神理念，制定教育领域的基本法《日本教育基本法》。该法主要内容包括教育的目的及理念、教育实施、教育行政、法令制定以及附则，规定义务教育、学校教育、社会教育、政治教育等内容；同时宣示了重视个人尊严、培养自主完全人格、保障学校公共性质等教育法原则 [9]，对促进二战后日本教育事业的发展，维护和平乃至振兴日本经济发挥了重要作用 [10]。

日本教育法学已经具备完善且成熟的理论框架，就教育法涉及的重要基础理论，如教育法的概念、分类、法律渊源、基本原理等基础性总论问

1　参见《日本国宪法》第 23 条："保障学术自由"；第 26 条："所有国民，依照法律规定，都拥有与其能力相适应的同等受教育的权利"。《日本教育基本法》序言部分，"为明确宣誓教育的目的，确立新日本教育的基础，特根据日本国宪法精神制定本法"。

题，有着非常深入的探讨，已经形成完备充实的学术理论体系。在体例上，日本最高立法机构虽未统一授权开展编纂教育法典的工作，但政府部门或民间机构将涉及教育领域的法律统合，最终以法律汇编的形式予以呈现，便于民众从体系化视角理解特定单行法在整个教育法律制度中的位置和作用[11]；同时采用开放式立法模式，赋予相应主体在必要时制定适当法令的权力[1]，其后颁布《学校教育法》《社会教育法》《产业教育振兴法》等一系列立法，最终形成完整的教育立法体系。在内容上，日本教育法重点关注受教育权这一核心议题，全面回答受教育权的本质原理。虽因 2006 年日本国家最高领导人变更，教育管制思潮抬头，教育保守主义色彩日益浓重，导致教育法受到全面"修订"[12]，但受教育权作为教育法核心的地位从未受到动摇[13]。学者们反而在很大程度上寻求摆脱教育行政的束缚，将更多的关注点集中到"教师—学生—家长"这一核心的教育法律关系上来。此外，在社会效果上，日本教育法重在回应教育现实，关注并回应大学改革、教育惩戒、校园欺凌、教育裁量、校外培训等大量现实热点问题，真正起到指导实务、回应现实的作用，实现教育法指导理论研究、推进司法实践的实然效果。

纵观日本教育法发展，其研究重点在于建立完备的概念化、逻辑化的理论体系。日本教育法界有着专门的学术群体和组织，兼顾学理论证与教育司法实践，最终使得教育法能够真正成为一门独立的学科。其鲜明的独立性，对于教育法兴起不久的中国，在破除固有部门法划分的束缚、寻求教育法学科的独立及发展上有着深远的指导意义。

（二）"教育联邦主义"下的德国教育法体例

德国教育法体系，在"教育联邦主义"影响下，形成以《德意志联邦共和国基本法》（以下简称《基本法》）和各州宪法为核心、州为主体、联邦与州分工的基本立法格局[14]。同时，受德国立法传统的影响，尽管未出现统一的教育法法典，但也有着鲜明的体系化倾向。其教育立法权配置体现为：以保护教育权利为旨归，纵向上强调联邦政府与州政府的分权与合

---

1 参见《日本教育基本法》第 11 条。

作，横向上通过行政立法及司法审查对议会立法进行补充，并通过各种公权力之间的相互制约实现教育立法权的均衡合理配置[15]。

纵观德国教育立法，其最明显的特征便是联邦和州教育立法的分歧与混合，但这种分歧与混合在德国教育法律实践和运行过程中并未出现实质性的刚性冲突。通过分析德国法律运行系统发现，其中很大一部分原因在于，德国教育法体系内部有着一套成熟的法律整合机制，以此保证纷繁复杂的法律法规在各自的轨道上平稳地运行，这对同样面临教育法律法规众多、中央和地方层面立法存在"冲突"的我国现行的教育立法体系有很大的借鉴意义。

根据德国《基本法》的规定，德国在联邦层面拥有教育领域的高度立法竞合权，这与二战后德国联邦与州分权体系密切相关[1]。首先从德国国家权力划分上看，州一级的分权非常明显，除国防、外交、军事等领域，州级立法机关有着较为强势的立法权，在教育领域，德国各个州贡献了相当可观的教育立法数量。以中小学教育领域为例，根据德国联邦公开的立法数据显示，州一级的相关立法达到 37 部，而联邦层级相关立法仅为 5 部，且多为框架性立法。数量上的明显差异除了体现出德国国家政治结构的特征，更重要的是反映出州拥有在地方上相对优势的教育立法权。

虽然各州单独立法，但并未导致德国教育法在实践中出现混乱，其中非常重要的原因在于德国在联邦层面有一套完整的法律法规整合规则。具体来说，这一整合机制又分为两类：象征性整合和实质性整合。发挥作用最大的便是教育立法实质性整合机制，即以代表性联合协定推进行动主体之间的协同合作。这一机制以国家政策协调机构为依托，以问题的实质解决为导向，以信息共享为前提，使不同级别的教育法律在州和联邦之间形成有序的衔接。德国《基本法》规定行政机关有保障公民受教育权实现的义务，在实践中由各州教育、科学和文化部部长组成的德国文教部部长联席会在这一整合机制中发挥了重要作用。《关于学校教育的共同基本结构和中央教育政策事项中联邦和州责任的协定》更直接推动了德国教育法的整

---

1 参见德国《基本法》第 74 条，对专属于联邦立法的事项进行封闭式列举，其中未包含教育领域立法限制。

合。该整合机制为德国联邦和州的教育立法运行提供了明确规范，促进了教育立法活动的有序进行。

（三）"法典模式"下的法国教育法体例

法国在法典编纂方面有着悠久的历史，自1789年法国大革命开始，法国进入大规模法典化编纂时期。其中，最具代表性和影响力的便是1804年的《法国民法典》。在将近200年后的2000年6月，法国正式颁布《法国教育法典》（见表1），使法国的法典化达到全新的高度。这一法典化教育法的编纂路径对于我国教育法典编纂有着直接和现实的借鉴意义，被国内教育法学者誉为理想的法典化范本。

表1　《法国教育法典》主要目次及内容[16]

立法部分 （L111-1 至 L977-2 条）	一般规定与共同规定 （L111-1 至 L275-1 条）
	学校教育 （L311-1 至 L567-1 条）
	高等教育与研究 （L611-1 至 L857-1 条）
	教育工作者 （L911-1 至 L977-2 条）
监管部分 （D111-1 至 D977-2 条）	教育的一般原则（D111-1 至 D167-2 条）
	教育管理（R211-1 至 D257-2 条）
	学校组织（D311-1 至 R377-8 条）
	学校（D401-1 至 D497-2 条）
	学校生活（R511-1 至 D567-2 条）
	高等教育的组织（D611-1 至 D687-2 条）
	高等教育机构（D711-1 至 D777-2 条）
	大学生活（D811-1 至 D857-7 条）
	教育人才（R911-1 至 D977-2 条）

《法国教育法典》呈现出典型的类主轴模式，以教育阶段作为"准中轴线"，并辅之以教育人事维度[17]，共同构成完整全面的法典。该法典的编纂实行分步战略，分两批次完成教育法律、教育行政法规的汇编成典工作。1968年，法国政府进行集中性教育单行立法，先后颁布《福莱法》（即法国《高等教育指导法》，1968）、《德罗尔法》（即法国《职业继续教育组织法》，1971）、《哈比法》（即法国《教育法》，1975）等多项单行教育法。1992年，法国教育部牵头设立教育法典编纂委员会，梳理既有法律与法规，教育法典编纂正式拉开帷幕[18]。1999年12月，法国议会授权法国政府采用法令形式编纂教育法律形成"法律单元"，在2004年后的十年，法国行政系统分步完成教育行政法规的编纂，至此包含教育法律和教育行政法规的全面的教育法典正式形成。

为确保最终形成的法典体系内容协调一致，法国议会授权政府在考量上下位法律以及同级法律内部条文关系时，有权直接修改既有法律的规定。在重视立法程序的同时，法国也极其重视立法技术，突出法律技术的科学性要求[19]。

在内容上，法国政府在进行立法时，首先着重梳理了教育法律关系的深层次逻辑，将一般性的教育法律关系抽象出来，形成法典的一般规定与共同规定（见表2），这对于我国教育法典的总则编排与内容设计有重要借鉴意义。

表2 《法国教育法典》第一部分：一般规定与共同规定[20]

教育的一般原则	受教育权
	公共教育服务的目标与使命、义务教育、免费教育及托儿所、小学的招生与接待
	公共教育的世俗主义
	教育自由
	关于海外领土的规定
教育管理	国家与地方政府的权力分配

（续表）

	教育行政服务的组织
教育管理	国家和地方大学、机构
	教育的检查与评价
	关于海外领土的规定

具体来看，法典将法国教育法律法规划分为四大部分，其中最明显的是将教育划分为学校教育和高等教育两大部分，通过区分此两种教育在性质和功能上的明显差异，独立编排，更好地发挥各自的指导作用[21]。学校教育编包含初等教育、中等教育、职业教育、农村与海洋教育、残疾人教育、艺术体育教育等章节内容。高等教育编包含大学教育、教师培训、技术培训、其他教育机构等章节内容。专章设置"教育工作者"，集中规定涉及教学人员、指导人员、监督人员在内的国家各级各类教育工作者的权利及义务。

此外，在体例结构上，《法国教育法典》的教育法律和教育法规并列编排，各为九编四卷，具有相互呼应的体例及内容，保证法律法规的全面与包容。由于法典内容繁杂、跨度大，尤其是在与其他部门法教育条款重复时，《法国教育法典》采用直接复制引用的形式，保证整体法律规范的体系性。值得注意的是，整个法典留有预定立法的豁口[22]，部分章节仅设置标题，其下无具体内容，为未来进一步完善保留了动态的立法空间。在领导机制上，法国教育行政部门在教育法典的编纂过程中发挥了重要的推动作用，统筹协调各方资源，强调法典内部条文体系化，保证在同一立法思路下制定整部教育法典。

三、我国教育法法典化的现实路径探索

在已完成教育法典或呈现出教育法法典化趋势的国家中，教育法体系化可以说是其完成教育法典的必经之路[23]。《中华人民共和国民法典》的成功颁布、施行为其他领域的立法法典化提供了积极示范。基于对上述三

国教育法的立法技术特征和立法路径的分析研究，本文结合我国立法实际，试从以下几个方面为我国教育法典的编纂进行可行性路径探讨。

（一）强化教育法律理论证成，为教育法典提供系统理论支撑

我国是深受大陆法系立法传统影响的成文法国家，基本法律原理及理论的研究和建设，对于法律的制定颁行起着举足轻重的作用。就教育法而言，我国相应的理论论证体系仍存在一定的问题；其中，首先要论证的是教育法在部门法的地位问题，此方面我国学界存在较大争议，包括"独立说""隶属说""发展说"三种观点[24]，并随着时间的推移产生出一系列的伴生性问题，导致教育法的属性、定位不清，阻碍教育法典的制定。其次，国内学者对教育法领域整体关注度不高，且研究领域多为教育学，导致长久以来没有形成一套像民法、刑法一样体系化的科学严密的法学学科知识论证规则，这成为教育法发展的又一瓶颈。此外，教育法典核心概念的选择及内涵的界定从根本上影响着法典化的路径选择与结构安排[25]，加强对教育法领域核心概念的梳理至关重要，而学界在此方面仍存在较大问题。

在此方面可以借鉴日本学者在教育立法上的实践，即我国学者应秉持一切教育权利的论述均立足宪法的原则，只有从宪法规定的教育权条款出发展开论证，才能为教育法体系建设寻求最为稳固的法律根基。同时，应整合法学界和教育学界有关专家学者，培育、发展教育法学会等专业性学术团体、机构，积极开展集中性的理论证成研究，充分发挥教育法学作为法学二级学科的学科价值，使教育法学理论回归受教育权本身，将教育权利作为研究的重心，并基于法律不断扩大对教育领域的调整范围，思考和研究新产生的各种教育法律关系，层层推进，形成完整有效、逻辑严密的基础原理[26]，同时结合教育法律运行现状，将现实的教育问题逐步转化为法律问题。此外，在证成过程中，更应重点区分教育法律问题与社会问题、教育法律问题与管理问题、教育法律问题与政治问题的界限，为我国教育法法典的编纂提供强有力的理论支持，构建具有中国特色的教育法治理论体系。

（二）妥善回应教育现实需求，全面完善教育立法

自 1995 年《教育法》颁行以来，我国教育立法进入高速发展阶段，大批教育领域的法律、行政法规、部门规章和地方政府规章悉数涌现，在一定程度上为我国教育法治事业的发展提供了有力的立法保障。但随着社会经济的迅猛发展与社会生活主要矛盾的转变，人们在关心教育数量的同时更加关注教育的质量。同时，在教育领域出现了一系列当时立法者无法预料的新问题，特别是在家庭教育、终身教育等新型教育领域问题更加凸显，校园欺凌、教育惩戒、教育法律救济、应急管理等方面也长期存在理论研究空白，形成立法盲点。

针对这些问题，我国立法者应以填补立法空白为重点，进一步完善教育法律体系，加强民主立法，借鉴域外经验，提高立法质量 [27]。在此可以借鉴法国立法思路，在教育行政部门的有效推动下，进行针对性的立法，如颁行《终身教育法》《教育救济法》《学校应急管理法》等，并根据现实需要，对已有法律法规进行立、改、废、释，使得已有法律更好地协调衔接，以适应教育现实的需求。适时推动教育救济类程序法的出台，统一教育法律诉讼的裁判口径和标准，更好地保护处于教育法律关系核心但又易被侵犯的公民受教育权。需要重点提高教育领域法律法规的可操作性，切实发挥教育法律法规在保护受教育权、规范教育社会运行方面的制度作用。此外，教育改革实践的发展十分迅速，完善立法的同时需要处理好法治与改革的关系 [28]，将教育法典的编纂纳入依法治教的轨道。

（三）发挥教育行政部门牵头引领作用，统筹协调各方优势资源

以教育部为首的各级教育行政部门在统筹规划、综合协调和宏观管理国家教育事业方面一直发挥着关键引导作用，但重大立法事项仍是由全国人大及其常委会进行。此处可以参照德国"教育联邦主义"的做法，在尊重最高国家立法机关立法地位的前提下，可以授权教育部对已有教育法律、行政法规进行分拣与整合，并适时制定行政法规，从而更好地落实教育部"拟订教育改革与发展的方针、政策和规划，起草有关法律法规草案并监督

实施"的职责。教育部内设的政策法规司应切实履行职责，积极研究教育改革与发展战略，结合实际起草综合性教育法律法规草案[29]。

此外，通过教育行政系统内部的直属关系，汇总各省市优质立法思路和实践资源，集中教育法研究领域的专家学者，充分考虑全国各地区的教育现状，发掘教育体系内的整合性要素。可以借鉴德国经验，特别关注下位法层次上的各类跨区域联合协定，做到地方特性和全国共性相协调，整合力量解决现实中教育发展面临的各种法律问题，实现全国范围内的教育立法、执法、司法的相对协调统一，为教育法典的编纂提供重要的组织和内容支持。

（四）采取分步立法策略，总分制定框架，循序渐进完成汇典

基于我国立法现实，采取分步立法是较为适宜的教育法典立法模式。在编纂教育法典时可以参照《中华人民共和国民法典》"总则—分则—司法解释"的制定思路，或是《法国教育法典》的"法律单元—法规单元"的编纂思路，先行完成现有教育领域法律法规的汇总、修改、更新，在实现教育法"类法典化"的基础上，集中优质立法资源和力量在某一时期内完成教育法典总则部分的制定。

在总则编重点梳理教育法典中的抽象逻辑关系，采用潘德克顿式立法模式，围绕教育法律关系的主体、客体和内容提取各主要教育单行立法的深层逻辑[30]。可以将现有《教育法》作为蓝本，从而减少编纂过程中的工作量与争议[31]。总则编可以从《教育法》《教师法》《高等教育法》《家庭教育促进法》《职业教育法》《国防教育法》等已有法律中抽象提炼出独具教育法特色的立法目的、基本原则、基本概念、教育活动主体及权利义务、法律责任等内容[32]；兼顾与行政法、民法、刑法等其他部门法的关联等。具体来看，应重点明确公民教育权的权利属性，围绕教育权这一核心概念展开；应厘清教育机构、教育工作者、受教育者三者的内在逻辑，以教育法律关系为编排主线；应重点规范行政权力，防止对公民教育权的限制和侵害。此外，关注法典的程序价值，明确教育行政部门及相关部门在教育

工作中的职责；制定"教育法典总则编"草案稿报送全国人大常委会专门委员会审议。

在总则编初见雏形的基础上，吸收现有主要单行教育立法和教育行政法规的主体内容，适时制定教育法法典各分编内容。在将一般性、共同性的内容纳入总则之后，教育法典分则部分也需要按照一定的线索进行编排，由此形成一个逻辑完整的体系 [33]。各分编在体例结构上应尽量保持一致，其具体内容规划应与总则编相呼应。总则部分的原则和一般规则的具体内容可以根据教育者学段划分为：学前教育编、义务教育编、高等教育编、职业教育编；根据教育提供主体设计为：民办教育编、继续教育编、特殊教育编；根据教育权力保护与规范设计为：教育惩戒与教育救济编；可以以其他教育编结尾，为未来可能出现的新型教育法律关系留有动态的立法空间，保障法典的活力和生命力。在制定法典分则的进程中，应有效回应教育生活的合理关切，切实保护受教育者的合法权益。同时，兼顾与其他法律部门的协调，以保证教育法典在教育法治中的基本性、权威性和全局性 [34]。最终汇合总分两编，完成教育法成典工作，为致力于实现更加公平，更有质量的新时代法治教育提供有力保障。

四、结语

教育是民族振兴、社会进步的重要基石。在新时代背景下，顺应依法治国、依法治教的浪潮，制定专门的教育法典是提升教育能力现代化的必然要求。完成这一宏伟工程需要政府部门和我们每一位接受教育的公民共同努力。借鉴与我国有深厚法律渊源的大陆法系代表国家的教育法立法体例，无疑会为我国教育法法典的构建提供多元化法律智慧。

我们应抓住这一立法契机，积极开展教育法典的构成论证工作，在保障立法科学性、民主性的基础上，加快推进教育法典的立法进程，主动回应教育领域的现实问题，为实现中国特色社会主义现代化教育法治体系建设添砖加瓦。

参考文献

[1] 中国人大网. 全国人大常委会 2021 年度立法计划 [EB/OL].（2021-04-21）[2022-10-01]. http://www.npc.gov.cn/npc/c2/c30834/202104/t20210421_311111.html.

[2] 中华人民共和国教育部. 教育部政策法规司 2021 年工作要点 [EB/OL].（2021-03-24）[2022-10-01]. http://www.moe.gov.cn/s78/A02/tongzhi/202103/t20210324_522325.html.

[3] 全国教育科学规划领导小组办公室. 国家社科基金教育学 2021 年度重大招标和重点课题指南 [EB/OL].（2021-02-08）[2022-10-01]. http://www.moe.gov.cn/jyb_xxgk/s5743/s5744/qita/202102/t20210208_513016.html.

[4] 申素平，周航，郝盼盼. 改革开放 40 年我国教育法治建设的回顾与展望 [J]. 教育研究，2018，39（08）：11-18.

[5] 湛中乐，靳澜涛. 教育法学体系化的域外比较与中国路径 [J]. 湖南师范大学教育科报，2022，21（04）：76-84，122.

[6] 湛中乐. 论教育法典的地位与形态 [J]. 东方法学，2021，（06）：111-112.

[7] [32] 王青斌，翁明杰. 论教育法典的编纂：必要性、可行性与编纂进路 [J]. 湖湘法学评论，2022，2（03）：68-79.

[8] 湛中乐，黄宇骁. 当代日本教育法学研究评述 [J]. 复旦大学法律评论，2017，（02）：105-130.

[9] 湛中乐. 20 世纪以来日本教育法学发展概况及评析 [J]. 中国教育法制评论，2016，（00）：172-195.

[10] 范履冰，石连海. 日本教育基本法修订对我国教育法修订的启示 [J]. 国家教育行政学院学报，2010，（12）：91-94，43.

[11] 秦惠民，王俊. 比较与借鉴：我国教育法法典化的基本功能与基本路径 [J]. 华东师范大学学报（教育科学版），2022，40（05）：28-39.

[12] 张德伟. 日本新《教育基本法》（全文）[J]. 外国教育研究，2009，36（03）：95-96.

[13] 周健，徐其萍. 当代日本教育法学述评 [J]. 日本研究，1993，（03）：84-88.

[14] 巫锐. 德国教育法体系的整合机制及其启示 [J]. 湖南师范大学教育科学学报，2022，21（01）：49-55，66.

[15] 廖伟伟，吴波. 德国教育立法权配置的基本逻辑 [J]. 国家教育行政学院学报，2013，（03）：89-93.

[16] [20] 法国教育法典 [EB/OL].[2022-10-01]. https://www.legifrance.gouv.fr/codes/texte_lc/LEGITEXT000006071191?init=true&page=1&query=Code+de+l%27%C3%A9ducation&searchField=ALL&tab_selection=all.

[17] 段斌斌. 教育法典的体例结构：域外模式与中国方案 [J]. 华东师范大学学报（教育科学版），2022，40（05）：118-129.

[18] 李世刚. 关于《法国教育法典》若干特点的解析 [J]. 湖南师范大学教育科学学报，2021，（01）：34-40.

[19] 李素敏，闫效鹏. 法国教育法制的特点及启示 [J]. 河北大学学报（哲学社会科学版），2022，（02）：53-55.

[21] 李世刚. 简析法国教育立法法典化的进程与条件 [J]. 复旦大学法律评论，2019，（00）：89-99.

[22] 刘玥. 法国教育法规法典化的经验及启示 [J]. 法学教育研究，2021，35（04）：306-321.

[23] 龚向和，李安琪. 教育法法典化的国际实践与启示 [J]. 湖南师范大学教育科学学报，2022，21（02）：10-20，93.

[24] 劳凯声. 教育法的部门法定位与教育法法典化 [J]. 教育研究，2022，43（07）：7-30.

[25] 申素平，周航. 论教育法典的核心概念：基于法律行为与行政行为的启示 [J]. 华东师范大学学报（教育科学版），2022，40（05）：17-27.

[26] 任海涛，教育法典总则编的体系构造 [J]. 东方法学，2021，（06）：123-140.

[27] 刘旭东. 教育法法典化：规范意蕴、时代诉求及编纂路径——基于民法典编纂经验的理论研究 [J]. 湖南师范大学教育科学学报，2022，21（02）：21-29.

[28] 王大泉. 教育法典编纂的现实意义与实现路径 [J]. 华东师范大学学报（教育科版），2022，40（05）：1-7.

[29] 中华人民共和国教育部. 教育部主要职责内设机构和人员编制规定 [EB/OL]. （2008-07-10）[2022-10-01]. http://www.moe.gov.cn/jyb_zzjg/moe_188/202006/t20200604_462577.html.

[30] 余雅风，姚真. 论教育法律关系 [J]. 湖南师范大学教育科学学报，2022，21（03）：36-45.

[31] 王琦. 我国教育法法典化的证成与构想 [J]. 高教探索. 2022，（01）：51-58.

[33][34] 罗冠男. 论教育法典的功能定位、体例结构和编纂步骤 [J]. 行政法学研究，2022，（05）：57-68.

作者简介

刘昕凯： 上海对外经贸大学法律硕士。研究领域为涉外法治、教育法。

高质量发展背景下我国考试从业人员评价素养的国际比较研究

李欢欢　沈思芮　斯　雯　新疆师范大学教育科学学院
底会娟　河北师范大学教育科学学院
王艺芳　上海师范大学教育科学学院

【摘要】高质量发展是全面建设社会主义现代化国家的首要任务。考试从业人员评价素养是考试机构中工作人员在衡量、判断人物或事物的价值时所具有的某方面的技巧或能力。在高质量发展背景下，它事关命题及考试质量，推进我国考试招生制度改革发展。然而，我国考试从业人员评价素养尚存在一些问题。本文通过对中国、美国、英国、德国、法国、荷兰六国相关考试评价机构在政策解读、评价理念、评价知识、评价技能和评价伦理方面的国际比较，针对现存问题与国际比较的经验，对我国考试从业人员评价素养的理论与实践进行了讨论与反思，以期促进全体教育考试从业人员评价素养的提高，真正实现教育考试高质量发展。

【关键词】考试从业人员；评价素养；国际比较

高质量发展的关键是突出一个"高"字。教育考试要实现高质量发展，不仅需要教育考试工作有更高要求、更严管理，更需要全体教育考试从业人员评价素养的增强与专业水平的提高，实现专业人做专业事[1]。考试是一种测度、甄别和表示应试者知识、能力、素质和水平的社会活动[2]。当今中国堪称考试大国，归纳起来，目前中国考试具有三大特点：一是参加考试的人员规模巨大；二是考试类别多，几乎各行各业都有考试；三是考试对个人人生的影响较为深刻[3]。中国考试评价工作主要由国家部门——教育考试院承担，市场上仅有极少量私立企业提供考试评价服务。本文主要研究的是国家公益性质考试从业人员，即教育考试院的从业人员。

教育考试的基本功能之一是评价。评价素养是时代发展对教育考试从业人员提出的要求，也是教育考试从业人员主动适应教育考试事业高质量发展、大力推进教育考试治理体系与治理能力现代化的前提和基础。近年来，《国家中长期教育改革和发展规划纲要（2010—2020年）》明确提出，要完善专业考试机构功能，提高服务能力和水平[4]。2020年10月，中共中央、国务院印发了《深化新时代教育评价改革总体方案》，明确提出要"加强教师教育评价能力建设，支持有条件的高校设立教育评价、教育测量等相关学科专业，培养教育评价专门人才"[5]。《教育部考试中心事业发展"十四五"规划（2021—2025）》提出推动教育考试高质量发展、基本建成现代化教育考试机构的目标[6]。教育考试高质量发展必须走数字化转型的发展道路[7]。为推动教育考试机构的高质量发展，考试从业人员的专业化和制度化建设愈发受到重视。

然而，当前我国考试从业人员的评价素养仍存在一些问题。例如，国内外评价素养相关理论研究和测评指标工具匮乏；教育考试机构治理体系不够完善，缺乏面向考试从业者的具体考核指标和评估标准，评价素养业务培训零散；从业者本身知识经验、专业素养不足，对评价素养重视程度不够[8][9][10]。从对各项考试的从业人员进行的访谈中得知，考试单位很少对从业者进行定向培养，几乎没有制订考试评价素养能力提升方案。归纳起来，即对从业人员是重使用、轻培养，在目标上是重任务、轻专业，在考核上是重结果、轻过程。为此，本文针对中国、美国、英国、德国、法国、荷兰六个国家的主流考试机构从业人员群体，分别从政策解读、评价理念、评价知识、评价技能、评价伦理五个方面进行经验比较，尝试提出建议，促进我国考试从业人员和教育考试机构的专业化与制度化建设，推动考试评价事业的高质量发展。

一、考试从业人员评价素养的内涵

"评价"泛指衡量、判断人物或事物的价值，当把评价用于教育领域或课堂教学情境时就称为"教育评价"[11]。"素养"包括经训练和实践获得的技巧或能力、平素的修养两种含义，常同其他修饰词一起构成常用词，意指在某一方面的技巧或能力，如信息素养、数据素养等[12]。那么，"评价素养"可以理解为主体在衡量、判断人物或事物的价值时所具有的某一方面的技巧或能力。基于此，"考试从业人员评价素养"的抽象定义即教育考试从业人员在衡量、判断考试管理等相关科学的评价工作中所具有的某一方面的技巧或能力。其操作性定义包含五个方面：能够正确理解和解读国家出台的各类教育评价政策[13]、具有正确的评价理念[14][15]、丰富的评价知识[16][17][18][19]、较好的评价实践技能[20][21][22]以及专业的评价伦理[23][24][25][26]。具体表现如下：

（一）评价政策

对以下政策的出台背景、决策依据、目的意义、重要举措等做到认识、理解和把握：《中共中央关于全面深化改革若干重大问题的决定》、《国务院关于深化考试招生制度改革的实施意见》、《深化新时代教育评价改革总体方案》、全国教育大会重要讲话、《深入学习习近平关于教育的重要论述》、《义务教育质量评价指南》、《普通高中学校办学质量评价指南》、《国务院办公厅关于新时代推进普通高中育人方式改革的指导意见》、《关于进一步减轻义务教育阶段学生作业负担和校外培训负担的意见》等。

（二）评价理念

了解评价对于工作的意义；认同并信守评价相关的思想、观点；主动研究、运用评价的意识；对评价实践保持稳定的心理倾向等。

（三）评价知识

具备全面的评价知识：术语（信度、效度、难度、区分度、公平性、常模参照分数解释、标准参照分数解释、标准分等）的概念和用途；主要理论（经典测量理论、概化理论、项目反应理论）的基本观点；命题编制（或测验编制）的相关知识；国际上测试的趋势。

（四）评价实践技能

掌握命题蓝图的基本要素与格式、用途、设计步骤等。能够看懂评价报告及评价结果图表，正确理解评价报告涉及的指标。自主充分地收集有效评价信息，恰当地解释评价信息，分析产生评价结果的原因，积极反思并改进工作，提出自己学科所特需的评价需求。积累命题经验，对命题材料、所命制题目进行把关和定向。

（五）评价伦理

在评价前告知考生学业目标及相关的评价内容与标准；保护考生在评价中的隐私；保证评价任务与程序上的公平；熟练地辨别不合伦理的、不合法的、不适当的评价方法；评估及评价对个体和团体的积极与消极的影响，保证评价的公正性。

二、六国考试评价机构的国际比较

本文试图将中国与国际上考试评价发展先进的国家就考试从业人员评价素养进行横向比较，从中得出经验启示，以期促进我国教育考试从业人员整体评价素养的提升。本文主要从各国主流、影响力大的考试评价机构网站所公示的内容中，如团队介绍、专业人员招聘要求等，了解各国考试从业人员素养方面的信息，从而开展比较研究。

通过比较研究各国考试评价机构的网站资料，发现我国以公立单位为教育考试评价主力军，而国外考试评价机构绝大多数是私立企业。造成此差异的原因，或可从两方面展开分析。其一，国家制度。《中华人民共和国教育法》第 21 条规定"国家教育考试由国务院教育行政部门确定种类，并由国家批准的实施教育考试的机构承办"。[27] 本文研究的美国、英国、德国、法国、荷兰五个国家则几乎没有全国性的考试政策。比如在美国，联邦政府在教育方面的作用是有限的。美国宪法第十修正案中提出"大多数教育政策由州和地方各级决定"。同时，美国各大考试机构由各院校根据认证要求、专业要求以及研究生课程和雇主的期望来确立^[28]。其二，考试历史。科举制是中国古代社会为统治者选拔人才的一项工具。在大约 1,300 年的历史中，科举考试作为一种既能维系封建社会文官政治的纽带，又能实现国家政治资源跨阶级调整分配的机制，通过选贤任能、建设大一统政治对中国古代社会产生了巨大的影响^[29]。因此，起源于科举制度，中国的人才选拔等各项考试历来便由国家主导。反观西方，其古代社会等级森严，采取贵族世袭制是为了培养精英为全社会树立榜样，一般贵族等社会上流阶层才有受教育的机会，也只有上层社会和教会两类群体担任政治职务^[30]。因此，西方国家世袭者为了避免平民跨越阶层流动，威胁到自己的地位，历史上几乎不设国家性考试。目前的私立性质考试机构主要根据市场需求建立，提供销售培训、考试等产品。

（一）考试及机构介绍

表 1 列举了中国、美国、英国、德国、法国、荷兰六个国家典型的考试评价机构，并从主要考试项目、机构组织者、机构地位三个方面进行简要介绍。

表 1　各国典型考试及评价机构介绍

考试或机构	主要考试项目	地位
中国教育部教育考试院	普通高考、成人高考、研究生考试、自学考试、中小学教师资格考试等	中国教育部直属事业单位，正司级，依法自主开展工作、实施管理和履行公共职能^[31]。
美国教育考试服务中心（Educational Testing Service）	SAT[1]、CLEP[2]、AP[3]、托福、托业、CAHSEE[4]、Praxis[5]	全球最大的私立教育测试和测量组织^[32]。

1　SAT，学术能力评估测试。

2　CLEP，全称 College-Level Examination Program，大学水平考试项目。

3　AP，全称 Advanced Placement，大学先修课程考试。

4　CAHSEE，全称 California High School Exit Exam，加州高中毕业考试。

5　Praxis，评估有志从事教师职业或教育行业的人士相关知识和技能的一项专业测试。

（续表）

考试或机构	主要考试项目	地位
美国大学入学考试中心（American College Test Inc.）	ACT[1]	全球最大的非营利私立考试评价机构之一，衡量学生的高中学业水平，以评估大学学业准备情况[33]。
雅思考试[2]（International English Language Testing System）	学术类考试、培训类考试	全球超过 140 个国家和地区约 10,000 所院校机构认可，每年有超过 300 万人次参加[34]。
德福考试研究院（Test Deutsch als Fremdsprache）	TestAS、TestDaF、OnDaF[3]	标准化的熟练程度考试，证明学生在德国大学学习的语言能力，用于德国高等院校的录取[35]。
法国学院联盟（French Institute Alliance Française）	DELF、DALF[4]、TCF、TEF[5]	提供官方考试，证明法语水平[36]。
荷兰教育评价院（Centraal Instituut voor Toetsontwikkeling）	为初级预备职业教育、普通高中教育和大学预备教育设立的所有中央考试	专门提供各种考试试题的私立机构[37]。

（资料来源：各考试评价机构官方网站。）

　　中国教育部教育考试院坚持党的全面领导，贯彻党的教育方针，以实现教育考试现代化和建成中国特色、世界领先的教育考试机构为目标。美国教育考试服务中心是全球最大的非营利私立教育考试和评价机构，主要业务有科研、评价、考务、阅卷、教学产品和服务。美国大学入学考试中心的 ACT 考试素有美国"高考"之称，考试业务范围包括评价、科研、信

1　ACT，全称 American College Test，美国大学入学考试。

2　雅思考试为多家评价机构联合举办，其中英国文化教育协会（BC）负责在世界各地开展雅思考试；剑桥大学考评院（Cambridge Assessment）负责设计和研发考试内容；澳大利亚教育国际开发署（IDP）负责宣传推广雅思。为保证表格清晰，本栏仅列"雅思考试"名称，未列机构。

3　TestAS、TestDaF、OnDaF，分别指德适考试、德福考试、德福在线考试。

4　DELF、DALF，分别指法语学习文凭（对应欧洲语言共同参考框架 A1—B2 级别），以及高级法语文凭（对应欧洲语言共同参考框架 C1—C2 级别）。

5　TCF、TEF，分别指法语知识测试和法语水平考试。

息和项目管理方案，属于学业测验，侧重于对中学所学内容掌握程度的测评，内容包括英语、数学、阅读和科学几个领域。注重"沟通为本"的雅思考试，是从听、说、读、写四方面进行英语能力全面考核的国际考试，能够立体综合地精准测评考生的英语语言运用能力。德福考试研究院的宗旨在于开发、研究、实施高校入学考试，提供德国大学教育必需的语言考试、专业考试和预科考试。法国学院联盟中的 DELF 和 DALF 由法国教育部颁发官方文凭，用以证明外国考生或非法语国家中未获得法国中学或大学文凭的法国考生的法语能力。荷兰教育评价院是荷兰一家专门提供各种考试试题的机构，主要业务是向荷兰国内外的教育机构、政府部门和企业提供教育测评、训练和测评建议 [38]。

以上为六个国家典型的考试评价机构，均为本国大型考试项目提供相关考试业务服务，如开发、测评等，并提供经教育部、政府部门或企业等认可的考试评定结果。

（二）六国考试评价机构的国际比较

根据考试从业人员评价素养的操作性定义，结合各国考试评价机构官网披露的考试人员相关信息，本文归纳整理，作出以下比较。

1. 政策解读方面

在理解和解读国家政策方面，各国都重视政策，致力于提高教育评价质量（见表 2）。其中，中国全程贯彻落实国家政策及法律法规。首先，要求考试从业人员理解政策的总体意图和目标，即讲需求、说愿景，上传下达，对文件强调的工作进行宏观的描述。其次是具体的任务分解与责任划分。政策文件会将愿景和宏观目标分解为若干条具体的任务，教育部对各省各级考试中心从业者进行政策培训，使其明确任务指标和关键时间节点，并指定责任单位。最后是协调和保障措施。各省各级考试中心协调领导机构沟通机制的建立、奖惩制度的落实、经费保障、政策保障、宣传保障等，确保各级考试中心及考试从业人员对国家政策的清晰理解与准确把握。而另外五国几乎没有全国性的考试政策，考试机构也不需要学习国家政策。

比如在美国，联邦政府在教育方面的作用是有限的。根据宪法第十修正案，大多数教育政策由州和地方各级政府决定。各大考试机构由各院校根据认证要求、专业要求以及研究生课程和雇主的期望来确立[39]。因此，通过考试机构对国家教育评价政策的回应可以看出，中国的考试从业人员需要做到正确理解和解读国家出台的各类教育评价政策，另外五国由于国家级相关政策文件较少，从业人员更倾向于考虑学校、家长、学生、社会需求与产品服务等因素，据此为政府政策提供建议。

表2　各国考试评价机构在解读国家教育评价政策方面的国际比较

	国家	正确理解国家各类教育评价政策
相同	各国	各国均重视教育评价政策，致力于提高教育评价质量；英国、法国、荷兰在此基础上还强调对考试政策提供建议。
不同	中国	教育部教育考试院坚持以习近平新时代中国特色社会主义思想为指导，深入学习贯彻各项文件精神，以实现教育考试现代化和建成中国特色、世界领先的教育考试机构为目标。 比如，解读《中国高考评价体系》，将国家和高校的选才需求与素质教育育人目标联通，实现"招—考—教—学"全流程各个环节无缝衔接、良性互动的关键。教育部教育考试院坚持将立德树人融入考试评价全过程，促进实现学生健康成长、国家科学选才、社会公平公正的有机统一，对发展素质教育、推进教育公平、办好人民满意的教育具有重要意义。 解读《深化新时代教育评价改革总体方案》，教育部教育考试院实施分类评价，即根据不同学科、不同岗位特点，坚持分类评价，推行代表性成果评价，探索长周期评价，完善同行专家评议机制，注重个人评价与团队评价相结合[40]。
	美国	没有法律强制执行的全国性课程或考试，不使用国家笔试或口试来决定学生是否毕业或能否继续学习，也没有作为这种考试基础的国家课程。学校课程由当地学区、私立学校和在家教育的家长参照州标准和高等教育的要求制定，并向公众宣传州教育政策。高等教育课程由各院校根据认证要求、专业要求以及研究生课程和雇主的期望来确定。
	英国	考试评价机构通过与国家各部门合作，进行系统分析，帮助政府生成和分析有意义的数据，为基于实证的考试评价相关政策提供建议，以提高教育质量和水平。

（续表）

国家		正确理解国家各类教育评价政策
不同	德国	德福考试研究院与德国政府联系紧密，获得德国校长会议、德国学术交流中心、歌德学院和成员大学的许可，联邦教育与研究部和外交部对其进行财政支持，并对考试政策提供建议，共同为德国和国外的大学以及外国学生提供服务。
	法国	法国学院联盟提供政府认定的法语官方考试，证明考生法语水平，并为法国政府的考试政策提供信息与意见，主要应用于学校记录、大学申请、职业发展、移民申请等。
	荷兰	荷兰教育评价院根据政府的外包委托，为中学教育的所有国家考试制定作业以及结课考试。同时与荷兰政府合作，对国家考试的难度进行结构性研究，并利用专业知识为教育专业人员和新形式的测试提供服务，为国家考试相关的政策提出建议。

2. 评价理念方面

在评价理念方面，各国家都聚焦于考试公平（见表3）。其中，中国的评价理念注重在过程性、多样性和系统性方面的提升。美国强调主体性，关注学习者学习环境的社会和文化因素。英国注重评价的可靠性、全面性和准确性，坚持使用标准评分程序、合格的考官以及测试听说读写各个技能领域。德国坚持客观性、评估有效性、可靠性、准确性、公平性和信息价值的评价理念。与之相似，荷兰也相信客观数据的作用，追求测量准确性，致力于实现高质量评价。法国评价机构坚持以评促学的评价态度。因此，通过各考试机构表述中蕴含的评价理念可以看出，中国的考试从业人员的评价素养要求做到过程性评价、多样性评价、系统性评价；美国和法国要求从业人员具有以学生为中心的评价素养，以评促教；英国、德国和荷兰尤其强调从业者在考试评价过程中具备客观评价、全面评价、准确评价的素养，实现高质量评价。

表3　各国考试评价机构在评价理念方面的国际比较

	国家	具有正确的评价理念
相同	各国	各国均聚焦于考试公平；美国和法国在此基础上还强调考试的社会、文化环境因素；英国、德国和荷兰强调考试的准确性。
不同	中国	教育部教育考试院开展教育考试评价理论研究，利用各项考试数据和信息，改进对考生个体和各类群体的结果评价、增值评价、过程评价和综合评价。注重考试公平，面向不同对象提供内涵丰富、形式多样的考试评价服务。
	美国	教育考试服务中心的评价理念注重美国学习者学习环境的社会和文化因素，比如全球高等教育招生和学生成功以及劳动力转型的公平性，同时也注重全球英语教学、学习和评估的创新。
	英国	雅思评价理念注重考试评价的全面性和准确性。例如，始终坚持使用标准的雅思评分程序和合格雅思考官，使得听力、阅读、写作和口语每个技能领域在面对面或视频通话中，均能获得可靠、公平和准确的评价。
	德国	德福考试是一项高利害考试，测试结果决定了德国高等院校的录取结果。这使得德福考试始终坚持客观性，评估有效性、可靠性、准确性、公平性和信息价值的理念。
	法国	坚持以评促学。强调根据评价结果提供相关课程，让学生在支持性且文化韵味丰富的环境中继续完善法语技能。
	荷兰	强调客观数据分析与保持测量准确性的理念。例如，荷兰教育评价院十分注重开发测试、考试和测量工具，具体展示学生作业各方面成绩的评估细节。

3. 评价知识方面

在评价知识方面，各国均重视考试从业人员在教育学位及专业知识方面的要求（见表4）。其中，中国除了要求从业人员具备较强的专业数据处理和分析能力，还要求通识知识、人际关系、商务会议等方面的知识经验。美国要求从业人员具备使用、应用和开发评价工具的知识。英国要求从业人员知道评什么、为什么评、如何最好地评、评价可能会出现什么错误以及如何防止这些错误，熟练应用评价质量标准。德国要求从业人员具备标准化语言考试经验，掌握评价质量标准以及评价的方法和技能。法国要求从业人员深入了解外语教学领域最新的教育理论和实践，对评价目标有清晰的了解。荷兰要求从业人员具备开发培训课程以及设计考试产品或服务的知识，掌握高质量的评价测验方法与评分标准。因此，通过各考试机构的招聘要求可以看出，中国和美国要求从业者具备对评价数据的敏感性；英国、德国、法国和荷兰强调对评价质量标准和评价方法、技能和目标的掌握。

表4 各国考试评价机构在评价知识方面的国际比较

	国家	具有丰富的评价知识
相同	各国	各国都注重针对考试从业人员的教育学位及考试评价专业知识方面的要求；在此基础上，中国和美国强调数据处理和分析能力；英国和法国强调接受在职培训的重要性。
不同	中国	以2022年教育部考试院招聘考务管理岗的要求为例，首先要求本科专业为教育测量、心理学、教育管理、统计等相关专业；其次要具有较好的文字表达和公文写作能力，具备基本的数据处理和分析能力；最后笔试考查综合管理类专业知识。笔试内容包括《职业能力倾向测验》的常识判断、言语理解与表达、数量关系、判断推理、资料分析以及《综合应用能力》的观点归纳、资料分类、信函草拟、会务安排、应急处理、联络通知等知识。
	美国	教育考试服务中心的研究助理岗位，在招聘中要求具备教育学、心理学、测量学、统计学的硕士学位，擅长定量和定性分析软件包的使用，能够评估数据和分析结果的合理性。上岗后需要在研究中心进行开发、评估、建议和实施更改等工作，以提高研究的质量和成本效益。 美国大学入学考试项目编写者和评估内容审阅者的招聘要求：对于教育评估，要求确保英语、阅读、数学和科学测试能够代表全国课堂上教授的内容，并能够反映性别、种族和地理代表性的平衡；对于劳动力评估，要求拥有真实的工作经验，特别是在医疗保健、制造、信息技术和环保领域；开发的问题需要阅读和解释信息，应用数学，并在表格和图形中找到信息。整体上需要具备帮助测试项目创建逼真的测试问题的经验。

（续表）

国家		具有丰富的评价知识
不同	英国	招聘要求：教育学位、来自认可机构的 TEFL 或 TESOL 资格、丰富的成人学生教学经验、英语评估能力。面试成功后需要接受四天的书面和口语评估培训，由雅思审查员进行。然后要求完成一组认证，以证明是否能够准确可靠地应用评估标准。新雅思考官在第一年将至少接受三次监督。
	德国	考试成绩评估员招聘要求：GFL 资格、德语研究或现代外语的硕士、两到三年的欧洲语言共同参考框架 B2 和 C1 级德语作为外语的教学经验，以及与德福考试目标群体（即国际申请人）打交道的经验、标准化语言考试经验（例如作为审查员）。 申请成功后，进行评估员资格和认证培训。培训的内容一方面是德语作为外语考试的概念、考试质量标准和公平考试结果的确定以及质量保证措施；另一方面，是以标准为导向的用于评估口头和书面表现的专门程序。 培训结束后，通过持续监测系统地检查评估工作的质量，并通过共同讨论绩效示例以及批判性地反思自己的评估行为，加强和拓展所获得的能力。
	法国	法语老师的招聘要求：母语为法语或同等水平、能够用英语清晰地沟通、法语作为外语教学的硕士学位或相关专业的学士学位或证书、对外语教学领域最新教育理论和实践的深入了解。上岗后，要求制订教学计划、实施和评估课程，为幼儿、青少年和成人教授法语和文化，并定期评估学生的表现和进步，以确保他们定期掌握技能，同时监控学生在课堂上的互动，培养学生合作与分享的能力。
	荷兰	作为培训师、顾问或协调员培训和测试专业知识的经验，至少三年在教育领域的相关工作经验，以及在微软 Teams 平台中很好地设计考试产品或服务的知识。

4. 评价技能方面

在评价实践技能方面，各国都聚焦于考试评估信息化的开发与应用（见表 5）。其中，中国对考试从业人员在各级各项考试实践中的业务能力、理论研究能力和信息化建设能力并重，致力于推进高质量考试评价。

美国强调在实践过程中对考试内容的评价设计、开发和验证，要求从业人员能熟练地运用评价方法和工具准确收集评价信息。英国要求从业者基于数据、研究和证据，建立公平的招生评估标准，让学生参与到评价、记录和交流中，避免评价的误用与偏见。德国要求从业人员在研究大学生语言和认知能力等问题的基础上，将研究结果应用于测试程序的开发、分析和评估。法国要求考试从业人员熟悉考试协议、维护考试和考生的数据库、熟练运用评价方法，并有效利用评价信息，达到良好互通的学业成就效果。荷兰要求考试从业人员能够使用多个软件平台进行高质量的测试和考试，从而为客户提供一系列数字解决方案，并致力于为课堂开发新的测量和跟踪工具，以达到评价目的。因此，通过各考试机构的评价实践技能要求，可以看出中国要求从业人员具备建设高质量评价标准的能力；美国、英国、德国、法国和荷兰强调从业者具备建设测试程序和评价工具的能力。

表5 各国考试评价机构在评价实践技能方面的国际比较

	国家	具有较好的评价实践技能
相同	各国	各国均聚焦于考试评估信息化的开发与应用；在此基础上，美国和法国还强调组织培训课程；英国、德国和荷兰强调测试程序及评价工具的建设。
不同	中国	能开展考试政策、考务组织、命题技术、安全保密等方面的业务指导、培训和调研，开展对高考和高中学业水平选择性考试等命题质量的评价，协助推进题库系统、标准化考点、考试信息化等领域的建设和应用等。
	美国	能从事与语言测试设计、开发和验证相关的广泛研究，包括创新语言结构、设计技术增强型测试、评分和反馈等。研究重点是构建有效性、公平性和以学习为导向的测试体验，包括关注学习者对反馈的解释和使用、语言评估素养和教师培训计划的有效性。工作人员还为新产品和服务的开发和交付提供研究支持。
	英国	研究和证据是所有评估的核心。能基于可靠的数据、研究和证据，建立创新的计算机自适应评估和更公平的招生评估。

（续表）

	国家	具有较好的评价实践技能
不同	德国	德福考试机构将自己视为一个独立的科学机构，要求从业人员能在大学环境中对测试、测试语言和认知能力的问题进行研究，并将研究结果用于测试程序的开发、分析和评估。
	法国	法国学院联盟要求考试从业人员具备定期组织小组和个人评估会议、熟悉法语考试协议、维护所有考试和考生的不同数据库、为未来的审查员或评分员组织培训课程、聘用和分配监考员等技能。
	荷兰	要求评估部门从业人员具备使用多个软件平台进行高质量的测试和考试的实践技能，从而为客户提供一系列数字解决方案；通过创新研究和创新项目，致力于为课堂开发新的测量和跟踪工具，确保测试和考试问题符合学生的经验和当今的教育，以达到评价目的。

5. 评价伦理方面

在评价伦理方面，各国都聚焦于安全保密（见表 6）。其中，中国将有关保密规定及措施贯穿于命题工作的全过程，要求考试人员严格履行保密责任；美国各考试机构均重视评价伦理，强调考试安全、试卷交付的安全和客户隐私保护；英国在考前、考试当天和考后都拥有严密的安全措施，有效确保了考试的权威性、公正性及安全性；德国物流部门尤其重视试卷交付的安全性、保密性，确保考试评价的安全与公平；法国使用加密渠道来保护在线传输的考试相关敏感信息；荷兰主要采取 Wolf 计算机程序与学生管理系统的结合，实现考试安全保密和学生隐私保护。因此，通过各考试机构研究资料表述中的评价伦理要求，可以看出各国都聚焦于安全保密，英国和荷兰在此基础上还强调公平公正。

表 6　各国考试评价机构在评价伦理方面的国际比较

	国家	具有专业的评价伦理
相同	各国	各国都聚焦于安全保密，英国和荷兰在此基础上还强调公平公正。

（续表）

	国家	具有专业的评价伦理
不同	中国	要求将有关保密规定及措施贯穿于命题工作的全过程，及时进行检查，确保命题人员、时间、地点及试题等涉密信息安全。遵照保密规定管理命题涉密事项，组织命题专家接受保密培训、签订保密协议、履行保密责任，确保命题考试安全。
	美国	教育考试服务法律顾问的职责包括考试安全、信息安全和残疾学生无障碍环境的政策和合规方面。 美国大学入学考试的运营部门除了提供行政指导，还为全球配送中心服务，利用不断发展的技术提高试卷交付的安全性，提高客户便利性和隐私保护。
	英国	雅思考试是一项知名的国际考试，在考前、考试当天和考后都拥有一套严密的安全措施。这些安全措施包括考点甄选、考务审计、考生身份审核、试题研发、成绩核查等，有效确保了考试的权威性、公正性及安全性。
	德国	德福物流部门的职责包括组织和管理全球调度以及返回测试文件。此外，向校对员发送考试文件、预约并协调测试、管理材料、维护试卷安全与保密也是其职责的一部分。
	法国	法国学院联盟使用加密渠道来保护在线传输的考试相关敏感信息，只有需要相关信息来执行特定工作（如计费、客户服务）的员工才有权访问个人身份信息。存储学生身份信息、考试信息的计算机或服务器存放在安全的环境中。
	荷兰	以学校期末考试为例，借助 Wolf 计算机程序，老师可以在考试后立即将学生成绩传输到荷兰教育评价院，一段时间后将收到来自荷兰教育评价院的小组报告，报告会将考生部分考试成绩与全国平均水平进行比较。此时，老师使用 Wolf 快速高效地完成第二次更正。之后，认证分数可以传输到学生管理系统。这样，学生可以快速、安全保密、公平公正地看到自己的考试分数。

三、讨论与启示

本文对中国、美国、英国、德国、法国、荷兰六国相关考试评价机构在政策解读、评价理念、评价知识、评价技能、评价伦理五个方面进行经验比较。针对我国现存问题与国际经验的比较，最值得学习的是国际上对于考试从业人员的培养。以美国为例，艾奥瓦大学（University of Iowa）的高级测量评价中心、马萨诸塞大学阿默斯特分校（University of Massachusetts Amherst）的教育测评中心等都开设了高级测量与评价等方向的博士研究生培养项目，为考试行业培养了众多的测评统计与分析人才。德国的评价知识建立在应用语言学、心理测量和多变量统计以及应用计算机科学的基础之上，这也是我国比较欠缺的。除了以上两个国家，国外专业性考试机构的测评分析专家一般为高校的心理计量学、教育测量学或应用统计学等方向的博士，工作职责包括但不限于设计考试项目、制定考试蓝图、开展测验试测、估计题目参数、分析测量信度、收集效度证据、实施测验等值、研制测验常模、设定考试标准、报告测验成绩、维护测验题库、回答客户询问等。当考试工作遇到难题时，具备良好评价素养的从业者从数学建模、先导试验、模拟研究等途径探索问题解决的理论方法和可行方案 [41]。因此，国外考试人才的素质要求和培养模式对于我国考试人员评价素养提升具有启发作用。

1973 年，哈佛大学心理学家戴维·麦克莱兰（David McClelland）提出"素质冰山模型"，即将个体素质描述为一座在水中漂浮的冰山。其中冰面以上的部分称为基准性素质，包括基本知识和基本技能，是一个人素质的外在表现，容易了解且易于测量。冰面以下的部分称为鉴别性素质，包括社会角色、自我形象、特质和动机，是人内在的表现，不易因外界影响而改变且难以测量 [42]。本部分比照"素质冰山模型"，选取其中五个维度提出增强考试从业人员评价素养的建议，以期促进我国考试评价工作高质量发展。具体如下：

第一，社会角色维度。考试从业人员要深刻意识到自己通过考试评价选拔合格社会主义建设者和可靠接班人的责任感和使命感。在政策解读方面，我国考试从业者必须对政策有非常精准的理解和把握，这一点至关重要。在此基础上，也需要学习国外各大考试机构与院校及地方政府合作的经验，结合当地的实际情况，了解学校、家长、学生、社会需求，在与国家政策要求保持一致的前提下，寻求创新，使考试产品和服务多样化，提升评价质量。

第二，自我概念维度。考试从业者要具备明确的自我认知、自我定位，不断更新完善自身的评价理念，自觉地向"专业化"方向发展。在评价理念方面，在进行考试评价工作时考虑社会、文化因素。在实践中，我国各省市可以结合当地实际情况在考试人员评价素养理论框架的要求下建立地方性考试人员评价标准，促进全国教育招生的公平性。德国考试机构注重测试程序质量、荷兰力求客观数据支撑的评价理念也是我国目前实践中需要改进的。国家及各级考试中心应重视考试命题和测评分析的程序完整性及技术开发，并对考试人员在各个方面进行专业培训，使其了解如何利用方法、技术进行高质量评价，形成良好的评价人文精神、评价意识和评价态度。

第三，知识维度，包括基础知识、专业知识和拓展知识。在评价知识方面，我国培养考试从业人员评价素养要从强化理论知识着手，拓宽专业知识的广度和深度。（1）学习专业评价所需的统计学、测量学、教育学、心理学等理论知识。（2）学习考务管理规章制度，特别是命题技术规范和质量控制标准，领会和掌握具体实施规定和操作要求。（3）参考国外学习定量和定性分析软件及考试测试软件的使用，学习教育测量、试题命制、题库建设、数据统计与心理分析等方面的方法、技术。（4）跟踪学习国内外有关考试理论和技术的研究动态[43]。既要掌握评价的基本概念与评价术语，熟悉评价质量标准，具有清晰的评价目标，也要熟悉评价方法、技术的开发和运用，整体提高考试人员对考试知识的掌握水平。

第四，技能维度。为做好考试评价相关工作，考试从业者除了需要具备广泛的知识储备，还需要具备实践能力。在评价实践技能方面，我国应邀请专家大力培训考试从业者熟悉ChatGPT、大数据、区块链、人工智能等现代信息技术并应用于考试工作中，促进考试评估信息化的开发与应用，实现数据动态互联互通。比如，推动人工智能辅助阅卷、开展评卷辅助质检、建立考试情况大数据分析模型等[44]，以成为能熟练地基于目标设计评价方案、运用评价方法准确地收集评价信息、能合理地评定结果与解释评价结果、能有效地交流与运用评价结果、能合理地利用评价信息进行评价改进与决策、能避免评价的误用与偏见的高素养考试从业人员。

第五，个人特质维度。在考试评价具体工作中表现为从业者个人的道德品质、公共服务意识、公共价值取向等多个方面。在评价伦理方面，保证安全保密。我国考试从业者需要长期接受安全保密制度及管理规定、评价公平公正、保护学生隐私等方面的培训，形成职业伦理素养。要求考试工作人员在命题各个环节采取具体保密措施，牢记有关命题工作的保密禁令，不断提高保密意识，明确保密责任[45]，保证公平公正。在应急处置中保障受突发事件影响的考生参加考试的权利，促进机会公平；在考试组织实施中贯彻标准化，使每位考生遵照相同标准参加考试，促进过程公平；在答卷评阅中引入网上评卷、双评机制及评卷过程质量监控体系，促进结果公平[46]。

参考文献

[1] [8] 王志武. 教育考试职业能力建设探析 [J]. 中国考试，2020，（05）：55-61.

[2] 胡天佑，李晋璇. 考试文化建设的桎梏与突围 [J]. 中国考试，2022，（08）：77-85.

[3] 张渝，邓亚秋. "依法治考"——中外教育考试制度比较研究 [J]. 西南政法大学学报，2017，19（02）：13-22.

[4] 中共中央、国务院. 2010. 国家中长期教育改革和发展规划纲要（2010—2020 年）[EB/OL].（2010-07-29）[2023-11-16]. http://www.moe.gov.cn/srcsite/A01/s7048/201007/t20100729_171904.html.

[5] 中共中央、国务院. 深化新时代教育评价改革总体方案 [EB/OL].（2020-10-13）[2023-11-16]. http://www.moe.gov.cn/jyb_xxgk/moe_1777/moe_1778/202010/t20201013_494381.html?eqid=a96dc53e003480d20000000464578e3d.

[6] 教育部考试中心事业发展"十四五"规划（2021—2025）[R]. 北京：教育部考试中心，2021.

[7] 鲁欣正. 关于教育考试数字化转型的若干思考 [J]. 中国考试，2022，（09）：1-8.

[9] 杨志明，杨笑颖，孔淑仪. 国外考试机构关键岗位的素质要求及其对我国考试行业专业化建设的启示 [J]. 教育测量与评价，2020，（02）：3-10.

[10] 鲁欣正. 用信息化推进国家教育考试治理能力现代化的思考 [J]. 中国考试，2020，（05）：49-54.

[11] 杨国海. 教师评价素养的内涵及框架 [J]. 当代教育科学，2011，（04）：17-19.

[12] 杨思洛，聂颖. 从科学计量智慧到科学评价素养 [J]. 图书馆论坛. 2022, 42（09）: 44-52.

[13] Stiggins, R. J. Professional development: the key to a total quality assessment environment [J]. *NASSP bulletin*. 1995, 79 (573): 11-19.

[14] 陈娟. 综合素质评价背景下高中教师的评价素养研究 [D]. 河南: 河南大学，2018.

[15] 南纪稳. 教师评价素养的现状、问题与提升策略 [J]. 教师教育论坛，2016, 29（06）: 21-24, 32.

[16] Webb, N. L. Assessment literacy in a standards-based urban education setting [R/OL]. (2002-04) [2023-11-16]. https://wcer.wisc.edu/docs/working-papers/Working_Paper_No_2002_4.pdf.

[17] [20] Noonan, B. & P., Renihan. Demystifying assessment leadership [J]. *Canadian journal of educational administration and policy*, 2006, (56): 1-21.

[18] [21] [43] 赵雪晶. 基于听课评课的教师评价素养提升策略研究 [J]. 教师教育研究，2013, 25（02）: 57-61.

[19] 刘志耀，徐立波. 教师专业评价素养：内涵、构成要素及培养策略 [J]. 内蒙古师范大学学报（教育科学版），2007,（12）: 57-60.

[22] 彭晓玲，吴忭. "数据驱动的精准教学"何以可能？——基于培养教师数据智慧的视角 [J]. 华东师范大学学报（教育科学版），2021, 39（08）: 45-56.

[23] 郑东辉. 教师需要怎样的评价知识 [J]. 教师教育研究，2010, 22（05）: 48-52.

[24] AFT, NCME & NEA. Standards for teacher competence in educational assessment of students [J]. *Educational measurement: issues and practice*, 1990, 9 (04): 30-32.

[25] Stiggins, R. J. Evaluating classroom assessment training in teacher education programs [J]. *Educational measurement: issues and practice*, 2005, 18 (01): 23-27.

[26] Schafer, W. D. Essential assessment skills in professional education of teachers [J]. *Educational measurement: issues and practice*, 1991, 10 (01): 3-6.

[27] 中华人民共和国教育部. 教育法 [EB/OL]. [2023-11-16]. http://www.moe.gov.cn/jyb_sjzl/sjzl_zcfg/zcfg_jyfl/202107/t20210730_547843.html.

[28] [39] U.S. Department of Education. Laws & Guidance [EB/OL]. (2022-11-16) [2023-11-16]. https://www2.ed.gov/policy/landing.jhtml?src=ft.

[29] 胡向东. 论中国传统考试文化的创造性转换——建设中国式考试现代化的文化视角 [J]. 中国考试，2023,（02）: 1-10.

[30] 关海庭. 中国平民文化与西方贵族文化，孰优孰劣 [J]. 人民论坛，2016,（19）: 122-123.

[31] 中国教育考试中心 [EB/OL]. [2023-11-16]. https://www.neea.edu.cn.

[32] ETS [EB/OL]. [2023-11-16]. https://www.ets.org.

[33] ACT [EB/OL]. [2023-11-16]. https://www.act.org.

[34] British Council [EB/OL]. [2023-11-16]. https://www.britishcouncil.org/about-us/how-we-are-run/senior-leadership-team.

[35] TestDaf [EB/OL]. [2023-11-16]. https://www2.testdaf.de.

[36] FIAF [EB/OL]. [2023-11-16]. http://fiaf.org.

[37] CITO [EB/OL]. [2023-11-16]. https://www.cito.nl.

[38] 国家教育考试评价研究院. 美国考试评价机构及其评价项目研究 [EB/OL]. (2011-02-23)[2023-11-16]. https://niea.neea.edu.cn.

[40] 周洪宇. 深化教育评价改革 加快推进教育现代化——《深化新时代教育评价改革总体方案》解读 [J]. 中国考试, 2020, (11): 1-8.

[41] 杨志明, 杨笑颖, 孔淑仪. 国外考试机构关键岗位的素质要求及其对我国考试行业专业化建设的启示 [J]. 教育测量与评价, 2020, (02): 3-10.

[42] Mcclelland, D. C. Testing for competence rather than for 'intelligence' [J]. *American psychologist*. 1973, (01): 1-14.

[44][46] 朱浩. 国家教育考试考务管理的历史回顾与未来展望 [J]. 中国考试. 2021, (07): 29-33, 94.

[45] 柳博. 论学科秘书的职业特征、专业素养与能力培养 [J]. 中国考试, 2018, (05): 31-37.

作者简介

李欢欢: 新疆师范大学教育科学学院, 博士, 副教授。研究领域为教师专业发展。

沈思芮: 新疆师范大学教育科学学院, 在读硕士。研究领域为教师专业发展。

斯 雯: 新疆师范大学教育科学学院, 硕士, 副教授。研究领域为文化传承、音乐教育。

底会娟: 河北师范大学教育科学学院, 博士, 讲师。研究领域为教师评价。

王艺芳: 上海师范大学教育科学学院, 博士, 讲师。研究领域为教师评价。

教育合规治理视角下对于全球胜任力培养的思考和探索

段可争 朱 竹 北京市东城区教育科学研究院

【摘要】对于中国，全球胜任力的培养一定是多元主体参与教育治理的结果，需要政府、学校、高校科研院所、社会组织等多元主体通过一定的机制协同治理。我国作为一个法治国家，教育治理必然建立在合规治理的基础上。本文基于教育治理尤其是合规治理的视角对全球胜任力培养进行分析，提出以内部制度建设为主线，以"组织体系、运行体系、保障体系"为支柱，以"重点领域、重点环节、重点人员"为抓手，以"融入体系、融入业务、融入流程、融入岗位"为落脚点的全球胜任力教育治理模式。

【关键词】全球胜任力；教育治理；合规治理

一、全球胜任力教育的时代性需要

（一）响应人类命运共同体号召的实践探索

习近平总书记指出："各国青年应该通过教育树立世界眼光，增强合作意识，共同开创人类社会美好未来。"[1] 面对当前全球化发展的趋势，培养本国学生具备可以跨地区、跨种族、跨文化去迎接未来挑战的能力，逐渐成为世界各国的共识。2017 年，经合组织（OECD）发布的《PISA 全球胜任力框架》将全球胜任力定义为一种多层面能力，具备全球胜任力的人可以检查审视当地、全球及跨文化的问题，理解和欣赏不同的世界观，能与他人相互尊重并开展得体、有效的互动，以及采取适宜的行动，实现可持续性发展和人类集体福祉 [2]。将全球胜任力教育理念与中国实际相结合，培养出下一代具备全球胜任力的人才，是对新时代社会主义人类命运共同体命题的具体实践和深入探索。

（二）全球胜任力教育内涵的本土化立场

除了经合组织提出的概念，很多国家都已在理解全球胜任力这一理念的基础上，结合本国或本民族的实际及利益进行本土化重构及阐述。1988年，美国国际教育交流协会在《为全球胜任力而教》的报告中首次明确提出"全球胜任力"，强调个体应具备参与全球竞争与合作的能力，但未明确说明全球胜任力的含义 [3]。2012 年，美国联邦教育部继续发布了《国际教育、国际参与和全球成功》国际战略公告，强调"全球胜任力是所有人必备的技能，要为所有学生提供世界一流的教育，培养学生的全球能力，借鉴其他国家的经验教训，加强和其他国家的互动。"[4] 中国 2016 年颁布的新时代学生培养的总战略目标《中国学生发展核心素养》中明确提到了国际理解素养，即具有全球意识和开放的心态，了解人类文明进程和世界发展动态；能尊重世界多元文化的多样性和差异性，积极参与跨文化交流；关注人类面临的全球性挑战，理解人类命运共同体的内涵与价值等 [5]。清华大学在 2016 年 7 月启动实施的《清华大学全球战略》提出了"培养具有全球胜任力的创新人才"目标，进而提出全球胜任力意指"在国际与多元文化环境中有效学习、工作和与人相处的能力"，包含认知、人际与个人三个维度上的六大核心素养：全球议题与世界文化、母语与外语、开放与尊重、沟通与协作、自觉与自信，以及道德与责任 [6]。2017 年，经合组织启动"让我们的青年为一个包容和可持续的世界做好准备：经合组织 PISA 全球胜任力框架"项目，并将此作为 PISA 2018 全球胜任力评估的基础。这次测试结果体现了全球胜任力教育的国际概况，也成为各国促进全球胜任力教育交流的重要范本 [7]。2022 年，经合组织召开了全球胜任力论坛，并发布最新研究报告《大局思维：为互联的世界培养"全人"的原则与实践》，该报告对各国全球胜任力的不同培养渠道、学习方式、教学模式、培养质量、教师专业素养等方面，提出了观点和看法[8]。

（三）新时代中国基础教育的战略选择

教育作为传播和发展文化的重要基石与手段，作为人才培养的重要途径，作为国家发展的重要战略保障，在国家发展中要放在优先发展的地位。各国为保持国际领导力、国际竞争力，实现可持续发展，必须要保持国家教育发展的先进性。在对外开放的今天，我国积极鼓励基础教育顺应时代的需求，开展教育国际化实践。《中国教育现代化2035》指出，开创教育对外开放新格局，扎实推进"一带一路"教育行动；加强与联合国教科文组织等国际组织和多边组织的合作；推进中外高级别人文交流机制建设，拓展人文交流领域，促进中外民心相通和文明交流互鉴；推进与国际组织及专业机构的教育交流合作[9]。2020年6月，《教育部等八部门关于加快和扩大新时代教育对外开放的意见》明确提出把培养具有全球竞争力的人才摆在重要位置：提高基础教育对外开放水平，培养德智体美劳全面发展且具有国际视野的新时代青少年[10]。当今国际竞争日趋激烈，人才强国战略深入实施，时代和社会发展需要进一步提高国民的综合素质，培养创新人才，这些变化和需求对课程改革提出了新的更高要求。

二、教育合规治理的现代化需求

（一）教育治理的现代内涵

教育治理是通过一定规则和程序对教育中存在相互冲突和利益竞争的各方进行调解的一种过程。当前我国正处于实现中华民族伟大复兴的关键时期，教育治理体系和治理能力的现代化对于建设教育强国至关重要。教育治理现代化意味着教育治理经由传统向现代的转型与变迁，是一个渐进发展的过程，同时也是不同治理主体共同参与的合力的体现[11]。教育治理现代化水平是衡量教育现代化的重要指标，是教育治理体系和治理能力的现代化的总和，与教育其他各方面的现代化共同组成教育现代化的完整形态[12]。

教育治理的主体是多元的，包括政府、学校、社会组织和公众等。政府通过有效协调多元教育治理主体之间的关系，制定和改革教育治理体制，包括综合评价指标体系、高质量课后服务体系和现代基础教育治理体系等，在多元共治的体制中起到核心主导作用。中小学作为我国基础教育治理活动的重要阵地和载体，其现代化治理水平的高低将直接影响学校教育目的的实现。义务教育阶段的社会组织提供公益性社会服务，它们既不以营利为目的，也不隶属于政府机构。公众作为直接或间接利益相关者，只有积极参与进来，才能更好地表达诉求，促进沟通，维护自身利益与公共利益，助推教育治理问题的解决。教育多元治理主体的互动与合作，实现了教育治理权力多中心化、治理结构扁平化、治理机制弹性化[13]。

（二）合规治理的实践应用

近年来，全球贸易关系愈加复杂，全球产业链进入深度调整与重构时期。为了满足全球化合规的快速发展和迫切需求，提升各类组织机构合规管理能力，促进国际贸易、交流与合作，以国际标准化组织为代表的多边组织积极推进合规管理体系认证标准落地，推出 ISO37301：2021《合规管理体系要求及使用指南》，拟在全球范围开展企业合规管理体系认证[14]。ISO37301 标准的制定，对于提高各类组织的合规管理能力、加强政府监管活动、加强国际贸易交流、改善沟通合作等工作，都是十分必要的。ISO37301 标准采用的理念为：计划（Plan）—执行（Do）—检查（Check）—修正（Act）（简称 PDCA），全面涵盖了各类组织机构合规管理体系的创建、运作、维护和改进的整个过程，对组织机构建设现代化治理体系、提升现代化治理能力起到了重要作用（见图 1）。

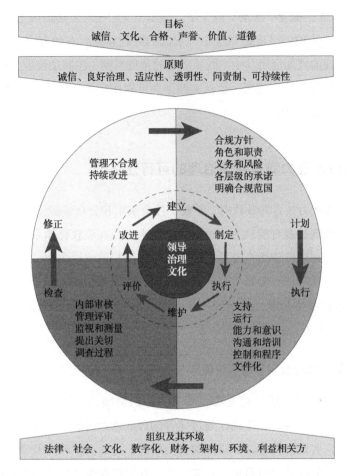

图 1　ISO37301 的合规管理体系流程

（三）教育合规治理的发展趋势

习近平总书记在 2018 年的全国教育大会上指出：新时代新形势，改革开放和社会主义现代化建设、促进人的全面发展和社会全面进步对教育和学习提出了新的更高的要求。教育是国之大计、党之大计，是民族振兴、社会进步的重要基石。培养什么人，是教育的首要问题。这既是教育工作的根本任务，也是教育现代化的方向目标[15]。在党的二十大开幕会上，习近平总书记在报告的第七部分，第一次将"法治"作为一章专门论述和部署，其中 23 次提及"法治"两个字，显示出党中央对依法治国工作的高度重视。依法治国，已成为当今中国宏大的时代背景。在教育事业发展中，将合规治理的概念运用其中，既从战略的角度贯彻了国家加快教育现代化、建设教育强国的重大部署，也从实践的角度对国家依法建设、合规管理的发展理念作出了回应。

三、全球胜任力教育合规治理的可行性路径

全球胜任力教育涉及政府、学校、社会组织和公众等多元主体。其中，政府和学校既是教育管理方，也是资源需求方，在该教育体系中起到核心作用。政府和学校作为全球胜任力教育合规治理的关键主体，应围绕依法治理，以全球胜任力教育发展战略为导向，以内部制度建设为主线，依据 ISO37301 标准逐步建立起组织体系健全、制度体系完备、工作流程规范、工作机制运转有效的合规管理体系[16]。

（一）搭建一体化合规管理组织体系

政府和学校应统筹建立责任明确、层次清晰、管控严密、上下联动的一体化合规管理组织架构，通过完善的合规管理机制，强化合规职责及组织领导，实现协调管理和资源配置的职能，进而支撑政府及学校实现合规管理体系的高效运行目标。首先，政府和学校作为合规体系建设的任务主体，要厘清机构内各部门的权责边界，打造分工明确、相互配合、相互制衡的内部治理体系。其次，政府和学校作为教育治理的实施主体，要在内部设立合规管理委员会，并对委员会人员构成范围及其工作内容进行界定。再次，政府和学校作为教育职能的落实主体，要明确内部各部门的合规管理职责，理顺合规管理部门与具体业务部门的关系。通过组织内自上而下的合规治理架构，将合规管理嵌入到各部门、各业务的管理之中，推动合规化管理与教育治理的深度融合，从而确保合规管理的有效性和实用性。

（二）构建健全完善的合规管理制度体系

合规制度是开展合规管理的重要依据，政府和学校要在合规管理基本制度的基础上，围绕全球胜任力教育合规管理的重点领域、重点环节、重点人员，有计划地开展"外规内化"的体系建设。首先，要制定全球胜任力教育合规管理的专项制度，明确合规管理的总体目标、管理范畴、机构职责、制度流程、考核监督、奖惩问责等相关内容，形成合规审查、报告、培训、考核、激励、问责的闭环管理，避免出现部门之间、业务之间、环节之间权责错位。其次，要对机构内部相关制度进行全面的梳理，做好制度清理、归纳和完善等工作，细化明确合规审查、报告、举报、检查等要求，将合规管理准则和要求以制度的形式固定化、标准化，及时将法律法规等规范性文件要求内化为合规管理所必须遵循的行为准则和规范。再次，要制定和适时修订全球胜任力教育合规指引，并据此制定分领域、分场景、分模块的合规操作手册。合规操作手册应当对合规风险进行翔实描述，结合法律法规和典型案例进行分析说明，明确管控目标、风控举措和违规后果，使参与人员明晰特定岗位存在的合规风险和管理职责，推进各类风险精细化有效控制 [17]。

（三）打造高效规范的合规管理流程体系

合规管理流程为政府和学校开展工作提供了清晰的实操路径。合规管理与教育工作的有机融合，有助于在组织内部形成横向协作、上下协同的合规管理机制 [18]。首先，应充分利用信息化手段，建立健全机构的风险控制系统。政府和学校作为教育治理主体，通过定期梳理各项业务活动清单，对各项业务进行风险识别、分析、评估，建立教育合规风险数据库。该数据库对普遍性、典型性的事件进行分析预警，全过程监督业务开展过程，对可能存在的风险问题进行监测预警，落实"抓早抓小，及时处置"的合规管理要求。其次，合规管理部门及相关业务部门应根据自身权责，持续完善合规审查标准、流程及制度，定期开展业务合规风险评估，将依法合规管理嵌入工作的基本环节当中 [19]。最后，要建立风险报告与应对机制。

依托信息技术搭建风险报告与应对机制，结合政府、学校教育治理合规风险点，推送智能化风险应对策略，由合规管理部门建立问题整改问责机制，及时发现相关部门、相关业务、相关环节违规问题，降低机构违规发生概率。

（四）营造良好的合规文化氛围

合规文化可以对整个机构人员产生润物无声的深远影响。建立治理主体内部的合规文化，领导和干部要率先垂范，把遵法、学法、守法、用法作为一种习惯、一种素养来培育。将合规文化建设融入日常工作和合规管理实践中，弘扬合规理念，培育法治信仰，厚植合规文化，打好合规底色，全力营造崇尚合规、践行合规的文化氛围。政府和学校通过制定合规手册、签署合规承诺、开展合规宣誓等方式，确保全体人员树立底线思维、红线意识。最后，要建立常态化、制度化合规培训机制，加大培训力度，进一步提升机构内部人员的合规素养 [20]。

四、未来趋势及展望

面对当前多变的国际环境，中国倡导构建共商共建共享的人类命运共同体，为全球治理提供了中国方案。为了更加高效地参与和推动全球治理，贡献更多的中国智慧和中国力量，我们需要培养更多具有中国特色的全球胜任力的人才。政府及学校作为教育治理主体，应该依据国家法律、法规，结合国内外教育发展环境及趋势，解构教育行业及地方教育发展规划、规章制度，组织开展系统化、规范化、专业化的全球胜任力教育合规治理，进一步提升我国全球胜任力教育工作开展的速度及质效。

参考文献

[1]　习近平. 习近平致首届清华大学苏世民书院开学典礼的贺信 [N]. 人民日报，2016-09-11（01）.

[2]　OECD. Global competence for an inclusive world [EB/OL]. (2017) [2020-12-10]. https://www.oecd.org/education/Globalcompetency-for-an-inclusive-world.pdf.4.6.7.

[3] 滕珺，张婷婷，胡佳怡. 培养学生的"全球胜任力"——美国国际教育的政策变迁与理念转化 [J]. 教育研究，2018，39（01）：142-147.

[4] The U.S. Department of Education. Succeeding globally through international education and engagement [EB/OL]. (2012-11) [2020-12-10]. https://www2.ed.gov/about/inits/ed/internationaled/international-strategy-2012-16.pdf.

[5] 林崇德. 21 世纪学生发展核心素养研究 [M]. 北京：北京师范大学出版，2016：25.

[6] 钟周，张传杰. 立足本地、参与全球：全球胜任力美国国家教育战略探析 [J]. 清华大学教育研究，2018，（02）：60-68.

[7] OECD. The OECD PISA global competence framework — preparing our youth for an inclusive and sustainable world [EB/OL]. (2017-12-13) [2020-12-10]. https://www.oecd.org/pisa/Handbook-PISA-2018-Global-Competence.pdf.

[8] Mansilla, V. B. & A. Schleicher. Big picture thinking：how to educate the whole person for an interconnected world — principles and practices [R]. Paris: OECD Publishing, 2022: 11-42.

[9] 新华社. 中共中央、国务院印发《中国教育现代化 2035》[EB/OL]. （2019-02-23）[2020-12-10]. http://www.gov.cn/zhengce/2019-02/23/content_5367987.htm.

[10] 中华人民共和国教育部. 教育部等八部门关于加快和扩大新时代教育对外开放的意见 [EB/OL]. （2020-06-23）[2020-12-10]. http://www.moe.gov.cn/jyb_xwfb/s5147/202006/t20200623_467784.html.

[11] 陈良雨. 教育治理现代化视域下政府能力陷阱研究 [J]. 教育发展研究，2015，35（12）：11-15.

[12] 陈金芳，万作芳. 教育治理体系与治理能力现代化的几点思考 [J]. 教育研究，2016，37（10），25-31.

[13] 杨文杰，范国睿. 突破藩篱：高水平推进教育治理现代化的战略选择 [J]. 华东师范大学学报（教育科学版），2021，39（08）：94-106.

[14] 李素鹏，叶一珺，李昕原. 企业合规管理实务手册 [M]. 北京：人民邮电出版社，2022.

[15] 习近平. 坚持中国特色社会主义教育发展道路 培养德智体美劳全面发展的社会主义建设者和接班人 [EB/OL]. （2018-09-10）[2020-12-10]. http://www.moe.gov.cn/jyb_xwfb/xw_zt/moe_357/jyzt_2018n/2018_zt15/zt1815_yw/201809/t20180910_348145.html.

[16] 华东师范大学企业合规研究中心. 企业合规讲义 [M]. 北京：中国法治出版社，2019.

[17] 陈瑞华. 国有企业的合规管理问题 [J]. 中国律师，2019，（07）：79-81.

[18] 杨斌. 新形势下国有企业合规管理体系建设研究 [J]. 江西师范大学学报（哲学社会科学版），2020，53（07）：96-102.

[19] 国资委. 中央企业合规管理指引（试行）[S/OL]. （2018-11-02）[2020-12-10]. http://www.sasac.gov.cn/n2588035/c9804413/content.html.

[20] 李林蔚，陈文楷，秦舟. 合规管理体系建设研究 [J]. 法制博览，2020，（29）.

作者简介

段可争： 北京市东城区教育科学研究院，中国农业大学工商管理硕士，课程运行部教研员。研究领域为教育治理、教育合规、全球胜任力。

朱　竹： 北京市东城区教育科学研究院，北京大学国际公共政策硕士，课程政策理论研究部教研员。研究领域为全球教育治理、课程教材、国际教育。

第三部分

国际教育的课程理念

第四次工业革命背景下教师后现代课程理念的调适与启示

文建章　南京师范大学教育科学学院

【摘要】教育正处于以人工智能为代表的第四次工业革命的时代机遇之中。在此背景下，教师的后现代课程理念必须要处理好"变"与"不变"的关系。在"变"的调适方面，主要表现为由"跑的过程"到"飞的过程"、由自组织到自组织加自适应的过程、由体现"平等者的首席"到"我—你"的引导者的过程、由倡导对话到倡导共享和共生的过程、由强调情境到强调智能和虚拟的过程。基于教师后现代课程理念"不变"的坚守和"变"的调适分析，本文发现对课程改革具有以下几方面的启示：在课程理解上实现主观性与客观性的共生调和；在课程实施上实现"穿新鞋"与"走新路"的共生共进；在课程管理上实现"行政"与"草根"、"刚性"与"柔性"的共生互补；在课程评价上实现数据智能与生命之美的共生互惠。

【关键词】第四次工业革命；后现代；课程理念；调适；课程改革；启示

当下我国的教育现代化进程正在如火如荼地进行，我国的课程改革主要采用的是现代化的逻辑和思维。我国课程的发展高度和改革深度，绝大部分依赖于我们课程专家和一线教师的课程理念。课程发展还要放眼全球，具备一定的前瞻性和未来性的思想，单单依靠现代化的逻辑和思维难以切实满足当下教育高质量发展的实际诉求，难以有效应对复杂多变的教育情境。因此，教师以一定的后现代课程理念指引课程实践以弥补课程现代化的不足显得很有必要和意义。

以人工智能为代表的第四次工业革命，在给全球的教育带来颠覆性变革的同时，也给后现代课程理念带来了一定的改变。我们的课程发展和改革要取得突破和超越，就必须对第四次工业革命背景下教师后现代课程理念的调适有一定的敏锐度、判断力和洞察力。

一、时代与反思：第四次工业革命背景下教师后现代课程理念的"变"与"不变"

未来已来，教育正处于以人工智能为代表的第四次工业革命的时代机遇与挑战之中。第四次工业革命的概念最早来源于 2013 年 4 月德国汉诺威工业博览会提出的"工业 4.0"。克劳斯·施瓦布（Klaus Schwab）教授在 2016 年撰写著作《第四次工业革命》，对第四次工业革命的概念进行了系统的阐述。施瓦布教授认为，第四次工业革命是一场深刻的系统性变革[1]。这场变革规模大、范围广，创新和颠覆更为迅速和激烈，不同学科和发现成果之间的协同与整合变得更为普遍[2]。世界经济论坛在第 46 届年度报告《工作的未来》中指出，第四次工业革命将导致未来近八成的程式性、重复性、机械性的工作岗位被人工智能机器人所取代，有六成的小学生在未来将从事全新的职业。美国教育家约翰·杜威（John Dewey）曾经说过："如果我们还用昨天的方式教育今天的孩子，那等于抹杀孩子的未来。"教育要培养现在的人去适应未来的社会，教育自身必须要紧跟时代潮流，具有敏锐的觉察力和判断力，提前做好相应的准备。世界经济论坛（WEF）在 2017 年发布的白皮书《在第四次工业革命中实现人类的潜力》中指出教育与教师在实现和促进 21 世纪人类潜能的重要地位[3]。因此，教育要变，教师要变，课程理念要变。

但是，课程理念即使要变，也不可能全部推倒重来，要建立在被历史检验和证明的精华和智慧之上。近二三十年，教师主要受后现代课程理念的影响，这就决定了必须要处理好第四次工业革命背景下后现代为主体的课程理念的"变"与"不变"的问题。以后现代课程理念的"变"与"不变"为重要切入点，更能准确把握新时代课程理念的转向。

　　第四次工业革命背景下教师应如何正确理解和把握后现代课程理念"变"与"不变"的关系？第一，坚持对传统后现代课程理念的理性认知。教师首先要深知传统后现代课程理念并不是万能钥匙，它并不能解决所有的教育问题；其次要认识到传统后现代课程理念本身具有一些局限性和副作用。教师要避免陷入某种极端，既不要照搬照抄和全盘吸收的拿来主义，也不要盲目批判和全盘否定，辩证性地取其精华是每位教师应有的智慧。第二，坚持对后现代课程理念的正确发展观。后现代课程理念并不是静止不变、停滞不前的，是不断进行修正、调适、创新和发展的，体现的是不断量变、螺旋上升的过程。任何类似于"后现代课程观只在那里"的观念都是片面的。不同时期教师的后现代课程理念的表现在大同基础上都存在小的侧重和差异。第三，正确把握新时代后现代课程理念与传统后现代课程理念的关系。两者体现的是共性与个性、继承与创新的关系。共性是传统后现代课程理念被历史证明的精华部分，个性是不同时代下新的内涵和调适。共性是内核，具有稳定性，需要继承和坚守；个性是衍生，具有嬗变性，需要变革和创新。第四，善于发现第四次工业革命背景下后现代课程理念内蕴的时代价值。第四次工业革命的出现，必然推动教师的后现代课程理念在新时代出现"新常态"，彰显出"新气质"。调适将帮助教师坚持终身学习的理念，更好地实现专业发展，致力于以信息素养为代表的综合素质提升，更敏锐地觉察时代的发展契机，把握时代的发展脉络，找准时代的发展定位，立于当下，着眼未来，造就时代新人。

二、发展与调适：第四次工业革命背景下教师后现代课程理念的"新气质"

　　第四次工业革命背景下教师后现代课程理念在"变"的调适方面，主要表现为由"跑的过程"到"飞的过程"、由自组织到自组织加自适应的过程、由体现"平等者的首席"（first among equals）到"我—你"的引导者的过程、由倡导对话到倡导共享和共生的过程、由强调情境到强调智能和虚拟的过程。

（一）"跑的过程"到"飞的过程"

传统的教师后现代课程理念将课程理解为"跑的过程"。对"课程"进行词源分析，该词主要起源于拉丁语 currere，其本义具有"跑道"的意思。小威廉·E. 多尔（William E. Doll）等学者对课程的内涵做了富有创造意义的重新解读，深刻地影响了后来课程的发展趋势。多尔认为，"跑道"之意并没有完全阐释课程的本质和精髓。与其说"跑道"，不如将课程理解为"在跑道上跑的过程"。第一，"在跑道上跑的过程"是动态的，是不断生成的。第二，"在跑道上跑的过程"丰富了学生在课程学习之中的体验。第三，"在跑道上跑的过程"注重学生的自由空间和选择机会。第四，"在跑道上跑的过程"强化了课程内容与课程过程的相互联结。第五，"在跑道上跑的过程"是充满不确定性的，是富于变化的。第六，"在跑道上跑的过程"更加突出学生参与探寻知识的过程。[4]第四次工业革命背景下，教师后现代课程理念更倾向于将课程理解为"飞的过程"。第四次工业革命背景下，技术创新与应用扩散的速度非常快，以人工智能为主力的教育变革为课程发展注入了更为广阔的智慧空间和更为凝聚的内驱力，从而为实现课程的"腾飞"创造了良好的条件。课程作为"在通道上飞的过程"，是对"在跑道上跑的过程"的再一次超越和升级，是新时代下对课程内涵的再一次与时俱进的解读。"在通道上飞的过程"相对于"在跑道上跑的过程"而言，多了上下两个维度和更多选择的方向。这意味着学生在课程的学习过程中获得的视野会更加广阔，选择的空间会更加广泛，感触的收获会更加深刻。

"在通道上飞的过程"对于课程本身的意义是多层次和全方位的，具体表现在以下几个方面：第一，课程的目标更加具有弹性；第二，课程的实施更具有可操作性；第三，课程的选择更加具有灵活性；第四，课程的内容更加具有包容性；第五，课程的过程更加充满不确定性。第六，课程的评价更加具有多元性。"在通道上飞的过程"将更加适应新时代学生的实际需要，符合第四次工业革命对课程提出的时代要求，体现了人们对于课程观和教育观的理念更新。"在通道上飞的过程"使课程更富于想象，更具浪漫色彩，使课程呈现出充满生机与活力的生命样态。

（二）自组织到自组织加自适应

传统的教师后现代课程理念将课程作为自组织的过程。自组织是 20 世纪 60 年代产生并兴起的系统理论，反映了系统从无序到有序、由低级到高级、由简单到复杂的自动化过程。基于自组织理论、耗散结构理论、复杂系统理论等思想，我们可以构建"旨在意义创造的课程模体"[5]。自组织行为产生的前提是"混沌"和"扰动"，促使系统进行自我完善。多尔认为，课程要建立起自组织系统，其内部必须形成耗散结构，使其具备开放性、非平衡状态、差异的多要素构成等特质；开放是课程系统走向自组织的重要前提，是课程与师生及外部环境进行信息交互和能量交换的重要保证；非平衡是课程系统走向自组织的基本动力，"在远离平衡态的地方，一些新型的结构可能自发地出现。在远离平衡的条件下，我们可能得到从无序、混沌到有序的转变"[6]。差异的多要素是课程系统走向自组织的必然情态，是课程内部各要素非线性相互作用的灵活构成和高度协调。课程借助于耗散结构，在内在机制的驱动下，不断提升课程系统的精凋度。教师要提供富有挑战性、争议性的策略，以促使课程当中自组织的进行[7]。教师需要创造开放的、丰富的、包容的课程整体环境，从而营造师生相互合作、共同探索的课程氛围，共同解读课程的知识文本，使课程能够顺利实现自我升级。

第四次工业革命进一步推动了知识大爆炸的膨胀，学生对知识的灵活吸收、自我建构和创新发散的能力显得尤为重要。在这样的背景下，教师后现代课程理念倾向于将课程作为在自组织基础上加自适应的过程。美国学者彼得·布鲁西洛夫斯基（Peter Brusilovsky）提出了在课程中进行自适应学习的想法，认为自适应是根据学生在课程学习过程中生成的数据建立学生模型，从而实现有差异的个性化学习。自适应主要由两大关键技术构成，即以媒介技术和在线学习为代表的学习信息技术、以大数据和人工智能为代表的智能自适应技术[8]。课程中的自适应学习基于智能科技的支持，基于不同学生的需要和表现，不断收集和分析学习数据，及时地调整学习材料和知识资源，帮助学生实现查漏补缺和优化学习路径。学生在课程学习过程中可以借助自适应学习系统自己组织、制订、执行、调整学习方案和计划，对自己的学习过程负责。教师更多地扮演"军师"和引导者的角色，主要负责课程学习目标的规划和调整、学习过程的答疑解惑、学习数据的深度分析、学习资源的组织和分配，以及学习环境的创设和维护等。自适应营造了一种"可以自我调节的指导性课程模式"[9]，使得学生对课程的学习变得自主化、个性化、灵活化、趣味化。

自适应在未来的课程中具有巨大的发展空间，以自适应为代表的新时代后现代主义课程理念将更加重视和致力于学生在课程中的学习体验，强调学习自信心、学习进步的满足感、高效学习习惯的获得。自适应与自组织相比，实施主体和主动权由教师转向学生，回到课程的初心和原点，实现了解放学生、解放教师、解放课程，焕发课程的生机和活力。自组织和自适应是后现代课程理念在不同时期所注重的两个方向，前者基于课程系统变化，后者落脚于学生的生命成长。两者既一脉相承又相辅相成，在营造开放和多元的课程系统的同时注重学生的自主选择和调整，既满足于课程系统协调有序又立足于人的赋权赋能，最终催生新时代下课程"新常态"发展的内生力和适切性，同时又顺利实现人的全面发展、素养提升、价值升华。因此，新时代的后现代主义课程理念将强调自组织和自适应的"联姻"，突出"自组织＋自适应"的有机结合，彰显自组织与自适应的共生互补。

（三）体现"平等者的首席"到"我—你"的引导者

传统的教师后现代主义课程理念将课程中教师的角色理解为"平等者的首席"。多尔等对课程中传统的权威型、垄断型、控制型的师生关系进行了批判，认为这种关系会导致课程中的霸权现象，无视学生的个性需要，对学生的地位和潜能形成压制，对学生的独立和自主进行排斥。学生在这种畸形的强压之下简单敷衍地做一些配合教师单向"表演"的工作，自动退居课程的边缘地带，进行某种无声的"软抵抗"。在新的课程理念中，多尔对课程中教师的角色进行了重新的定位，对课程中教师的内涵进行了重新解读，将课程中的教师理解为"平等者的首席"[10]。"平等者的首席"首先是师生双方在主体和地位上的平等。学生不必接受教师的权威，可以去进行质疑和批判。教师与学生之间是建立在相互理解和相互包容基础上的平等关系。"平等者的首席"其次是教师与学生共同探究、共同合作、共同进步的过程。这个过程既是对教师权威进行解构的过程，也是师生共同参与知识文化建构的过程。"平等者的首席"再次是发挥教师引领者而非专制者的"首席"功能。"首席"不是掌握话语权力的人，而是创造对话和理解的条件和氛围的人，是信息的协调者、平等对话的组织者和促进者[11]。第四次工业革命背景下教师后现代课程理念倾向于将课程中教师的角色理解为"我—你"的引导者。马丁·布伯（Martin Buber）认为，个体同世界上各种存在物以两种方式发生关系，分别是"我—它"的关系与"我—你"的关系；前者一般是利用和控制的关系，后者一般是民主与协调的关系；"我—你"的关系理应成为新时代课程之中教师与学生之间真正的基本关系[12]。第一，"我—你"的关系是教师与学生个体之间的相遇，彼此之间的相识，生命之间的相知。第二，"我—你"的关系被描述为课程之中教师与学生之间相互对话和包容的现实，以及师生之间相互创造空间和激发潜质的现实。第三，"我—你"的关系体现的是教师与学生之间伙伴式与朋友式的情感关系和互助式与互惠式的共生关系。

　　未来教育将进入教师与人工智能协作共存的时代，这就决定了教师的角色必须从知识的"搬运工"转变成学生成长的引领者。"引领者"主要体现在以下四个方面：第一，知识技能和综合素养的引领者；第二，伦理道德与价值理念的引领者；第三，人生哲学和生命灵魂的引领者；第四，人机协同与未来智慧的引领者。教师始终在课程与教育之中扮演着重要的角色，做好"我—你"的引导者，主动构建课程中理想的新型师生关系，是第四次工业革命背景下教师后现代课程理念的必然调适之"道"。

（四）倡导对话到倡导共享和共生

　　传统的教师后现代主义课程理念强调对话的重要性。我们处于对话的时代，对话愈发成为日常生活和解决问题的基本方式和理想策略。在历史的潮汐中，孔子的"不愤不启，不悱不发"和苏格拉底的"产婆术"都是对话的典范。保罗·弗莱雷（Paulo Freire）曾经说过："没有了对话，就没有了交流；没有了交流，就没有了真正的教育。"[13] 克林伯格（Klingberg）认为，课程中彼此对话的常态化是优秀课程的"本质性标识"，课程中理应具备对话的性格 [14]。后现代主义课程理念极为推崇课程中对话的存在。第一，教师与学生之间的对话。多尔认为，教师与学生之间的对话是课程实施过程最好的办法，对话的过程就是课程实施的过程 [15]。对话是教师与学生通过言语交流、经验分享、情感参与共同探索未知领域的过程。第二，教师与教师之间的对话。教师的积极自主反思、专业发展、生命成长还需借助教师与教师之间的对话。第三，师生与文本之间的对话。教学主体与课程文本在对话过程中形成对知识的理解和建构，完成对知识的创造和超越，生成对知识的扩展和升华。对话的过程意味着权威的消解、中心主义的反对，意味着课程中的民主和平等。对话能够引发课程中思想的碰撞，激起思维的扩展，点燃创新的火花，指向更深邃、更新颖、更具启发性的世界，给课程带来无限的可能性。

第四次工业革命背景下教师后现代课程理念强调在对话基础上共享的重要性。共享即共同分享，与他人一起使用和分享之意。"共享"一词最早出自春秋时期齐景公之口："相国政务烦劳，今寡人有酒醴之味，金石之声，不敢独乐，愿与相国共享。"共享是历史悠久且始终伴随人类社会的行为。在当下共享经济的时代，更加彰显共享的价值与必要性。在课程之中，共享意味着教育个体能够真正做到心灵敞开、精神交融、灵魂接纳，引导其进行深入的沟通和合作，建立起彼此理解、尊重、信任的情感，有利于实现课程中资源合理配置、充分利用、持续发展，彰显课程中的人文情怀和公平正义。共享能使课程真正变成"一棵树摇动另一棵树，一朵云推动另一朵云，一个灵魂唤醒另一个灵魂"的过程，不断地启迪和激发师生在课程教学中的机智和智慧。

第四次工业革命背景下教师后现代课程理念强调在对话基础上共生的重要性。共生是共同生成和共同生长。共生强调自我与他者和谐共存、相互依存、相互联结的关系。共生旨在"接纳异者、相互碰撞、相互共容，在共同生长中形成一个互利、平衡、发展的整体"。[16] 共生对于课程的价值主要体现在：第一，共生是课程的存在方式；第二，共生是课程的发展逻辑；第三，共生是课程文化的底蕴刻画；第四，共生是课程之美的重要表达；第五，共生是课程"和"的价值追求；第六，共生是课程"容"的灵动赋予。第四次工业革命背景下教师课程理念具有共生的内在发展需求，旨在于课程中打破学科界限与偏见障碍，确立深度信任的关系，找到共同的情感归依，建立异质共存、互惠共赢的应然课程生态域。

（五）强调情境到强调智能和虚拟

传统的教师后现代课程理念强调课程的情境性。杜威认为情境是与人的经验相联系的"日常生活"，是对人有直接刺激意义的"具体环境"[17]。情境在教育世界中一直有特殊的地位。知识通过情境，能够容易被学生理解和掌握；课程通过情境，能够拉近与生活的距离与联系；教育通过情境，能够建立与生命的互动与桥梁。传统的后现代主义课程理念注重寻求情境的教育意义。第一，通过情境提升学生在课程中对知识的内化吸收力和活化运用力。第二，通过情境提升师生在课程中对感情的投入和感官的调动。第三，通过情境提升师生在课程中心灵的触碰和灵魂的升华。第四，通过情境提升师生在课程中的想象力和创造力。通过情境，师生的所获、所得、所感、所悟将是印象深刻和终生难忘的，是获益匪浅和铭记于心的，是伴随成长和受益终身的。

第四次工业革命背景下教师后现代课程理念强调课程的智能性。人工智能对课程的强势影响几乎已无法避免，主要体现在六个方面。第一，课程的范式发生变化：由技术型范式、实用型范式到智慧型范式、混融型范式。第二，课程的目标发生变化：自动化与科学化。第三，课程的价值发生变化：人性化与个性化。第四，课程的内容发生变化：丰富化和碎片化。第五，课程的实施发生变化：生成化和结构化。第六，课程的评价发生变化：精准化和同步化。人工智能背景下面向生命 3.0 的教师，必定是"能够主动掌控机器和技术，把有形的物质化技术能量转化为生命成长的正能量和内生力，能够在智能的无形之物、机器的有形之物和自身的生命成长之间建立起有机关联、多向转化的共生关系"。[18]

第四次工业革命背景下教师后现代课程理念强调课程的虚拟性。虚拟现实有桌面式、沉浸式、分布式三种形式，体现了沉浸性、交互性、想象性三大基本特征 [19]。虚拟现实对课程的价值主要表现在四个方面。第一，创设虚拟情境。虚拟情境能够超越时空和人体的局限，在课程中可以展现肉眼看不到的、现实不存在的、抽象复杂的概念和场景。第二，课程内容呈现的形象化、逼真化、立体化。虚拟现实可以呈现以往平面教学和现实情境难以展示的部分，实现人与课程的深入交融。第三，学习效果显著。虚拟现实能加强学生对相关课程知识点的深入理解和掌握，获得更多实践探索和锻炼练习的机会，实现对知识的"实际触碰"。第四，调动学生情绪。虚拟现实最重要的是沉浸感的获得，使学生在惊叹、震撼、好奇的同时保持着对学习的兴趣和热情，有助于实现深度学习。"虚拟现实＋课程"将有助于师生各自在课程中找到个体意义，使得课程主体各个角色焕发出生命之美。

三、启示与借鉴：第四次工业革命背景下我国的课程改革发展方向

第四次工业革命背景下我国的课程改革该何去何从？基于教师后现代课程理念"不变"的坚守和"变"的调适分析，我们发现对于课程改革具有以下方面的启示：在课程理解上实现主观性与客观性的共生调和；在课程实施上实现"穿新鞋"与"走新路"的共生共进；在课程管理上实现"行政"与"草根"、"刚性"与"柔性"的共生互补；在课程评价上实现数据智能与生命之美的共生互惠。

（一）课程理解：主观性与客观性的共生调和

回顾我国改革开放以来课程改革的 40 多年，对于课程的理解存在着些许分歧和争议。最具代表性的则是王策三和钟启泉等学者基于两种知识观所探讨的课程知识的主观性与客观性的关系。王策三认为课程改革以传授现成知识和间接经验为主，传授前人积累和人类整体层面的知识，个人的

发展则是不断内化和积淀的过程。课程的本质是以传授现有知识为重要手段促进学生发展的过程，学校教育以传授现有知识为基本功能[20]。王策三反对在课程改革中盲目追求素质教育进行知识建构而轻视知识传授的做法，这体现的是以客观性为主的课程理解观。钟启泉针对王策三的相关论点进行了反驳，认为课程知识是主观性和客观性的统一，强调知识是需要主动建构而不是被动灌输的，知识是通过与周围环境的互动中动态生成的。钟启泉认为，实践知识与现成知识是相互联系的，在当下实践知识的价值有时会比现有知识更重要。钟启泉对课程知识的理解体现的是以主观性为主的课程理解观。

传统的教师后现代课程理念对知识的建构是极为推崇的，强调灵活性、批判性和创新性。第四次工业革命背景下应该如何理解课程知识的主观性与客观性的问题？第一，课程知识的主观性和客观性在终极意义上是统一的。知识的意义终究是人的意义。课程知识的主观性和客观性都是为了满足学生的发展需要，实现学生的生命成长。第二，课程知识的主观性和客观性的地位是平等的。课程知识不纠结于间接经验和直接经验谁的地位和比例更重，而是要关注直接经验和间接经验如何在实际需要和具体情况下相互灵活搭配。第三，课程知识的主观性和客观性并非非此即彼。传统后现代主义课程理念对知识权威起到一定的冲击和瓦解作用，但并不是彻底地消灭和否定它。课程知识的主观性和客观性并不是完全对立的，而是在局部摩擦中实现和谐共生。第四，课程知识的主观性和客观性的共生调和。新时代教师的后现代主义课程理念更加体现包容性、多元性的价值追求，寻求主观性与客观性的调和，达成两者的共生共息与和谐交融的生态意境。第五，课程知识的主观性和客观性的对话交融。书本知识与实践知识是有机联系的，是可以进行对话的。新时代后现代主义课程理念对创新、灵活、批判的强调并不意味着轻视人类积累的科学文化知识的传承，对理性、权威、线性的消解并不意味着对书本知识和科学世界的刻意"隔离"。教师在课程理解上既要避免对主观性的盲目崇拜，也要规避对客观性的无视否定。

（二）课程实施：“穿新鞋”与“走新路”的共生共进

纵观新世纪我国基础教育课程改革的 20 多年，“穿新鞋，走老路”的现象受到诟病。其原因主要体现在两个方面：第一是某些专家和领导对教育规律、教育实际和教育实践认识不足，采取大刀阔斧、简单粗暴、疾风暴雨式的改革推进，力度之强势，使广大学校和教师无法适从和无比迷茫；第二是某些学校和教师意识欠缺、能力不足、消极对待，采取所谓的“上有政策，下有对策”和“你改你的，我做我的”这类做法，使课程改革流于形式化和表面化，变成一场作秀和表演。专家与教师的脱节、上层与基层的脱节、理论与实践的脱节、当下与时代的脱节、梦想与现实的脱节似乎是课程改革众多问题与困境的“罪魁祸首”。但是，“穿新鞋，走老路”的现象也不乏肯定之声和辩护之音，主要体现在：第一，“穿新鞋，走老路”的现象是教育改革规律的体现，是新课改由“浅水区”到“深水区”乃至“新常态”必然经历之痛楚，这种痛楚并非是中国特色和教育独有的 [21]；第二，“穿新鞋，走老路”的现象是“广大师生对一些偏激、片面的所谓‘新课改理念’的自发纠偏，是学校教育的基本规律在实践中发挥积极作用的体现。” [22]

第四次工业革命背景下应该如何把握课程改革的“鞋”与“路”的问题？第一，“新鞋”未必好，“旧路”未必坏，关键是适合。第二，取其精华，去其糟粕，是选择“鞋”与“路”的根本原则。第三，未来已来，时代在变。我们要努力穿“新鞋”，但不随便扔“旧鞋”。我们要努力走“新路”，并不是所有的“旧路”都不走。第四，实现“穿新鞋”与“走新路”的共生共进。第四次工业革命背景下，课程改革需要穿哪些“新鞋”？人工智能、大数据、云计算、物联网、区块链、“互联网 +”、第五代移动通信技术、虚拟现实、脑科学、教育神经科学……第四次工业革命背景下，课程改革需要走哪些“新路”？移动学习、泛在学习、群智学习、自适应学习、个性化学习、混融式学习、翻转课堂、对分课堂、智慧课堂、慕课、微课……“穿新鞋，走老路”的现象是我国课程改革必然要经历的规律和考验，通过顶层设计和底层关怀的兼顾、理论引领和实践探索的结合、自上而下的推动和自下而上的联动，使我国课程改革在"鞋"与"路"的选择上既做到理性又做到灵活，既要脚踏实地和循序渐进，又要生动活泼和勇往直前。在教育现代化 2.0 和第四次工业革命的巨大时代浪潮之下，尤其是在人工智能对教育的颠覆性革新之下，我国课程改革不可能沉浸在"旧鞋"与"旧路"的点滴优势和历史精华之中而故步自封、停滞不前，忘记对"新鞋"和"新路"的追求。

（三）课程管理："刚性"与"柔性"的共生互补

新中国成立以来，我国的课程管理理念大致经历了三个发展阶段，即中央统一管理阶段、放权管理阶段、民主协同管理阶段。新中国成立初期，我国的课程受国家统一安排和管理，其特点是课程权力的高度集中，方式为科层制度下的上传下达，进行统一化、行政化、规范化的管理，主要为了满足政治需要，体现国家意志、建立系统秩序。改革开放后，在国外课程管理的经验和模式的影响和对其的借鉴之下，课程管理逐渐由统一管理向放权管理转变。放权管理在一定程度上减少了统一管理的单一、强制、刻板、封闭带来的弊端，增加了地方上的灵活性和适应性。放权管理阶段以国家、地方、学校的三级课程管理为代表，目的是增加地方和学校在课程管理的角色和权力，激发课程管理的弹性和活力。课程权力的再分配是三级课程管理的实质所在，是对国家、地方、学校三个管理主体关系的协调和共容[23]。当下，课程管理理念在新时代步入新的发展阶段，即民主协同管理阶段。民主协同管理强调管理主体的多元化，强调管理过程的协同化，强调管理场域的民主化。第一，在管理主体方面追求教师、学生、家长、社区、社会团体等的参与，增加社会群体的说话分量，激发他们的积极性，从而充分挖掘各方的力量和潜能。第二，在管理过程方面强调在规范的前提下寻求对话和合作，改善权力关系，提升课程管理的空间和张力。第三，在管理场域方面打造课程管理共同体，实现不同课程管理主体的共生互补，发挥整体大于部分的功能，彰显民主优势从而提升管理的效能，在集权和放权之间找到一种平衡和谐的状态。

第四次工业革命背景下课程管理应努力实现"行政"与"草根"、"刚性"与"柔性"的共生互补。第一，充分吸收和借鉴后现代课程管理理念。后现代课程管理理念重视管理主体的多元参与，从而走向权力分享。后现代课程管理理念反对课程管理过于统一化、标准化、权威化、控制化，认为强制的管理模式缺乏双向交流，必然导致对地方、学校和对教师、学生的适切性的脱离、联动性的匮乏、策略性的失效、人文性的无视。课程领导和管理制度带来的层级僵化、部门独立、边界割据，使得合作共享的管理文化始终难以形成 [24]。后现代课程管理理念认为应该尽可能避免中央集权和学科专家的过度推崇所形成的"知识霸权"和"管理霸权"，使得课程管理远离了生活、告别了创造、埋没了生机。多尔认为，控制作为一种外在强制性力量，成为"课程中的幽灵"[25]。这种课程管理上的"幽灵"无视鲜活的教育教学实践，无视学校生活的具体实际，无视学生身心发展的内在需要，只能造成课程的刻板、划一，毫无张力与弹性，挫伤教师对课程创造性开发的热情，遏制学生个性的全面发展 [26]。第二，增加"草根型"课程管理的角色和地位。"草根型"课程管理是一种自下而上的、以少数带多数、实践生成理论的模式 [27]，以"新基础教育""新教育实验"等相关的课程管理思想为代表。观析我国课程改革提倡的三级课程管理，层级系统与外部文化、层级之间、层级内部依旧存在"矛盾膨出"，存在层级壁垒造成的沟通隔阂、情怀缺失、权力错位等 [28]。增加"草根型"课程管理的角色和地位丰富了新时代我国课程管理的弹性空间和张力活力，体现了管理权力的民主共担和合作共享，刻画了课程管理的艺术神韵和底蕴风格。第三，重点发挥以教师为主体的多方"柔性"管理力量。第四次工业革命背景下课程管理理念要以校本课程为依托，激发教师等管理主体的意识自觉和创造能力；以社区课程为中介，扩大社会力量的管理参与，突出多方自组织的交互交融；以生命课程为旨归，彰显人的价值关怀和生命自觉，为师生赋权增能，实现课程管理的协同和创生。

（四）课程评价：数据智能与生命之美的共生互惠

课程评价是改革开放以来从国外引进的新概念。改革开放以来的40多年，我国的课程评价经历了借鉴期、调整期、创新期三个阶段。在20世纪

80 年代我国的课程评价处于初步摸索的阶段，主要表现为概念引进、经验借鉴、理论梳理、模式复制和考试导向。新世纪前后，我国的课程评价进入与本土实际相适应、与素质教育相结合的调整发展阶段。此阶段采用多层次、多维度、多主体的开放式课程评价，对评价模式做了许多本土化的调整，比如冯生尧对 CIPP 课程评价[1] 模式进行了新的修订[29]，等等。第四次工业革命背景下，我国的课程评价进入创新发展的新阶段，主要表现为寻求数据智能与生命之美的共生互惠。

新时代课程评价理念寻求数据智能与生命之美的共生互惠能够有效解决以往课程评价主体缺乏、对象窄化、方法单一、针对不够、深度不足等问题，彰显后现代课程评价理念重视评价主体的多元、评价方式的差异、评价标准的张力和评价过程的灵活。基于大数据的课程评价充分根据"数据全生命周期管理"的理念，体现课程评价的全面性、全员性、全域性、全程性、全息性等特征，从数据的生成和收集，到存储和管理，再到分析和计算，最后到呈现和分享，构建出每一位评价对象完整而深刻的"数字画像"。对学生而言，不仅可以准确评估学生在课程学习中表现出的综合素质，比如创造力、内生力、反思力等，更能揭示学生在课程学习过程中的内隐特征，比如学习压力、学习特质、学习习惯等，从而有效促进学生核心素养的铸造和提升。人工智能通过智能诊断系统、自适应评价系统、自动阅卷系统、批改作业系统等技术的拓展[30]，对课程产生的所有数据进行自动化动态捕捉提取和精确化深度挖掘分析，有利于课程评价建立自我反馈、自我调控、自我完善的生态系统。人工智能通过图像识别系统、语音识别系统、文字识别系统、表情分析系统等[31]进行即时性自动测评，记录、跟踪、分析和诊断学生的学习全过程，及时发现课堂存在的问题和学生存在的薄弱环节。最后，基于人性关怀坚守和生命发展意义的个性化评价能够使评价对象认识自我、欣赏自我、引导自我，从心灵深处迸发自我发展的冲动，激发自我发展的潜能，展现人的生命活力，体悟人的生命意

---

1 CIPP 课程评价，即背景评价（context evaluation）、输入评价（input evaluation）、过程评价（process evaluation）和成果评价（product evaluation）。

义，实现人的生命成长，从而体现课程评价的生命之美。

（本文系江苏省“十四五”教育科研发展规划 2023 年度高校青年课题“智能时代面向高质量发展的审美化教学研究”的研究成果。）

参考文献

[1] [2] 施瓦布．第四次工业革命：转型的力量 [M]．李婧，译．北京：中信出版社，2016：6-8．

[3] 宋萑，徐淼．第四次工业革命背景下未来教育与教师专业化再构 [J]．教师发展研究，2018，2（04）：43-50．

[4] [5] [10] [15] 多尔．后现代课程观 [M]．王红宇，译．北京：教育科学出版社，2000：195，238．

[6] 普里戈金，斯唐热．从混沌到有序：人与自然的新对话 [M]．曾庆宏，沈小峰，译．上海：上海译文出版社，1987：46．

[7] [14] 谢登斌．后现代主义课程范式聚焦 [M]．北京：学苑出版社，2003：123，227．

[8] [9] 李韧．自组织学习：人工智能时代的教育革命 [M]．北京：清华大学出版社，2019：144，57．

[11] 周进．由“权威”到“平等者中的首席”——多尔的后现代教师观探析 [J]．当代教育论坛，2006，（15）：131-132．

[12] 布伯．我与你 [M]．陈维刚，译．北京：生活・读书・新知三联书店，2002：7，55．

[13] 弗莱雷．被压迫者的教育 [M]．顾建新，等译．上海：华东师范大学出版社，2001：41．

[16] 孙杰远．论自然与人文共生教育 [J]．教育研究，2010，31（12）：51-55．

[17] 杜威．思维与教学 [M]．孟宪承，俞庆棠，译．上海：华东师范大学出版社，2010：53．

[18] 李政涛，罗艺．智能时代的生命进化及其教育 [J]．教育研究，2019，40（11）：39-58．

[19] 高媛，刘德建，黄真真，等．虚拟现实技术促进学习的核心要素及其挑战 [J]．电化教育研究，2016，37（10）：77-87，103．

[20] 龙安邦，范蔚．试论课程改革的理论基础——兼论我国十年新课改的理论基础及其论争 [J]．河北师范大学学报（教育科学版），2012，14（04）：21-26．

[21] 朱文辉．新课程改革：从“深水区”到“新常态”——由“穿新鞋走老路”引发的思考 [J]．教育发展研究，2016，36（02）：19-23．

[22] 郭华．新课改与“穿新鞋走老路”[J]．课程・教材・教法，2010，（01）：3-11．

[23] 黄忠敬．课程政策 [M]．上海：上海教育出版社，2010：166．

[24] [28] 李娜，陈旭远．我国课程领导层级的矛盾冲突、归因分析与解决对策 [J]．教育理论与实践，2019，39（14）：47-49．

[25] [27] 靳玉乐，于泽元. 后现代主义课程理论 [M]. 北京：人民教育出版社，2005：297-298.

[26] 李庆明. 走向分权的课程决策 [J]. 江苏教育学院学报（社会科学版），2001，（03）：1-5.

[29] 冯生尧. 课程评价含义辨析 [J]. 课程·教材·教法，2007，（12）：3.

[30] [31] 于泽元，尹合栋. 人工智能所带来的课程新视野与新挑战 [J]. 课程·教材·教法，2019，39（02）：27-36.

作者简介

文建章： 南京师范大学教育科学学院博士后。研究方向为课程与教学论、成人教育。

美育的向度：基于艺术测评选拔机制的中外艺术课程对比分析

刘仕奇　中国人民大学附属中学

【摘要】本文立足中、美、英三国艺术教育的对比分析，研究教学改革中不断优化的人才选拔标准，为创办一流艺术教育提供横向坐标参考和理论借鉴。文章首先梳理了目前国内外高等艺术院校选拔机制的现状和发展趋势；其次深入探讨美国高中艺术与设计课程 AP Art & Design 和英国高中艺术课程 A-level Art & Design 的评价系统以及我国新课程改革方案中提出的培养学生艺术核心素养和核心竞争力的评价依据；最后总结分析基于选拔机制测评的艺术课程的教育方式和课程理念。

【关键词】发展历程；改革；国际艺术课程；测评机制

党的二十大报告首次把教育、科技、人才一体部署，充分体现了对教育事业的高度重视和教育在中国式现代化中的重要地位。教育工作者要紧紧围绕服务全面建设社会主义现代化国家、全面推进中华民族伟大复兴，深刻理解基础教育的重要战略作用和崇高历史使命。党的二十大报告提出，要加快建设教育强国，办好人民满意的教育，加快建设高质量教育体系，发展素质教育，促进教育公平。为此，深化教育领域综合改革，完善学校管理和教育评价体系，横向对比同时期中外艺术教育的课程构建与评价机制，着力分析不同教育体系下培养艺术核心素养的教育教学理念，对推动我国新时代艺术教育高质量发展具有进步意义。中共中央办公厅、国务院办公厅印发的《关于全面加强和改进新时代学校美育工作的意见》提出，以提高学生审美和人文素养为目标，把美育纳入各级各类学校人才培养全过程，贯穿学校教育各学段；全面深化学校美育综合改革，加强各学科有机融合，整合美育资源，强化实践体验，完善评价机制，形成充满活力、多方协作、开放高效的学校美育新格局；到 2035 年，基本形成全覆盖、多样化、高质量的具有中国特色的现代化学校美育体系 [1]。

一、艺术教育的发展历程与面临的挑战

随着时代的剧变，我国教育改革的步伐正不断加速。2020 年 11 月，由教育部新文科建设工作组主办的新文科建设工作会议在山东大学威海校区召开，时任教育部高等教育司司长吴岩（现教育部副部长）作题为"积势蓄势谋势，识变应变求变——全面推进新文科建设"的主题报告。报告深入解读了新文科建设工作的时代背景、历史机遇及具体布局，突出强调了全球面临的"百年未有之大变局"，提出中国高等教育人才培养模式必须进行一次重大变革，必须从相对单一向更加合理、类型齐全、体系完备的方向转型，并在世界舞台、国际坐标和全球格局中谋划发展与改革，参与竞争与治理，以应对世界的不断变化 [2]。

（一）中国艺术院校招生考试制度演进

1977 年，高考制度恢复，艺术选拔在这一年也同步进行，此时艺术专业分属在文科之下，参与考试的学生不需要通过数学科目的考试。随后的第二年，我国的艺术高考选拔模式基本确立，以素描、色彩和创作等考查专业能力的考试机制逐渐完善，正式进入了长达 30 多年的艺术测评进程。20 世纪 80 年代初，以培训美术专业技能的画室机构登上历史舞台，与选拔机制相匹配的技术型训练教育模式应运而生。之前的美术训练主要依靠学生在高中的美术课程和青少年艺术宫的训练。1984 年教育部公布新政策，艺术专业的高考录取正式确立为高考文化课和专业课的同步招考模式。此后，美术高考不断升温，2006 年，参加考试的人数数倍于往年，仅山东省参与美术考试的人数就达到了 16.8 万人次。次年教育部印发《2007 年普通高等学校艺术类专业招生办法》，规定艺术类考生所报考专业若属于省统考专业范围内，考生须参加省统考。此后近十年时间，考试内容与考试形式

并无太大改变，依然保持着对素描和色彩的基本功考查。2015 年 1 月，教育部下发《关于做好 2015 年高校部分特殊类型招生工作的通知》，自此以中央美术学院为首的艺术校招考试率先调整了考试内容，推动了艺术选拔测评的多样性与不确定性的综合能力考试案例。

近年来各高校的美术校考也逐步由省市统考取代，对于艺术考生的文化成绩要求也不断提高。《教育部关于进一步加强和改进普通高等学校艺术类专业考试招生工作的指导意见》明确指出，从 2021 年开始推进相关改革工作，到 2024 年，基本建立以统一高考为基础、省级专业考试为主体，依据高考文化成绩、专业考试成绩，参考学生综合素质评价，分类考试、综合评价、多元录取的高校艺术类专业考试招生制度，基本形成促进公平、科学选才、监督有力的艺术人才选拔评价体系 [3]。

（二）当代艺术教育面临的挑战与应对

创新引领世界，艺术缔造未来，在全球化与数字化的今天，艺术所覆盖和衔接的领域充满着不确定性和开放性，如何重新定义艺术家的修养在今天是没有标准答案的，创造力的指向比以往更加关注人类共同的命运与发展，协同合作并迸发集体的创新力和凝聚力逐步构成未来趋势。

2022 年 11 月 4 日，科技之巅——《麻省理工科技评论》"十大突破性技术"二十周年主题峰会召开，聚焦生命科学、低碳能源、人工智能、数据安全、云计算、新型材料等领域，围绕前沿科技进展、学科交叉融合、未来挑战与机遇等话题，探讨未来技术发展趋势及技术的创新应用。会议在洞悉未知世界的无限可能的同时，也更直观地呈现了艺术与设计在各领域交互融合的无限可能，跨学科融合的新型合作模式不断被提及，保持和前沿科学技术同频的要求也远超以往的传统艺术教育，这不仅是对当下的艺术教育方式提出的挑战，更是对目前选拔人才的旧有评价机制提出的挑战。中央美术学院李帆教授曾说："如果说我们的前辈那一代还在讨论科技与艺术是什么，今天完全是在讨论如何应用科技和艺术的关系。艺术的现象不是简单的来源于生活、高于生活，而是与生活密不可分的，甚至跟当代的科技和未来的机遇以及意识形态都存在密切的关系。这对过去单一的这种基础训练丝毫没有反对，前辈们构建出一种从古典主义到现代主义系统的教学模式，但是这个教学模式一定不是中国艺术院校唯一的模式。"[4]

美国亚利桑那州立大学校长迈克尔·克罗在接受《三联生活周刊》采访时提出："我们需要设计新的模型来解决世界当前面临的问题。我们需要重新审视大学作为一个机构的每一个层面，将创新作为设计和操作的关键元素。"[5]传统的教学模式如同不同流水线上的传送带，每一个环节虽然相互关联却独自运转。目前所有的教学改革无论是项目式教学还是跨学科融合教学，都在试图将学科之间的联系进行拆分和重构，像运转起来的齿轮环环相扣，共同协作。这种复合型教学方式重新定义了教与学的意义，某种程度上也重新定义了艺术家或者设计师的意义。人类生存发展的核心问题，如未来发展的生态和科技的关系、城市和自然的关系、人工智能和元宇宙的发展方向等对于艺术与设计有着内在创新的驱动力，也是我们今天必须面对和思考的问题。

二、中外高等艺术院校的招生制度比较

（一）以中央美院校招考试的改革方向为例

我国高等艺术院校的录取考查方式不断更新，与以往单方面考查专业技术能力的考试不同，已逐渐侧重对学生的艺术理解、创造力、人文素养及社会关注等的多方面立体式的综合考查。考查的方向从表现语言、技法、色彩、风格及工具媒介等方面都不再设限，允许考生自主发挥。以往的应试经验不再适用于没有标准答案的开放性考试，单一的套用模板案例将难以脱颖而出。

以中央美术学院为例，自2015年以来设计学院经历教学改革，在原有的视觉传达设计、数字媒体艺术、摄影、时装设计、珠宝设计等专业基础上，新开设了艺术与科技、社会设计、生态危机设计和系统设计等专业。设计学院的招生考试从传统的设计美学转向了设计社会学，例如2015年的考试命题《棒棒糖》、2016年《转基因鱼》、2017年《鲍勃·迪伦》、2018

年《幸福指数》、2019年《个体与群体》和《我的有趣时代》、2020年《面向关系》、2021年《悖论》以及《健康和关怀》。这些主题具有强烈的时代特色，同时关联到目前社会正在发生的和人息息相关的领域，题目跨度大，更要求学生在知识储备上涉猎时事热点、社会关系、哲学、科技未来等等方面，有着相当的开放性且对材料工具的限制极少，所以作品呈现效果多种多样。这要求学生不仅要有良好的造型能力并通过图形图像的方式表现，同时在画面中要以个人的思考和理解为出发点构建作品。

中央学术学院考试科目分为两科，分别是造型基础和设计基础。造型基础考试时长为三小时，本质上是命题创作，区别于大部分院校传统的造型基础所考查的素描静物、素描人像、人物速写、色彩静物等，并没有把素描、速写和色彩能力单独拿出来考查，而是需要考生根据对题目的解读与自己的特点来选择适合的表现手法。一张画面里可能有素描、线描、色彩设计等多种绘画形式，也会看到具象写实、平面图形甚至抽象元素等各式视觉元素的组合。同样的考题下呈现着各式各样的画面效果，比起大部分本科艺术院校招生考试，中央美术学院设计造型基础的画面气质更加自由、更加作品化。

（二）美英高等艺术院校的招生录取方式

美国的大学艺术院校招生录取的方式不取决于单次的考试成绩，而是采取滚动性的申请制度。每年的11月份美国各高校陆续开放早期申请（Early Decision）通道，经过记录的复合型筛选陆续发放录取通知，到次年的3月份才基本结束常规申请（Regular Decision），除早期申请发放的录取通知以外，学生获得大学录取以后都有双向选择的机会。在艺术申请的过程中，学生需要准备作品集、推荐信、高中成绩单、申请文书、语言成绩等一系列申请材料。

例如纽约视觉艺术学院（School of Visual Arts）官方发布的2023年录取要求中，对于作品集的要求中提到，申请者需要提供15—20张作品图片，包括至少3张观察性绘画创作图片。观察性绘画不是借用网络资源和照片，而是面对客观对象直接进行绘画表现，这无疑是针对基本功的考查。

除了造型素质的展现，大学鼓励学生提交对专业领域内的作品展示，也就意味着在申请方向上需要提前规划，并在作品集中展示体现对本专业深刻理解的相关内容。同时，学校还鼓励学生创建数字艺术和计算机生成的图像，也强烈建议申请人提交一些使用传统媒体创作的作品，如绘画、版画、素描、拼贴、混合材料、雕塑等不同媒介的作品，并期望申请人在作品集中能够涵盖相应的创作手稿和过程性作品。通过大学官方给出的作品集要求，可以看出大学除了要求必要的观察性绘画以外，对于申请者的作品内容没有具体的主题和媒介限制，甚至不限定作品的门类，这意味着申请人可以尽可能地发挥个人的创造潜力。虽然录取方式看似宽泛和无标准，其实在美国本土以美国大学理事会（College Board）组织的 AP 艺术与设计考试已经构建了相对完备的课程评价体系，本土学生在提交申请的时候基本已经通过了 AP 艺术与设计考试并将成绩一并递交至大学的申请系统。

英国的高校采取了相似的录取方式，但相比美国的申请，英国大学更注重英国本土组织的 A-level 考试成绩。一般大学要求提交 3—4 门学科的 A-level 成绩，如果学生选择了艺术作为主修课程，那么这项成绩也将作为申请大学的参考依据并适用于大部分相关专业。因此，在 A-level 教学体系中没有学科之间的主副之分。在英美艺术院校及综合类大学的艺术专业录取中，艺术作品集申请权重占比非常高，与之匹配的课程体系也相对完整，学生通过学习相应的艺术课程并顺利通过考试即可完成一套独立的艺术作品集。

三、基于创意思维的国际艺术课程体系构建

目前国际上通用的三大国际高中艺术课程为英国高中艺术与设计课程（A-level Art & Design）、美国高中阶段大学预科艺术与设计课程（AP Studio Art）和国际文凭组织高中学段视觉艺术课程（IBDP Visual Art）。

（一）课程的基本介绍

A-level（全称 General Certificate of Education Advanced Level）指英国

普通中等教育证书考试高级水平课程，也是英国学生的大学入学考试课程，在其他一些国家和地区的大学申请中得到认可。A-level 艺术与设计课程是 A-level 艺术课程科目之一，其课程的架构与我国美术教育目前推进的项目式教学核心理念高度吻合。

AP（全称 Advanced Placement）指大学预科课程，始于 1955 年，由美国大学理事会主办，是在高中阶段开设的具有大学水平的课程。AP 艺术与设计课程作为实践性的艺术课程在世界范围内开设 AP 课程的学校普遍推行。

IB 课程即国际文凭组织（International Baccalaureate Organization，简称 IBO）为全球学生开设的从幼儿园到大学预科的课程，该课程体系广泛吸收了当代许多发达国家主流课程体系的优点，涵盖了其核心内容。IB 高中学段视觉艺术课程作为六大核心课程中的一项，在多年的更新和发展过程中形成了非常完整的评价体系和教学侧重，IB 的成绩也被大多数国际高校采纳和青睐。

三个国际艺术项目的课程分别对应各自的教学大纲，但课程的核心理念都是培养学生掌握复杂、抽象概念的逻辑能力，以主题性创作研究的形式开展教学，促进学生智力、创新思维与批判性思维能力的发展。A-level 和 IB 的课程学习时间为两年，分别对应我国的高二、高三年级。AP 作为以考试为导向的课程学时为一年。A-level 第一学年称为 AS 阶段，阶段学习结束后的评价方法包括自主命题和考试命题；第二学年称为 A2 阶段，阶段学习结束后的评价方法包括创作一套完整的作品集和一篇 1,500 字的论文。IB 高中学段视觉艺术课程的整个教学体系分为三个部分，即 Comparative Study、Process Portfolio 以及 Exhibition，分别针对艺术与艺术史的理论对比分析、艺术实践的材料和技术学习、艺术展览的策划统筹等三个方向进行立体式教学。在两年的学习中，学生将通过基础调研、思维导图、视觉原理、艺术家学习、材料实验、展览策划等环节，依次递进串联起整个学习过程。教师以过程性评价的方式引导学生通过研究性学习不断完善作品，学习的内容包括基础性的点、线、面研究，视觉规律的分析和运用，以及颜色、材料表达在媒体技术中的创作应用。在作品完善过程中，学生在教师的帮助下，根据自己的创作思路，同步开展"向艺术家学习"活动，不断借鉴不同时期艺术家的风格，经过视觉形式的转化逐步形成个人的创作风格。

（二）创意思维的视觉评价机制

A-level 课程的教学大纲设置了四个测评项目。

测评项目 1：过程记录。根据创作的主题，测评是否有对客观对象的观察研究、思维的发散和记录作品的发展思路、创作过程。

测评项目 2：探索实验。根据创作的内容，测评是否有选取合适的素材资源、材料、媒介，更新和修正创作作品的发展路径。

测评项目 3：作品发展。根据作品的进展，测评是否有基于对课题的深入研究、媒介的实验、艺术作品及艺术史的批判性学习。

测评项目 4：作品展示。根据作品的呈现，测评是否有对将最终作品与展示空间、观众交流的合理考量与计划。

AP 教学大纲给出的评分标准与 A-level 测评标准相似，同样包括了创作主题和问题意识、作品发展的逻辑和对主题的诠释、创作材料的实验和形式的推进以及最后对于二维、三维、绘画作品的技术表现考查。

IB 高中学段视觉艺术课程的评分项目包括五个，分别是技术的表现和作品的发展、批判性思考和作品逻辑的辩证讨论、作品创作意图的表达、作品创作内容的更新发展，以及作品的展览与艺术语言的表现。

从综合三大国际艺术课程的评价标准不难看出，三项国际课程的构建理念十分相似，即对学习者的艺术核心素养培养方向是多元的；创造性的批判精神贯穿始终，都从关注具体问题开始，由点及面层层递进。基于这样的评价方式，教师会引领学生进行开放式绘画思路探讨，以问题意识牵引学生开展课题研究，追问历史脉络、当下面貌、未来趋势以及与个人在其中的关系和作用。在这一过程中，学生要想很好地开展研究，就要进行有关地理、历史、生物、社会学科的大量阅读和实地考察，教师在这一过程中就更要为学生展开全面的阅读提供更具价值的具体资料，这也意味着教师要实时补充并更新不同领域的知识。显然，三项国际课程在课题开展之初便着力构建一个思维框架，让学生在学习过程中不断维护和丰富这一逻辑系统，将每一个学习环节同构到自己的知识体系中，形成一套完整的艺术创作脉络。

四、归纳梳理与总结分析

（一）选拔机制的参考意义

美国艺术高校现行的招生录取选拔制度虽然形式包容性极强，考生的艺术素质可以全面展示，但针对录取方式的监督机制也存在着漏洞，作品集的真实有效性在整个申请流程中缺乏监管，因此录取过程无法在真正意义上做到公平公正。虽然在申请流程上有推荐信和文书的佐证，但依然无法明确学生作品的真实度。这种申请式的录取方式在我国升学人数数倍于美国的情况下将存在极大隐患，况且美国大学历年都有因为学生能力与招生作品水准不匹配而遭到退学的情况，这也是中央美院历经数次考试方式改革后，依然选择在限定时间内的命题测试的重要原因之一。选拔测试虽然不能完整地呈现学生的所有艺术才能，但也最大限度地保证了选拔的公平公正。

美国大学在招生录取的过程中除了要求提交作品集，校内的考试成绩单也为作品的真实有效性提供了参考。三项国际艺术课程的评价机制和考试方式，基本可以呈现学生的艺术设计水平。例如，学生在 AP 艺术考试中并没有取得理想成绩，与申请大学的艺术作品集有较大出入，大学招生官便可以对作品提出质疑。再者，三项国际课程注重过程性作品的评估，如果学生的过程性作品和发展过程不能支撑和佐证最终作品的水准，即便最后提交的作品达到了录取要求，学生也不会获得较高的分数。这项规定在三项国际课程的评分系统中起着决定性作用。

（二）一以贯之的教学系统

我国的普通高中美术教学以通识课为主，选择艺术方向的学生通常会在高二阶段选择专门的艺术工作室和培训机构进行专业训练，这也是近 20

年来针对美术高考的艺术培训机构迅速崛起的原因。在美术教育的过程中高中和大学的衔接由艺术培训机构承担，但对通识教育和专业发展的衔接却没有系统的教学和评价体系。虽然各艺术机构的教师在多年教学过程中形成了良好的教学经验，但不同的机构在市场化的运营机制下无法保证学生的学习质量，也没有有效的监督机制。

AP、A-level 等课程作为大学先修课，在衔接高等教育阶段的学习能力上起到了较好的承接作用。目前美国大学理事会官方给出的 AP 课程近 40门，英国 A-level 课程由英国四个考试机构分别组织了 70 多门课程，各学校根据师资情况酌情开设，学生根据大学申请方向选择相应的课程学习。这意味着，学生如果期望学习艺术，就可以选择 AP 艺术与设计课程或者A-level 艺术与设计课程作为主修，同时也可以选择其他类别的课程，这和我国的"艺术生"有很大区别。另外，A-level 学段前期统称为 IGCSE（国际普通中等教育证书）课程阶段，IB 高中学段以前是 MYP（初中课程）阶段，课程设计与高中阶段基本一致，与学生在高中阶段的学习一以贯之，从而保持了培养方式从基础教育到高等教育的连贯性。

（三）面向未来的复合型人才培养愿景

国际艺术课程注重过程性评价，建立学生个体的知识结构和逻辑体系，整体教学理念是培养和鼓励学生探索个人的创新力和文化感知力。学生在发散思维与提高技术能力的同时，以批判性思维辩证地审视艺术创作，除了探索和比较不同视角和不同背景下的艺术形式，还参与、实验和批判性地反思当代艺术实践和媒介，积极探索不同地域、国家、跨文化背景下的艺术形式，通过探究、调查、反思和创造性的应用，培养对客观世界观察和审美多样性的鉴赏能力。同时，面对当代艺术与前沿科技多领域交叉，进一步推进艺术创作需要学生阅读大量的素材资源，进而构建整体的逻辑框架和作品格局。这一主线几乎涵盖整个学习艺术的历程，最终通过作品反映出学生对艺术的理解，对个人和集体的思考，对社会现象和人的因素的关注。

高质量发展已是新时代我国基础教育发展的主题，优化教育治理，就要优化教育评价体系，高水平落实中共中央、国务院《深化新时代教育评价改革总体方案》。在教育评价依据上，国际艺术课程的评价标准为我们提供了普通高中到高等教育跃迁的具体的参考依据，也可以助力推动面向新时代复合型人才培养的高质量艺术教育的发展。

（本文系北京市教育学会"十四五"教育科研 2022 年度课题"高中国际艺术课程体系下的项目式教学实践研究"的研究成果。）

参考文献

[1] 中共中央、国务院. 关于全面加强和改进新时代学校美育工作的意见 [EB/OL]. （2020-10-15）[2023-12-18]. http://www.moe.gov.cn/jyb_xxgk/moe_1777/moe_1778/202010/t20201015_494794.html?xxgkhide=1.

[2] 吴岩. 积势蓄势谋势，识变应变求变——全面推进新文科建设 [EB/OL]. http://pj.sdxd.edu.cn/upload/default/20221024/f8ded67fd501f8641522672df229da19.pdf.

[3] 中华人民共和国教育部. 教育部关于进一步加强和改进普通高等学校艺术类专业考试招生工作的指导意见 [EB/OL]. （2021-09-16）[2023-12-19]. https://www.gov.cn/zhengce/zhengceku/2021-09/24/content_5639074.htm.

[4] 李帆. 洞见 ART [EB/OL]. （2019-11-27）[2023-12-19]. https://www.sohu.com/a/356876712_283183?_trans_=000019_wzwza.

[5] 陈赛. 如何为全球化的时代重新设计大学 [J/OL]. 三联生活周刊年度生活方式, 2014, （52）. [2023-12-19]. https://www.lifeweek.com.cn/article/30683.

作者简介

刘仕奇： 中国人民大学附属中学中外合作办学项目艺术教师。研究领域为 AP 艺术与设计、A-level 艺术与设计、IB 视觉艺术等国际艺术课程。

国际文凭科学课程的小初衔接策略及实践

刘天伟　首都师范大学

【摘要】国际文凭课程（IB）发展至今，已成为一个全学段的国际教育项目。科学课程是贯穿整个 IB 课程体系的必要组成部分，国际文凭组织（IBO）非常关注学段衔接问题，致力于打造 IB 一贯制课程，为学生提供具有连贯性的科学学习体验。本研究聚焦于 IB 小初学段的科学课程，以国际文凭组织发布的相关政策文本为基础，搭建分析框架，从衔接策略和实践形态两个角度探讨"IB 是如何实现小初学段科学课程有效衔接的"这一问题，为我国科学教育改革发展提供借鉴和思考。

【关键词】国际文凭课程；科学课程；小初衔接

步入 21 世纪以来，我国先后颁布了许多相关政策文件对科学课程予以保障，并经过多次迭代和更新，使科学课程已经发展为贯穿我国基础教育各个阶段的重要组成部分。尤其是 2017 年颁布的《义务教育小学科学课程标准》，取代了 2001 年的《全日制义务教育科学（3—6 年级）课程标准（实验稿）》，将低龄段（1—2 年级）的科学教育纳入国家规划，确立了小学科学课程的基础性学科地位 [1]，推动了各个阶段科学教育的衔接性发展。尽管如此，相关研究表明，学段衔接作为我国基础教育领域中亟待解决的一个突出问题 [2]，在科学领域同样值得关注 [3]。

国际文凭组织（International Baccalaureate Organization，简称 IBO）是全球教育的领跑者，它整合英、美、法等国家的先进教育模式于一体 [4]，旨在通过设计高质量的国际课程项目——IB 课程，为来自世界各地的 3—19 岁学生提供高质量的教育服务。从 1968 年成立起至今，IB 课程已经发展成为一个覆盖全学段的国际教育项目，包括小学课程（Primary Years

Programme，简称 PYP）、中学课程（Middle Years Programme，简称 MYP）、大学预科课程（Diploma Programme，简称 DP）以及职业教育课程（Career programme，简称 CP）。随着 IB 项目在全球范围内的供应量不断增长，21 世纪初，许多提供多学段 IB 项目的国际学校都面临着衔接过渡问题，国际文凭组织开始关注不同学段 IB 课程的过渡衔接问题，先后发布了多个政策文本对国际学校进行指导 [5] [6] [7]。科学课程是贯穿各学段 IB 课程的必要组成部分，IB 项目认为学生对科学的理解应该是一个连续的、不断发展的、螺旋上升的过程，并致力于打造 IB 一贯制课程（IB continuum）[8]，为学生提供具有连贯性的科学学习体验。2011 年国际文凭组织发布的《IB 一贯制课程中的科学课程》（Science Across the IB Continuum）以及随后发布的针对各学段的科学课程指南，都分析了科学学科在 IB 课程体系中的地位和联系。

本文聚焦于小初学段，试图探讨"IB 是如何实现小初学段科学课程有效衔接的"这一问题；但由于 IB 提供的是一个面向所有学科的综合性的指导策略，本文在相关政策文本的基础上，对其中涉及的各种要素进行归类，将研究问题拓展为两个具体问题："IB 组织的小初学段衔接策略是什么？"以及"基于这一策略，小初学段科学课程有何相应的实践？"，以期为我国科学教育改革和发展提供建议和思路。

一、小初学段 IB 课程的衔接策略

（一）秉承共同的 IB 哲学

IB 哲学（IB philosophy）是国际文凭组织对国际教育的本质和总体目标的陈述，其核心组成包括 IB 的使命宣言和学习者档案两个方面。国际文凭组织的使命宣言指明，IB 教育的终极目标是通过教育培养学生的国际思维，帮助学生认识到人类的共性和联系，为创造一个更好、更和平的世界贡献力量 [9]；教育则是国际文凭组织实现这一目标的手段。但由于国际思维是一个复杂多面的概念，为了更好地帮助国际学校将国际思维培养落实在教育实践中，国际文凭组织制定了学习者档案，包括学生在社会取得成功必备的十项品质，涉及认知、情感、社会性以及身体等各个方面的发展，比如知识渊博，有原则性，沟通能力以及有同情心等。学习者档案既是"行动中的 IB 使命宣言"[10]，同时又体现了 IB 教育以学习者为中心、注重学生的整体发展的又一本质。以 IB 哲学为指导，国际文凭组织鼓励国际学校为学生提供在校内外探索当地以及全球真实问题的机会，重视多语言学习、跨文化理解和全球参与，致力于帮助 IB 毕业生建立一套个人的价值观和道德规范，为国际思维的养成和践行奠定基础。

（二）构建连贯的学习进阶体系

IB 哲学为 IB 课程提供了共同的教育信念，但这并不是说 IB 一贯制课程是一个没有任何区别的共同体。以学习者为中心，了解不同学段 IB 课程所面向的年龄群体的发展需求差异，并据此建立学习进阶，是打造 IB 一贯制课程的另一关键所在。所谓 IB 一贯制课程，是指不同学段的 IB 课程是一个不间断的连续序列，而在这个序列中相邻的部分虽然没有明显的不同，但序列两端却有很大的差异。IB 认为学习者在 7 岁、13 岁以及 18 岁的智力、情感、社会性和身体等都会发生显著变化，发展需求存在巨大的差异，教育者需要认识到并重视这种发展差异，帮助学生跨越过渡点。因此，IB 一贯制课程就像学生的发展一样，具有一定的连贯性，但并不应该是一个平滑的轨迹，从一个阶段过渡到另一个阶段需要一些飞跃[11]。这种飞跃具体表现为，不同学段的 IB 课程虽然秉承着共同的 IB 哲学，但其组织结构和实施方式要具有显著的不同[12]。以小初学段为例，PYP 课程主要由六大跨学科主题、六大学科群及其对应的学科顺序与范围文件组成；而 MYP 课程由六大全球背景、八大学科群以及相应的评估标准文件组成。本文的第二部分会聚焦到科学课程领域对这种差异进行具体阐述。

（三）分布式领导模式保证教学实施

所谓教学领导，即对影响教学和学习质量的人力、财力以及时间等资源的有效管理，为教学实践提供方向和指导，以确保实现学校的教育使命。IB 国际学校是一个学习社区，相较于魅力领导模式，IB 认为分布式领导模式以"在学校内部形成广泛的领导人才库"为目标，更有利于建立一个具有可持续性的教学领导结构。分布式教学领导模式要求学校领导者必须将自己视为教学领导者，并且不断地进行领导权力下放；鼓励和授权教师接受并享受教学领导的角色，并给予必要的帮助。学校领导和一线教师合作规划课程领导教学，为 IB 一贯制课程的设计和实施提供了重要的保障[13]。

以分布式教学领导模式的相关思想为指导，国际文凭组织采取以下四项具体保障措施。（1）建立由校长、校长助理以及课程协调员组成的支持性教学领导小组。其中，课程协调员是 IB 学校中组织不同学段、不同学科的教师开展合作，以及为教师进行课程设计提供建议的专业人员，在课程方案制定以及学段过渡两个方面发挥着非常重要的作用。（2）信任教师，重视教师的意义构建和创造。IB 认为只要能够实现帮助学生学习的目标，就并"没有一种'完全正确'的方法来接近学习过程"[14]，教师是学生学习的建筑师，应具有"创造性专业精神"和"尝试和实践的意愿"，在学校里自由创新和学习。（3）定期开展全校范围内的纵横课程规划协作。IB 认为一线教师可以为 IB 课程的深度设计和有效实施提供扎根于实践的、广泛且多样化的经验；纵横两个方向的规划可以集合全校教师的力量设计具有连贯性和跨学科的课程，而定期会议可以系统管理协作规划课程活动，使教师们能够定期交流有关课程内容和教学法的问题。（4）支持教师持续性的专业发展。国际文凭组织认为教师也是学习者，IB 学校要为教师的学习和发展提供必要的资源。除了上述提到的全学校的协作规划模式外，IB 学校还会提供如讲习班等比较正式的学习机会。

二、小初学段 IB 科学课程的实践形态

课程是 IB 一贯制课程策略的服务对象，在 IB 学校的语境中，"课程"一词可以理解为涉及有关学生在 IB 课程项目中教和学的各个方面，因而所涉及的相关术语是复杂且繁多的。本文参考国际文凭组织 2014 年发布的《项目标准与实践》（Programme Standards and Practices）中提出的三个标准

作为下文分析小初学段科学课程实践形态的框架，即哲学信念、组织结构和课程，包括书面课程、教学课程和评估课程[15]。

（一）从科学视角促进国际思维养成

IB 认为持续的科学学习可以培养学生的国际思维能力，使他们成为能够批判性和创造性地思考问题、作出负责任决定的全球公民，因而科学课程贯穿整个 IB 一贯制课程。一方面，以 IB 哲学中体现的国际思维培养思想为宗旨，IB 形成了科学课程的信念和总体目标，包括：（1）认知维度，能够从科学的角度认识世界，具备利用科技资源的能力；（2）审美维度，了解科学的复杂和奇妙之处，激发好奇心和创造力；（3）伦理维度，培养学生在科学问题上的伦理立场，认识到科学是一把双刃剑，反思利用科学来解决问题时会带来的伦理、社会、经济、政治、文化和环境影响，作出负责任的决定；（4）国际维度，科学需要超越性别、政治、文化、语言、国家和宗教的界限，具有开放的思想，要能够充分认可来自不同文化背景的人所作出的科学贡献[16]。另一方面，根据所面对的学生的年龄群体不同，PYP 学段和 MYP 学段的具体科学学习目标也有所不同，形成了学习进阶。

（二）课程组织注重整合和跨学科学习

科学课程的组织形式解决的是 IB 学校中科学课程如何呈现、是分科课程还是综合课程以及课程的综合程度如何等问题。IB 认为，学科层面的科学学习在认识论上具有可识别性，可以帮助学生更好地理解自然世界的复杂性；但在传统的、以学科为基础的教育模式中，学科之间很少能够建立有意义的联系，学生们往往是在从一门课程转移到另一门课程的过程中，学习着一些缺乏相关性和意义性的内容，导致学生的教育经验往往缺乏使命感和一致性[17]。跨学科学习则响应了国际高等教育发展和中小学课程改革趋势以及联合国教科文组织发出的"教育促进可持续发展"倡议，具有促进学生的高水平参与、激励终身学习，使教师走出舒适区，促进全校范围内的合作以及减少课程拥挤等优势[18]。国际文凭组织将跨学科学习定义为一种在学科领域之外的与真实世界相关的学习，并将其视为提供具有参与性、相关性、挑战性和重要性的科学学习经验的重要途径。为学生提供具有整合性和跨学科性的学习机会是 IB 一贯制课程中组织科学课程的重要特征，但随着所面向的学习群体年龄的增长，不同学段科学学习的学科性和纪律性会越来越强[19]。

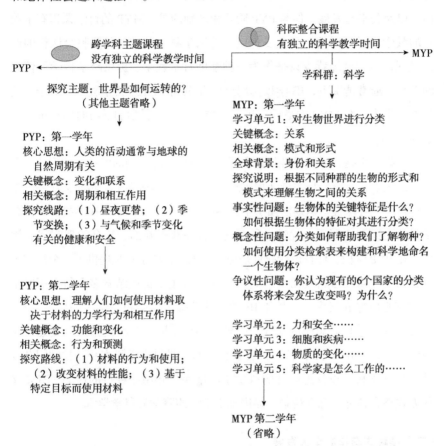

图 1　科学课程组织形式进阶[20][21]

图 1 展示了 IB 科学课程组织形式在小初学段的进阶。在 PYP 阶段，由于科学并不像语言、数学等学科一样具有工具性质，该阶段 IB 学校并不提供单独的科学学习课时，科学主要是在六大跨学科主题框架中通过主题式探究的方式学习，包括"我们是谁""我们所处的时空""我们如何描述自己""世界是如何运转的""我们如何组织自己"以及"共享地球"，这些主

题能够体现人类的核心共性，可以激发学习者反思自己对周围世界的看法以及自己所处的地位和身份，从而发展国际思维。面向 11—16 岁学习者的 MYP 课程则将 PYP 课程的六大跨学科主题拓展延伸为六大全球背景，包括身份和关系、时空定位、个人和文化的表达、科技创新、全球化和可持续性，以及公平与发展。但与 PYP 阶段相区别的是，MYP 的科学课程有了独立的教学和学习时间，且主要是以一种以学科为基础的科际整合课程的形式呈现，六大全球背景只是作为一种辅助日常教学、提供跨学科学习情景的工具。通常情况下，IB 学校每周至少有 50 小时用于科学教学，对于一些优秀的学生，在 MYP 的最后两年，学校每周用于科学的学习时间要求至少达到 70 小时 [22]。

跨科学主题式课程和科际整合课程是整合程度不同的两种课程形式，最显著的区别在于跨学科主题课程中跨越并消除了学科界限，转向关注主题本身；科际整合课程知识则模糊了学科界限，它基于学科本身在学科群内部或学科群之间建立联系，促进学科互动，旨在获得新的、整合的理解 [23]。因而，在 PYP 学段，课程设计起点是跨学科主题，科学只是提供了一个探究该主题的一个重要学科视角 [24]。每一个跨学科主题都凝结着多个值得探究学习的核心思想和概念，每学年 IB 学校的教师团队会根据学生的发展需要，设计探究这些核心思想的路线，引导学生从不同的学科视角来反复迭代学习同一主题。在 MYP 阶段，课程设计的基础是科学学科本身，教师团队要扎根科学学科，设计连续性的科学学习单元，并用一种目的性的、有意义的方式整合各种概念和情景，促进基于学科的跨学科科学学习。

（三）课程内容指向全人发展

书面课程是指一种详细说明课程内容的文件，比如课程计划以及教学大纲等，回答"学习者应该学习什么？"的问题 [25]。秉承着对国际思维和学生发展的关注，在书面课程上，IB 课程体现了整体性教育理念，涉及概念、技能、知识、情感态度以及行为等广泛的层面，可以体现在 IB 对学生学习科学后应该达到的成就期望中。

1. 注重概念理解，在知识学习和概念理解间建立平衡

概念是超越起源、主题和时空界限的一种具有广泛性、抽象性和普遍性的思想，包括两类：（1）关键概念，一种抽象的跨学科大概念，可以帮助学生将各种复杂的事实联系起来进行更高层次的思维活动；（2）相关概念，往往与特定的学科领域有关，焦点较为狭窄，可以帮助学生更加深入、详尽地探索关键概念，促进学生的深度学习，形成对更复杂概念的理解。注重知识掌握和注重概念理解的课程区别在于，针对同一主题，前者是一种特定事实的学习，强调知识的传递和记忆，只能让学生获得一些浅层次的、表面的理解，往往难以迁移；后者往往更加聚焦于一个概念所体现的核心思想，是开放的，能够提供更多探究和比较的学习机会，帮助学生形成具有概括性的原则和理论，促进知识的迁移、分析和综合应用，是一种进行终身学习所需要的理解[26]。例如，在学习科学里"生物适应"这一主题时，注重知识的课程往往会讲授"企鹅适应了南极环境"，而以概念理解为基础的课程会聚焦于"随着时间的推移，生物会适应其独特的环境"这一中心思想，掌握后者会更容易迁移到不同的问题情景中。

整个 IB 一贯制课程中都将"为理解而教"视为教学和学习科学的主要目标。虽然 IB 肯定科学知识学习的价值，并明确提出学生科学学习的深度要满足国际知名大学的要求，并在小初学段的课程项目中都纳入生物、地球与空间、物质与材料、力与能量等科学领域的内容，要求教师在设计探究方案时必须明确标出探究问题所属的知识领域，但 IB 反对知识的传递和对事实的死记硬背，更强调学生概念理解的转变和意义的协作建构，日常教学中，科学学习内容也主要是通过概念的形式呈现的[27]。PYP 课程提供了与科学学习相关的九个关键概念：形式、功能、因果、变化、联系、观点、联系、责任和反思，而 MYP 课程中仅提供了三个，分别为变化、联系和系统。跨学科关键概念虽然有助于帮助学生形成跨学科理解，但在学习的过程中容易遗漏某些重要的科学概念，所以，IB 还注重相关概念的学习。以生物链为例，PYP 为学生提供的相关概念包括适应、生物多样性、生态系统、进化、遗传、生长、栖息地、系统（消化系统、神经系统、生殖系

统、呼吸系统）等；MYP 提供的相关概念包括平衡、环境、转移、结果、能量、证据、形式和功能等。

2. 重视元认知技能的培养

元认知技能解决的"学会怎么学习"的问题，在 IB 语境中也被称为学习方法（approach to learning），又称 ATL 技能。元认知是学生对自己学习过程的自我评价、监控和调节，是一种自我意识的表现。IB 认为培养 ATL 技能是教育的核心挑战之一，需要与日常课程教学结合起来，落实到整个 IB 一贯制课程中。IB 规定了五项可以与具体学科结合起来的 ATL 技能，具体到科学领域表现为：（1）思维技能，解释从科学调查中获得的数据；（2）社交技能，对实验设计进行反馈；（3）交流技能，根据目标和受众，能够使用适当的数据表征；（4）自我管理技能，调查报告呈现的信息具有结构性；（5）伦理技能，将科学研究与道德、伦理、社会、经济、政治、文化或环境因素联系起来 [28]。此外，国际文凭组织还强调，学习者往往会形成个人的学习倾向和习惯，并且会受到学习环境的影响，因此很难提出一种适合所有人的方法；国际文凭组织设定的五种 ATL 技能只是一种学习期望，并不能被断章取义地教授。

3. 重视科学语言的学习和运用

IB 非常重视语言的学习，认为语言学习与学科学习有着密切的关系，包括科学在内，任何学科的老师都是语言老师 [29]。语言与学习不可分割，语言是个体对自我以及周围世界形成理解、建构知识的主要工具，对个体成长、文化身份认同、自尊和情感健康发展都具有重要意义。这里的"语言"不仅包括日常生活中人与人沟通所使用的各类语言，还包括专属于科学界的科学语言。科学语言是一种专业话语，是学术性的，在科学语境里，某些词汇有其独特的、区分于日常生活的意义和用法，往往无法通过直观的方式理解。IB 认为科学的学习依赖于对科学语言的理解和使用，要求学生不仅仅是简单地学习具有技术性的科学术语，还要能够充满自信地运用科学语言获取、使用和传播科学信息，能够选择适当的交流形式与他人交流科学，此外还要能够欣赏、尊重和认可他人的思想和工作成果。

4. 重视态度和行为养成

IB 一贯制课程达成共识，科学教育的目标必须要超越知识维度，促进学生的态度和行为养成，将科学课程打造为具有价值色彩的课程。态度养成是指学习者对科学学习、周围的环境和人所持有的价值观的养成。学习科学之后，PYP 要求学生能够像科学家一样思考各种问题，正确地认识科学，并致力于帮助学生养成 12 种态度，包括欣赏能力、责任感、自信、合作、创造能力、有好奇心、同情心、热情、独立意识、正直感、尊重他人和宽容。MYP 也将"反思科学的影响"作为评估标准，要求学生评估科学的影响，应用科学解决问题，在这个过程中，能够渐渐从全球视角来理解科学，反思科学在道德、伦理、社会、经济、政治、文化以及环境等层面的影响。行为养成的目标则体现了 IB 注重体验学习的特点，学生在课堂上学习科学之后，IB 的教师都会鼓励学生进行社区服务，将课堂所学与学校空间以外的真实世界联系起来，比如 PYP 提供的行动循环以及 MYP 学段提供的社区项目等。

（四）科学教学以结构化探究为基础

IB 课程既是一门课程，也是一种方法；而教学课程本质上就是实践中的书面课程，是书面课程在课堂中的直接反映[30]。IB 建议采取一种建构主义特色的教学法来实施科学课堂，包括结构化探究、有原则的行动和批判性反思三个元素在内，是一个动态的、反复循环和迭代的学习过程。其中，结构化探究是学生在科学课堂上进行的主要活动，是一种由教师利用策略和资源来引导和支持学生进行的、有显著成效的目的性探究。IB 将其视为学生获取新的科学经验、修正和完善自己的心理模式、建构意义获得理解的最佳学习方式。原因在于探究法可以：（1）让学生进行一系列活动，包括推测、探索、质疑和联系等，激发好奇心，促进批判性思维和创造性思维的培养，让学生积极参与自己的学习，对自己的学习负责，发展成为自主的终身学习者；（2）以学生的先验经验作为发展起点，允许每个学生主导自己的学习路径，用一种自己特有的方式和速度发展自己的科学理解，建构意义从而修正和完善原有的认知心理模式；（3）强调教师的角色和作用。与发现法不同，探究法并不完全依赖学生，一个有成效的探究活动要求教师要成为一个"深思熟虑的参与者"[31]，发挥重要的促进、调解和引导作用。比如，纳入学生的先验经验，设计与学生相关的、适合学生发展的探究活动；创设有效的、具有挑战性的学习环境；监督并调整学生的探究活动，使其朝着学习目标的方向发展，而不是松散的、无目的的。

在结构化探究教学法的框架之下，IB 提出了多种可以在探究课堂上利用的教学方法供教师参考，比如以概念驱动探究、在真实情景中开展教学、团队合作以及纳入学生的身份背景需求等，其中概念驱动探究课程是 IB 一贯制课程实施科学课程最显著的特征。如上文图 1 所示，在具体的 IB 科学教学实践中，教师往往根据探究主题选择值得探究的概念，并将其转化为具体的、具有开放性的探究问题，以此为基础进一步衍生出其他更具体的问题。比如，在 PYP 学段，这些探究问题会进一步转化为具体的探究路线；在 MYP 的探究方案中，这些探究问题会被具体划分为事实性问题、概念性问题和争议性问题三类。概念之所以驱动探究课程，是因为这些由概念转化的探究问题一方面与学科相关、可以为探究活动的开展提供明确方向和目标，使其易于管理和实施；另一方面，还会让教师在设计科学课程的时候不断追问和反思"学生为什么要学习这些"，从而优化科学课程使其更具有相关性和重要性。

此外，行动和反思是拓展到课堂学习时空之外的一种延长性学习，行动要求学生学习科学后，能够在真实世界中进行负责任的选择和开展行动，而批判性反思则要求学生反思自己的科学探究过程，选用的方法是否有效以及探究结果对自己、他人以及周围环境造成的影响等。但由于本文所获取的有关 IB 科学课程的资料对后两个维度的介绍有限，本文对后两个维度暂不作详细分析。

（五）开展全程标准化的科学学习评估

在整个 IB 一贯制课程中，评估是 IB 课程的必要组成部分，贯穿整个 IB 科学课程的设计和实施过程，评估的基本目标是促进有效的科学教学和学习。在 IB 学校中，完整的评估过程包括三个部分：设计评估方案、记录关于学生"学习信息"的相关数据以及向家长和学生汇报学生的学习进展和发展情况。在进行课程设计时,教师要将形成性评估和总结性评估的相关内容设计到探究方案中,将评估贯穿整个探究活动,同时根据评估获得的信息不断地反思和改进教学过程,完善教学方案。但由于所面向的年龄群体不同,PYP 和 MYP 学段科学学习的学业要求在严格程度上有显著的区别,PYP 项目并没有具体的科学学习评估标准,国际文凭组织会发布《科学范围和顺序》文件来说明 3—5、5—7、7—9 以及 9—12 岁四个年龄段的总体目标,但主要依靠教师自主进行内部评估,教师在设计探究方案时也只需标明可能实现的预期目标。在 MYP 课程中,国际文凭组织却针对中学段明确提出了具有强制性的科学学习目标和评估标准,要求教师纳入探究方案的设计过程中,包括四个部分,即标准 A 知识与理解、标准 B 探究与设计、标准 C 处理与评估,以及标准 D 反思科学的影响;同时规定每学年学生都至少要达成每个标准两次 [32]。

此外,IB 基础科学课程还在以下三个方面达成共识:(1)在形成性评估和总结性评估建立平衡,教师要更加注重学习过程,观察和记录学生在探究过程中的一些细节,通过有效的形成性评估来改善学生的学习;(2)每个项目最后一学年要为学生提供结业评估活动,比如 PYP 的个人展览以及 MYP 的个人项目;在这个过程中,有一些学生会选择探究一些与科学相关的主题,并接受相应的评估和审核;(3)强调教师在评估过程中的作用,注重培养教师的评估素养。IB 认为教师的评估素养会影响教育质量,只有教师具有较高的评估素养,他们才有能力支持教学。

三、结论与建议

在学段衔接问题上,IB 提出了三个衔接策略,即秉承 IB 哲学、关注学生发展和采用分布式教学领导模式,来指导科学课程的目标、组织形式、内容、教学方法和评估等教育实践。本文研究之初,试图借助相关文本搭建 IB 科学课程的理念框架,但通过研究发现,作为全球教育的先行者,国际文凭组织积极响应并践行着世界教育理念的发展前沿,实践中的 IB 科学课程所涉及的理论是丰富且复杂的，比如课程整合、整体教育、学习进阶、教育管理、建构主义以及学习科学等。但这些理论的选择并不是盲目的，而是贯穿了其衔接策略的三条主线，有其特定的定位和作用指向。因而，本文认为，IB 的衔接策略本质上是 IB 社区所共同秉持的三条教育信念，而科学课程实践本质上是一种在教育信念影响下所选择的教育行为倾向。在我国，新一轮课程改革就将以人为本，即"一切为了每一位学生的发展"定位为我国课程发展的核心理念，为我国实现各学段的有效衔接敲定了主音，但具体落实到实践中，教师往往会忽视这一主线，而过多地去追求前沿的教育理念。因此，借鉴 IB 的经验，解决我国科学课程小初衔接问题的关键在于，科学课程实践应该秉承以人为本这一教育信念，发挥服务作用。

（一）重塑科学学科的目标价值定位

我国新一轮科学教育改革将普及科学素养进而促进学生全面发展作为目标和追求。但在应试教育尚未得到有效改善的背景下，有关研究表明，科学教育中忽视学科育人价值、片面追求高分、小学科学以及初中生物和地理等副科学科地位堪忧等现象层出不穷。从 IB 教育实践可以看出，科学学科的育人价值是多层次的，不仅局限于强调工具理性的知识和能力层面。科学教育具有人文价值。从 20 世纪 80 年代起，国际上兴起的将科学史、哲学、社会学融入科学教学以培养学生的科学本质观的做法，就是践行科学教育的人文向度的典型表现。许多学者从科学哲学和科学史的角度指出，从起源上讲科学与道德、艺术等不可分割，科学教育本身就是一种具有精神向度的、高尚的、非功利、具有人文价值的活动，可以帮助学生塑造求真、向善的精神品格。然而，忽视个人内在的道德和精神的科学教育实践，是无法为个体身体和心灵的健全发展提供基础的 [33] [34]。

（二）辩证理解科学教育里的探究教学

19 世纪中叶，以探究为基础的学习方法就伴随着科学教育应运而生；但直至 20 世纪下半叶，继杜威的民族主义教育革命、布鲁纳的结构主义课程改革以及美国的"标准化改革运动"，探究法才真正发展成为国际科学教学改革的焦点[35]。然而在科学教育探究的日常教学实践中，存在着非常多的误区，容易走向指导过多的"驯服式"和过少的"放羊式"两个极端[36]。有效的探究法应该与发现法区分开来，在放手与不放手之间把握好恰当的度。尤其是在科学教育中，科学知识是复杂的，是人类经过长期的思考和探索、不断发展变化凝结而成的，许多知识结构完善的科学家们都会感到困难，而学生仅凭自己的力量，几乎不可能通过一节探究课或实验课就发现已有的科学"真理"。许多建构主义科学教育家都指出，学生的经验是丰富的，同时是有局限性的，科学教学的关键是在认识学生已有经验的基础上，教师能够给予学生合适的干预和指导[37]。

（三）建设具有可操作性的科学评估机制

有效的评估可以为科学教学和学习起到导向和激励作用。IB 课程的一个重要特点是重视培养教师的评估素养，以科学课程目标和标准为依据开展全程性的评估。我国先后发布并更新了多版科学课程标准，对教师的评估实践进行指导，但有研究表明，由于缺乏更具有操作性的评估资源，教师很少能够将教学实践与课程标准达成一致，评估实践也更趋向于依靠教师的经验和考试结果，因而有必要建设更具有操作性的评估机制，帮助科学教师更深入地理解科学课程的理念和标准，从而推动科学教育朝着理想的方向发展。另一方面，科学教师的评估素养是指教师关于评估的知识和价值取向，是教师专业发展中不可忽视的一个组成部分[38]。评估素养这一概念兴起于 20 世纪 90 年代，尽管在我国的研究尚处于内涵、功能界定等起步阶段，但在国际上已经发展成重要的教师教育研究议题，因而有必要针对科学教育领域进一步深入研究。

（四）重视研究导向的学校文化建设

教师作为教育系统里的一种重要要素，其教育行为往往受到学校文化建设的深刻影响[39]。IB 为教师打造了一个信任和支持氛围的学习社区，在这个社区里教师既是教育的创造者也是学习者。一方面教师扎根于一线，教师本身就是研究者和创造者，能够为课程的深度设计和有效实施提供不可替代的经验。另一方面，在学科性知识和教育性知识都快速更新的年代，科学教师同样是一个学习者，需要不断地跟进和精进自己理论知识和教育教学能力，从而赶上时代的步伐。但指望所有教师都花费大量的时间去研读抽象的教育理论是不现实的，因而有必要尽可能提供教学支持，将各种前沿的教育理念转化为更具有操作性的方案。

参考文献

[1] 聂晶，肖奕博. 新课标·新挑战：新小学科学课程的重构与落实 [J]. 中小学管理，2017，（09）：30-32.

[2] 张倩，何依儒. "衔接"什么？何以"衔接"？——基于自主学习理论对学段衔接问题的分析与建议 [J]. 课程·教材·教法，2020，40（01）：75-81.

[3] 邓琳. 小学科学与初中物理教学衔接的策略研究 [D]. 重庆：西南大学，2020.

[4] 李学书. 基于核心素养的课程整合设计研究——IB 跨学科课程的经验与反思 [J]. 当代教育科学，2020，（05）：13-19.

[5] Hallinger, P., Walker, A. & M. Lee. A study of successful practices in the IB program continuum [R]. Hong Kong: Asia Pacific Center for Leadership and Change, The Hong Kong Institute of Education, 2010.

[6] Hill, Ian. The history of international education: an International Baccalaureate perspective [A]. In M. Hayden, J. Thompson & G. Walker (Eds.). *International education and practice: dimensions for national and international schools* [C]. London: Kogan Page, 2002: 18-29.

[7] Hallinger, P., Lee, M., & A. Walker. Program transition challenges in International Baccalaureate schools [J]. *Journal of research in international education*, 2011, 10 (02): 123-136.

[8] International Baccalaureate Organization. A continuum of international education [EB/OL]. (2007) [2022-01-20]. https://www.gjh.sk/myp/files/Continuum_PYP_MYP_DP.pdf.

[9] The International Baccalaureate Organization. What is an IB education? [EB/OL]. (2019-11) [2022-01-20]. https://ibo.org/globalassets/new-structure/about-the-ib/pdfs/what-is-an-ib-education-en.pdf.

[10] [11] [12] [13] [14] [25] International Baccalaureate Organization. Towards a continuum of international education: Primary Years Programme, Middle Years Programme and Diploma Programme [EB/OL]. (2008-09) [2022-01-20]. https://people.bath.ac.uk/edspd/Weblinks/MA_CS/PDFs/Session%204/IB%20Towards%20a%20Continuum%20of%20International%20Education.pdf.

[15] International Baccalaureate Organization. Programme standards and practices [EB/OL]. (2014-01) [2022-01-20]. https://www.ibo.org/globalassets/new-structure/become-an-ib-school/pdfs/programme-standards-and-practices-en.pdf.

[16] [29] International Baccalaureate Organization. Science across the IB continuum [EB/OL]. (2011-07) [2021-12-13]. https://www.manchesters.in/public/portal-docs/1788_Science_accross_the_IB_curriculum.pdf.

[17] [18] [19] [23] International Baccalaureate Organization. Fostering interdisciplinary teaching and learning in the MYP [EB/OL]. (2014-09) [2022-01-03]. http://www.sasteach.com/resources/MYP/Interdisciplinaryteachingandlearning.pdf.

[20] [24] International Baccalaureate Organization. Middle Years Programme unit planner [EB/OL]. (2018-11) [2022-01-04]. https://www.genesisglobalschool.edu.in/wp-content/uploads/2018/11/MYP-1-SCIENCE.pdf.

[21] International Baccalaureate Organization. Developing a transdisciplinary programme of inquiry [EB/OL]. (2008-01) [2022-01-04]. http://www.foshaylc.org/ourpages/auto/2013/1/17/53115145/Developing_transdisciplinary_programme_of_inquiry_2008.pdf.

[22] [28] [32] International Baccalaureate Organization. Middle Years Programme science guide [EB/OL]. (2014-05) [2021-12-25]. https://www.fultonschools.org/cms/lib/GA50000114/Centricity/Domain/220/MYP_Sciences_Guide_2014.pdf.

[26] International Baccalaureate Organization. Primary Years Programme concepts [EB/OL]. (2019) [2022-2-15]. http://online.oasisdemaadi.com/OasisWorkShop/CoursesRes/431-E-concepts.pdf.

[27] International Baccalaureate Organization. MYP: From principles into practice [EB/OL]. (2014-09) [2021-12-25]. https://www.fcusd.org/cms/lib03/CA01001934/Centricity/Domain/2663/From%20Principles%20into%20Practice.pdf.

[30] International Baccalaureate Organization. Making the PYP happen: a curriculum framework for international primary education [EB/OL]. (2007-01) [2021-12-15]. https://people.bath.ac.uk/edspd/Weblinks/MA_CS/PDFs/Session%204/IB%20Making%20the%20PYP%20Happen.pdf.

[31] International Baccalaureate Organization. The Primary Years Programme as a model of transdisciplinary learning [EB/OL]. (2010-02) [2022-1-13]. http://www.foshaylc.org/ourpages/auto/2013/1/17/53115145/The%20Primary%20Years%20Programme%20as%20a%20Model%20of%20TL.pdf.

[33] 王建平. "人文为科学定向" 说辨析 [J]. 现代大学教育, 2010,（06）: 24-27, 111.

[34] Chowdhury, M. Emphasizing morals, values, ethics, and character education in science education and science teaching [J]. *Malaysian online journal of educational sciences*, 2018, 4 (02): 1-16.

[35] 张颖之. 科学教育中的探究教学史: 百年回顾与展望 [J]. 当代教育与文化, 2019, 11（04）: 45-50.

[36] 张冰. 走出探究教学的误区 [J]. 教育探索, 2017,（04）: 5-9.

[37] Driver, R. *The pupil as scientist?* [M]. Milton Keynes: Open University Press, 1983: 21-23.

[38] 林敦来，高淼．教师评估素养：理论与实践 [J]．外语教学理论与实践，2011，（04）：29-37．

[39] 赵亮．学校行为文化对教师行为影响的研究进展与反思 [J]．当代教育与文化，2020，12（04）：68-71．

作者简介

刘天伟： 首都师范大学比较教育学硕士研究生。研究领域为科学与技术教育国际比较。

高中英语教育与"模联"融合发展路径与实践研究

赵　娟　北京市大兴区教师进修学校

【摘要】依据北京市"十四五"时期教育改革和发展规划，为推动首都教育高质量发展，培养学生核心素养，最终实现立德树人根本目标，我区域学科教学引入课外、校外模拟联合国教育课程，探索出了课内课外教育融合新路径。课外模拟联合国活动创造了一个适合听、说、读、看、写综合技能训练的英语学习环境，其中对说与写的技能培养，对提升学生的合作能力、解决问题能力以及深入思考能力都有着显著作用。新版《普通高中英语课程标准》强调语言与思维的紧密融合，强调情境化教学，面对全球一体化和人类命运共同体建设，研究运用行动研究范式，将国际教育、国际组织、国际融合等方面融汇至基础教育学科育人体系中，具有创新意义和实践启示。

【关键词】课外模联教育；英语教育；学科素养

新版《普通高中英语课程标准》在对语言技能的阐释中提出，在设计教学活动时，教师既要关注具体技能的训练，也要关注技能的综合运用，可以设计看、听、说结合，看、读、写结合，看、读、说、写结合，以及听、说、读、写结合等综合性语言运用活动[1]。英语课堂教学将多种语言技能有机结合可以帮助学生逐步提升口语沟通能力、思考能力以及学习能力。近年来，课外、校外模拟联合国（以下简称"模联"）的形式满足了学生多元发展的需求，同时有助于拓宽学生的国际视野，增进国际理解。因此，在英语课堂上如何有效使用模联形式成为了老师们关注的焦点。

一、模联活动概况

模联是指模拟联合国及其相关的国际机构，依照其运作方式和议事原则，围绕国际上的热点问题召开的会议。模联的本质是角色扮演。在模联会议中，学生们分别扮演不同国家的外交官，在主席团的主持下，通过演讲阐述立场和观点，通过辩论、磋商和游说等方式来争取国家利益，通过决议草案和投票表决的方式来推动冲突和问题的解决[2]。

模联活动已有将近百年的历史。在联合国未成立时，一些学校的学生就开始对国际上的组织机构产生了巨大的兴趣，他们利用学校之间的联结以虚拟的方式模仿了国际联盟的组织形式召开会议。1952 年，美国加州大学伯克利分校成为了模联会议的先行者，建立了第一支模联专业队伍，随后陆陆续续开展了系列模联活动。1993 年，模联活动开始引入中国，最早由北京顺义国际学校举办。进入 21 世纪，模联活动在我国进一步发展，在多地高校中学得到推广。

二、模联实践的意义

课外与校外模联活动意义重大，每一次的活动都能使学生切实提高思辨能力，形成有逻辑的理性思维方式。思辨能力和审辨式思维等高阶思维的培养，正是对中学生教育教学的重点，是学生价值观形成的重要突破点。其次，学生在准备模联活动时，需要在平时留心学习积累。模联活动是一项与时事政治、社会热点、国际形势联系紧密的活动，学生需要对错综复杂的国际关系有最基本的认识，需要有意识地通过互联网、报纸等途径从多角度深入了解、分析当今国际社会的角力与利益争端，时刻保持对国际时事的敏感度，主动进行国际政治相关知识的学习[3]。从这个方面来说，模联活动涉及的学科呈现出多元化特点，要求学生必须要有全局视野、多元视角。

课外与校外模联对各个学科都有要求，对于英语学科来讲，词汇量的大小将会直接影响学生的阅读和沟通能力，包括对模联议题的中心思想内涵以及背景知识的理解等。在参加模联活动会议时，学生搜集相关材料，自主学习活动会议所涉及的背景知识以及相关词汇，在整个准备过程中，学生主动学习丰富的英语知识，并未局限于英语语言本身，提升了用语言来解决问题的能力，这对英语整体能力的提升大有裨益[4]。因此，在英语阅读教学中，必须给予学生充分的背景知识介绍和知识铺垫，以便更好地进行模联活动，同时这也能够增加他们的学习兴趣。

三、高中英语课程模联融合实践

北师大新版《英语》教材选择性必修一第三单元主题为 conservation，该单元主要讲述了保护环境、保护动物、保护文物、节约资源、减少污染等的重要意义及实践方法，同时也展现了与自然背道而驰的危害，强调人与自然相辅相成，两者是生命共同体，目的是唤醒人类保护自然环境、自然遗产、动植物和自然资源的意识，并且鼓励人类抓紧时间积极投入到保护环境的行动中去。通过该单元的学习，学生能够重视环境保护，从自己身边的小事做起，同时也了解人类的一些做法影响了动物的生活，甚至导致了它们的灭绝，感受到环境破坏已经影响了人类和动物的正常生活，采取必要的措施已经到了刻不容缓的地步。整个单元的主题学习使学生对于生命共同体、人类命运共同体的情境代入非常深刻，这也为后续模联活动提供了便利条件。

（一）模联活动流程

单元学习结束之后，根据整个单元所学内容，让学生再次关注到该单元主题"节约资源，减少污染"，此话题也是联合国重要的议题之一。在整个单元结束之后，老师引导学生进行模联活动。

1. 课前准备

在会议之前，学生根据背景指南（background guide），通过信息调研（information research），完成一份代表自己国家观点的立场文件（position paper）。背景指南由教师编写，主要总结单元所学内容以及列举相关的准备活动，学生按照小组进行准备活动。以"塑料制品的使用"（use of plastic）这一话题为例，学生划分小组代表不同的国家并对"本国"的基本情况进行界定，准备自己的发言稿，也就是相关的语言支持，以及完成角色分工。因此，学生在课前准备阶段需要小组的通力合作，这也是保证模联活动顺利进行的前提。

2. 课上活动

在课上活动时，学生 5 人一组，分为 10 个小组，代表 10 个国家（中国、美国、英国、法国、俄罗斯、南非、日本、巴西、尼日利亚和澳大利亚），并且将桌子按照组别进行摆放。主持人宣布开始之后，每个小组代表发表不超过 1 分半钟的开场演讲（opening speech）来表达本国就议题的立场。本小组的记录员记录好相关的内容，为下面的活动以及课后任务做好充足的准备。在所有的发言结束后，各个国家开始磋商和游说，来寻求解决问题的方案。这个部分是自由发挥的环节，但也是最难的部分，需要学生提前做好充分的准备，以便在磋商讨论的时候形成语言支撑（教师在背景指南中要着重强调此部分）。

3. 作业设计

在讨论之后，各组经过不断的修改，形成工作文件（working paper）、决议草案（resolution draft）和修正案（amendment），也就是学生准备的发言稿及其修改稿。在这些环节中，立场文件、工作文件、决议草案和修正案的写作能够锻炼写的技能，而演讲、磋商和游说则锻炼说的技能。同时，学生在背后的资料查询阅读中锻炼了阅读能力（信息的获取与提取）。活动过程将说与写这两项表达性技能结合了起来，而之前的单元学习更加突出读与听这两项理解性技能的学习。整个流程如图 1 所示：

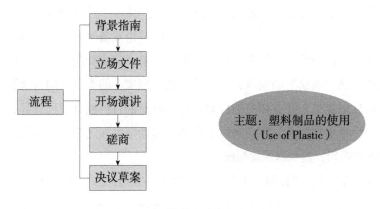

图1　模联活动流程图

（二）模联活动过程

教师作为会议主持人，先让学生观看一段关于"塑料使用所带来的危害"的小视频。这类结合单元主题的热身活动会更加贴合学生的日常英语学习。接着教师组织会议，指导学生按照位次坐好，向所有"国家"代表提出问题：Does your country produce a lot of plastic? Do your neighbour countries produce a lot of plastic? How is your country's environment? Will your country reduce the use of plastic? If yes, how much? If no, why? Please state your country's opinion in 90 seconds. 在90秒内，"国家"代表根据自己国家的国情，运用本单元所学语言知识（重要词组与句式）陈述自己的立场，复习所学并在语境中充分使用。例如：I claim that ...，to sum up，get anxious，sort out rubbish，environmentally friendly，plastic pollution。

学生在模仿中国代表发言时，表明：Our country will take measures according to the related United Nations acts and take part of the responsibility for plastic pollution. 在模仿美国代表发言时，说出了以下内容：Actually, America does not have enough plastic (like) other countries have (do). Every American has ideas (awareness) to protect our country and (the) earth. 这两个部分令人印象深刻。两组学生在语言表达上虽不完美，但他们所传递的观点和内容却十足地模仿了中美两国在对待和处理国际事务方面的态度，说明

学生课前准备比较充分，也从侧面增强了学生对国际局势的了解。

在陈述完毕后，主持人给每组 5 分钟的辩论准备时间，以应对接下来的讨论。在讨论阶段，每个"国家"举牌示意，以磋商的方式，逻辑清晰地表达自己"国家"的观点，来寻求其他"国家"的支持；同时也要考虑潜在的反对意见，并有相应的应对措施。磋商的目的就是求同存异，力求达到一个平衡的状态。磋商与讨论有利于帮助学生在之后的工作文件里形成清晰的逻辑，达到以说促写的目的。

在这个阶段，"各国代表"都不断地向对方诘问，而保护自己"国家"的利益。例如，"尼日利亚代表"表明：Nigeria is a developing country. We don't use much plastic. It's main(ly) your duty (to) do that. "英国代表"则辩称：Every country should do that. Developing countries have so many rubbish plastic. It pollutes our ocean. Many animals die. The environment is bad. You should do something. 在此过程中，学生在进行思维的碰撞，为了达到本方利益最大化，必须摆出充分的理由证明塑料使用的危害以及他国所需承担的责任。在这个层面，学生跳出了语言本身，达到了在情景交际中运用语言的目的，迁移到了主题之上；寻找原因属于高阶思维部分，不断的磋商也是思辨能力的具体展现。

（三）模联活动反思

模联活动的组织需要一定的准备和学生良好的语言基础。在准备过程中，学生搜集资料，提前准备发言稿和可能的辩论稿。尽管学生准备得很认真，但是在磋商阶段需要现场发挥的时候，还是出现了一些小问题，因为有限的语言水平，学生不能随心所欲地表达自己的想法。例如，"南非代表"提出：I think America should have big responsibility, emm … they are developed country and they have developed. 学生在表达时，会出现准确度和流利度不够的问题，因此后期整理也需要很大的精力。在这个问题上，可以继续探索在课前进行主题相关语言的辅助学习，减轻生词难句等的语言障碍，做好语言准备。

模联活动是对单元整体的复习与巩固，为了进一步让学生感受模联形式，可以将活动分散到日常课外教学补充中，更有利于知识的巩固，同时实现学科课堂教学的灵活渗透和全流程情境化体验。

模联活动对世界问题有着广泛的关注，大多是各国正在面临的棘手问题，这些热点问题使国际局势变得更加复杂多变。引导学生参与这项活动，有利于加深学生对联合国以及当今世界局势的了解，同时为学生构建一种全新的教学活动模式，拓宽学生的国际视野，使其能够用国际视角来思考问题，讨论问题，形成大局观念。更重要的是，模联活动的开展培养了学生的英语学科核心素养，能够促进学生的各项技能发展，这对学生未来的学习课业、职业选择、社会适应及民族认同感的养成都有着积极的作用。面对教育新形势，为国育才、为党育人的根本目标可以在课内外模拟联合国教育教学中得到充分实现，对于学生价值观的科学健康塑造意义重大。

参考文献

[1] 中华人民共和国教育部. 普通高中英语课程标准（2017 年版）[S]. 北京：人民教育出版社，2018: 39.

[2] 许强，蒲快. 高中英语模拟联合国课程中的写说结合教学 [J]. 英语学习，2019，（09）：21-25.

[3] 周小丽. 模拟联合国活动与学生批判性思维能力培养 [J]. 海外英语，2020，（14）：157，165.

[4] 高永泉，王宏伟，冯展极. "模拟联合国"活动在开发英语专业学生批判性思维中的作用 [J]. 西南农业大学学报（社会科学版），2013，11（02）：143-145.

作者简介

赵　娟：　北京市大兴区教师进修学校中学英语教研室主任，特级教师，名师工作室导师，"新国门"优秀青年人才。研究领域为中学英语教育与模联融合发展。

中小学英文戏剧国际理解课程开发与实施研究

李雪珊　北京市东城区教育科学研究院

【摘要】英文戏剧国际理解课程为区域性课程，开发过程包括学生课程试点、教师培训、课程研讨、受训教师课程开发与实施以及课程评价。通过课程开发与实施，教师的专业知识和专业能力得以提升。课程的综合性强，促进学生学习方式的变革。课程育人效果显著，促进学生全面而个性化地发展，为学生的学习成果展示搭建了平台。

【关键词】英文戏剧；国际理解；课程开发与实施

在经济全球化背景下，教育领域形成了"国际理解"新理念，即通过融合性课程内容与多样化的方式培养全球意识和跨文化交流能力。国务院办公厅《关于全面加强和改进学校美育工作的意见》将美育从审美教育、情操教育提升到了心灵教育的高度，树立大美育的科学理念，更加突出和强化了美育在育人中的地位和作用[1]。2014 年《教育部关于全面深化课程改革落实立德树人根本任务的意见》中提出整合和利用优质教育教学资源，地方各级教育行政部门要整合区域内各种优质教学资源，建设共享平台[2]。北京市东城区教育科学研究院整合区域资源，通过区域研修、学校、社会资源等多方主体的共享式开发，形成了英文戏剧国际理解课程，供区域内多所中小学使用。

一、中小学英文戏剧课程开发的背景

习近平总书记强调，美术教育是美育的重要组成部分，对塑造美好心灵具有重要作用。根据本区域课程需求调研，中小学生热爱表演、渴望表达，但现实条件不满足学生需求；在英语教学中，学生乐于参与课本对话表演，但大多停留在背诵对话层面；英语教师在课堂中调动学生感官、想象力和创造力等方面存在困难；在传统的英语学科教学中，单纯的课堂学习活动多，学科实践活动较少，关于英语学科与其他学科融合的综合性课程欠缺。为更好地解决学生英语学习方式单一、英语学科教师创新力不足、学科实践活动薄弱等问题，本区域以英文戏剧课程为抓手，整合多方资源，开展教师培训，开发特色课程，从而更好地满足学生的课程需求和教师的专业发展需要。

二、中小学英文戏剧课程开发的主体

英文戏剧国际理解课程由本区域的研修机构、第三方培训机构、中小学校教师联合开发。研修机构邀请第三方培训机构提供外教教师培训课程服务，区域内对英文戏剧课程感兴趣、具备英文戏剧课程开发能力的一线教师参与教师培训。参与教师结合本校情况进行课程开发，在此过程中本区域研修机构教研员、研修员进行指导，形成"同侪互助"的课程共享式专业开发共同体。

三、中小学英文戏剧课程共享式开发的内容体系

（一）指导思想

本区域"学院制"改革是为深化教育综合改革，促进教育优质均衡发展、学生全面而有个性地发展所提出的新型人才培养模式。"学院制"课程是丰富的、可选择的地方课程，弥补学校课程资源的不足，助力学校课程建设，为学生全面而个性化的成长服务。英文戏剧国际理解课程以"学院制"改革思想为指导，体现了"学院制"课程的特点，实现了区域课程共享式开发，促进了优质教育资源共享，助力学生全面而个性化发展。

（二）课程目标

通过英文戏剧课程，促进学生知识层次、语言能力、思维能力和情感态度同步发展，并培养学生对英语文学的兴趣。

在知识层次上，学生能够掌握戏剧基础知识和规则，了解戏剧展演与编排的步骤与技巧。

在语言能力上，学生能够在戏剧学习中提升语音语调水平，正确理解语言意义，并迁移到真实的语境中内化并使用，能够对英语剧本及相关文本进行研读与分析，提升对原著的理解能力。

在思维能力上，学生能够在戏剧学习中揣摩角色，发挥创造力和想象力，并能够创作简单的戏剧剧本。

在情感态度上，学生能够在戏剧学习中发展自信心、丰富生活阅历、促进学生之间的沟通与合作。同时，课程还能培养学生学习兴趣和积极性，帮助学生认识自我和激发个人潜能，促进学生感受美、鉴赏美、创造美的能力。

（三）课程的结构与模块

小学阶段的英文戏剧课程主要包含三大模块：第一部分为认识英文戏剧，了解英文戏剧的基本知识及规则，了解基本发音技巧；第二部分为表演练习，通过绘本和童话等儿童熟悉的形式进行表演；第三部分为展示环节（见表1）。

表1　小学阶段英文戏剧课程模块

序号	内容	课时
1	戏剧是什么，戏剧在教学中的意义	2 课时
2	戏剧基础规则的学习	2 课时
3	发音技巧，练习音高和音调，演讲及自我点评	4 课时
4	诗歌散文学习，分组创作诗歌	4 课时
5	绘本阅读与童话剧目练习	10 课时

（续表）

序号	内容	课时
6	有主题的即兴表演，尝试标准化角色的演绎	4 课时
7	即兴创作与表演	4 课时
8	选择故事，创作剧本，展演准备	6 课时
9	剧目演出	2 课时

初中阶段的英文戏剧课程共分为三大模块：第一部分为基础知识学习，理解戏剧基础知识及规则；第二部分侧重学习如何运用肢体和声音塑造人物角色，推动剧情发展；第三部分为展示环节（见表2）。

表2　初中阶段英文戏剧课程模块

序号	内容	课时
1	了解戏剧的意义和规则、站姿、肢体动作等	3 课时
2	了解故事中的戏剧元素，以及即兴表演相关元素	3 课时
3	了解角色关系、故事顺序、发声方法和语音训练	3 课时
4	即兴表演相关训练	6 课时
5	肢体动作表演技巧，台词背诵技巧	3 课时
6	道具服装制作，综合排练	3 课时

高中阶段的英文戏剧课程涵盖三大模块：英文经典原著阅读、剧本阅读与创作和舞台剧演出（见表3）。

表3　高中阶段英文戏剧课程模块

序号	内容	课时
1	戏剧的起源，背景知识介绍	5 课时
2	古希腊神话	5 课时

（续表）

序号	内容	课时
3	悲剧导读，舞台协作，肢体训练	10 课时
4	场景剧	5 课时
5	即兴表演	5 课时
6	哑剧	5 课时
7	剧本创作	10 课时
8	现代剧目赏析	5 课时
9	创作周期及遗忘规律学习	5 课时
10	影片制作	5 课时

（四）实施建议

1. 课程适用对象

英文戏剧普及课程面向本区域中小学校学生及职业学校学生；英文戏剧社团课程面向对英文戏剧感兴趣、有意愿有能力参与英文戏剧表演的学生；英文戏剧教师培训课程面向具备一定英语水平、有能力承担英文戏剧教学任务及演出排练的教师。

2. 课程共享的路径

（1）多校试点，开展实验

研修机构根据学校实际情况，在本区域内从戏剧金帆校角度、国际视野角度、九年一贯制角度、英语语言角度选择七所学校开展试点工作，结合 10% 的学科内容、通过社团等形式开展英语戏剧课程。

（2）教师培训，队伍建设

研修机构组织了两轮教师培训，通过面试选拔，录取全区意愿强、语言水平较高、课程开发能力较强的 30 名教师参加英文戏剧教师培训。英文戏剧教师培训课程共计 30 学时，旨在提升教师用英语进行戏剧教学的能力，帮助教师掌握和了解英文戏剧教学的基本知识、教学方法和技能，有能力独立授课，设计多元化的课程目标并促进戏剧教育在本区域内推广。

（3）课程研究，边研边学

研修机构组织开展"中小学英文戏剧课程开发与实施研究"相关课题研究，加强课程整体建设；召开"学院制"英文戏剧课程研讨会，对课程进行深度研讨；组织日常听评课，进行课程改进；组织课纲、课例评选，形成区域优质资源共享库。

（4）本土化课程开发，惠及学子

"学院制"英文戏剧师训受益教师将所学内化为开展教学的行动指导，结合本校的英语教学情况、学生能力水平、课内外课程设置等因素，制订适合本校的戏剧课程计划，组织开展英文戏剧课程教学工作。

（五）评价细则

课程针对学生的学习过程和表现效果设计评价量表，教师可依据量表对学习效果进行评价，促进下一轮英文戏剧课程更好地开展。学生课堂表现评价细则示例如下（见表4）：

表4　英文戏剧课堂学生表现评价细则

评价维度	评价	指标描述	弱	较弱	一般	较好	好
语言技能	语音	发音标准					
	语调	声音高低、轻重、快慢适当					
	流利度	流畅度					
	语言理解	语言理解能力					
	语言记忆	语言记忆能力					
戏剧技能	韵律	节奏、停顿恰当					
	夸张	对事物的形象、特征、作用增强					
	角色理解	角色特征的把握和体现					

（续表）

评价维度	评价	指标描述	弱	较弱	一般	较好	好
戏剧技能	面部表情	眼部、面部、口部表现的情绪状态					
	肢体动作	头、眼、颈、手、肘、臂、身、胯、足等身体部位传达人物思想					
	情感投入	情感投入恰当					
演出技能	面向观众	表演面向观众					
	演出站位	演出站位不偏台、不重叠，走位恰当					
	团队合作	与同伴互相搭配、互相补台					
辅助技能	服装道具	服装道具合理					

四、中小学英文戏剧课程实施案例

　　某小学一、二年级校本课程在拓展和延伸国家课程的基础上，将戏剧教育的通识内容融入其中，达到让学生初步了解戏剧、掌握基本范式的目的。课后服务课程依托不同的剧目，安排表演、创作、道具等内容的深度学习。

　　基础性课程面向一、二年级全体学生开设，具体目标表述如"在戏剧游戏中进行简单的交际""体会剧本人物的关系和不同人物的内心感受和情感表现"。拓展性课程面向学有所长、具有发展潜质和自我发展需求的部分学生开设，具体目标表述如"运用动作、声音和姿势来传达意义""对特定角色进行演绎，创编简单的剧本"。

　　课程具体内容，可包括定格动画（still image）等戏剧习式。学生组成学习小组，将某个意念或某一事件用肢体语言定格影像呈现出来。以《灰姑娘》童话故事为例，午夜钟声敲响时刻，灰姑娘的逃离、车夫的慌张、王子的追赶、大臣的劝阻在一瞬间定格。学生在动中演绎动画，在静中定格动画，促进学生对人物、剧情和矛盾冲突的理解，定格画面的质量促进学生提升审美认知。

五、中小学英文戏剧课程实施效果

（一）学生方面

1. 共享式、综合性的英文戏剧课程，促进学生的全面发展

共享式、综合性的英文戏剧课程融合英语、美术、音乐等多学科，调动孩子的各项智能，不仅是语言领域、学科层面，孩子的肢体智能、人际关系能力、为人处世的方法等，都会在戏剧当中被调动起来。梅里尔·斯温（Merrill Swain）在对加拿大法语沉浸式教学进行长期的研究后指出，单纯的语言输入对语言习得是不够的，语言学习者应有更多的机会进行语言的应用 [3]。通过英文戏剧课程，学生英语表达能力得以提升；与此同时，学生可以将所学英语知识用自己的肢体和语言自信地表达出来，更深入地思考人生与社会，尊重和理解文化的多样性，增强自身素质修养。

2. 开放式、分享式的英文戏剧课堂，转变学生的学习方式

共享式英文戏剧课堂打破了讲授式课堂模式，调动学生多个感官。课堂充分利用"浸入式"教学模式，通过使用一些途径呈现学科内容而不是通过正规的语言教学来教授语言 [4]。课堂中设定很多视、听、说教学活动，让学生通过视觉感官和听觉感官同时接受同一事物和信息的刺激，边看边听边感知，进而就感知到的信息内容开展各种听说活动 [5]。课堂采用全身反应教学法（Total Physical Response，简称 TPR）将语言和行动联系在一起，通过身体动作教授和学习外语 [6]。全身反应教学方式主要的教学活动是发指令和对指令作出反应 [7]。

3. 创新式、展演式的英文戏剧表演，搭建学生展示的平台

本区域研修机构组织开展的英文戏剧展演活动，为学生提供了展示的平台，区域内中小学的学生、家长和教师作为观众。展演活动作为本区域

中小学生戏剧节的专场演出之一，成为区域戏剧和美育教育成果的展示窗口，被多家媒体报道。

（二）教师方面

1. 教师培训，提升教师的教学知识

教师学科教学知识（pedagogical content knowledge，简称 PCK）是教师把学科知识（content knowledge）通过教学知识（pedagogical knowledge）进行加工，使其转化为学生易于理解的知识。教师教学知识是教师专业发展的重要因素，是普通教师转变为专家型、卓越型教师的必备条件，是教师实践教学智慧生成的重要来源[8]。"学院制"英文戏剧教师培训，从教师教学知识出发，教师将戏剧元素融入日常英语教学，结合"夸张""韵律"等戏剧特征，更有利于促进学生第二语言习得。

2. 课程开发与实施，提升教师的专业能力

课程认定评审工作方案解读、课纲课例评选、优质课程展示、英文戏剧展演等环节，用整合思维顶层设计本区域教师培训项目，打破了以往单一学科教师教授学科的壁垒，本区域教师课程培训从学科割裂走向融合，从分散走向系统，从交叉走向层递。纵向上各学科课程培训具有统筹性，横向上各个环节之间具有延续性和承接性。通过课程培训，教师培养了课程设计与实施的思维，为开发国际理解综合性课程奠定了基础。

参考文献

[1] 中共中央、国务院. 关于全面加强和改进新时代学校美育工作的意见 [EB/OL]. （2020-10-15）[2023-12-10]. http://www.moe.gov.cn/jyb_xxgk/moe_1777/moe_1778/202010/t20201015_494794.html?xxgkhide=1.

[2] 中华人民共和国教育部. 教育部关于全面深化课程改革落实立德树人根本任务的意见 [EB/OL]. （2014-03-30）[2023-12-10]. http://www.moe.gov.cn/srcsite/A26/jcj_kcjcgh/201404/t20140408_167226.html?eqid=892dc22c000dd7c6000000002643605d1.

[3] Swain, M. Communicative competence: some roles of comprehensible input and comprehensible output in its development [A]. In S. Cass, & C. Madden. (Eds.). *Input in second language acquisition* [C]. Rowley: Newbury House, 1985: 235-253.

[4] 强海燕，Siegel，L. 加拿大第二语言浸入式教学发展概述 [J]. 比较教育研究，2004，25（07）：1-7.

[5] 尤其达. 改进"视、听、说"教学的尝试与反思 [J]. 外语界，2005，（04）：48-51.

[6] 吕京，郑艳. 全身反应法教学模式下的幼儿英语教学 [J]. 海外英语，2015，（01）：4-5.

[7] 向继霖. 全身反应教学法在英语教学中的应用 [J]. 海外英语，2011，（03）：24-25.

[8] 苏鹏举，王海福. 国内教师学科教学知识（PCK）研究回顾、反思与展望 [J]. 太原城市职业技术学院学报，2020，（10）：91-95.

作者简介

李雪珊：　北京市东城区教育科学研究院教科研员，北京师范大学教师教育硕士。研究领域为国际教育、课程与教学以及教师教育。

美国基础教育中的社会情感学习与评价：CASEL 回顾与启示

廖婧琳　湖南大学教育科学研究院

【摘要】以学术、社会和情感学习联盟（CASEL）为先行的社会情感学习（SEL）长期以来是美国基础教育的题中应有之义。面向未来的人才培养战略与全球教育发展的趋势，回顾美国社会情感学习的行动逻辑，发现其具备理论与实践的两方面考量，行动路径趋向育人方向转变，帮助学生适应社会环境与拓宽视野范围。CASEL 在州范围内全面推广评价框架，评价指标从一般走向特色；发展基准从个别走向整体；学习内容从内容整合走向优先事项；实施战略从专业指导走向多方支持。在学区范围系统推进合作实施，通过校内外的实践网络联合领导者、教职工与学生广泛参与，推动家庭、学校与社区的协调共建。美国的经验为我国聚焦社会与情感能力的素质教育改革提供借鉴，助力统整家校社协同的多条进路在高度、深度以及广度上提升改革成效，实现人才培养的共同愿景。

【关键词】美国；社会情感学习；社会与情感能力；CASEL

21 世纪，日新月异的科学技术正在加速改变着社会环境，青少年在这个比同龄时期的父母和教师所经历的更加多样化且不易定义的世界中成长，需要学校、家庭与社区提供不限于各学科领域的学习内容和技能指导，以不断调整与周围的人、事、物互动的方式，在复杂多元且持续变化的环境中为生活做好准备，重新定义自我成功。加强社会情感学习（Social Emotional Learning, SEL），发展个体的社会与情感能力，是为未来的世界做准备的关键。

社会情感学习发端于 20 世纪末的美国，虽然它在西方各国的推广中已经以各种方式被概念化，但仍可以被宽泛地理解为个体在内部成长和与他人交往的复杂情境中，逐步习得调适自我、适应社会等一系列与个体适应及社会性发展有关的知识、态度和技能的过程[1]。社会情感学习旨在培养包括识别和管理情绪、设定和实现积极目标、欣赏他人观点、感受和表现出对他人的同情心、建立和维持积极关系、作出负责任的决定以及建设性地处理人际关系等核心能力[2]。该培养方式被美国学界证实对年轻人在学校及其工作、家庭和社会上产生直接且长期的积极影响。具体表现在提高学生在校学业成绩，促进积极的价值观念、社会行为和社会关系；减少行为问题和心理困扰，从而获得校内外的长期成功[3]，因此，值得在整个K12教育中给予认真、持续的关注[4][5]。此外，当学校创造环境来支持成人的社会情感学习时，教学效率和教师的满意度相应提高，教职工倦怠减少，整体学校氛围得到改善，能够更有效地支持学生的社会情感能力[6][7]。一系列强有力的证据导致院校及机构对实施有效的社会情感学习战略、计划、实践和政策以系统地改善所有学生教育的指导需求增加。

在美国对社会情感学习的推进中，学术、社会和情感学习联盟（Collaborative for Academic, Social and Emotional Learning，以下简称CASEL）作为先行者、战略者、协调者与推动者，始终支持个体或者组织促进学生的社会情感能力发展和学业进步。它提出的社会情感学习概念框架成为学校开展社会情感学习实践项目的基础框架；主导的研究论证了非认知能力对学生发展的重要性，社会情感学习进入到政策制定者的视野；与此同时，其研究和实践经验也为社会情感学习的实施提供了切实可行的方案。CASEL对于学生社会情感发展所做的努力首先在美国伊利诺伊州得到实践认可。随着社会情感学习项目逐渐推广至美国全境和其他国家，许多国际和社会组织以及国家层面的研究都受其框架的指导，在该领域取得了重要的课程与教学实践成果。先行者的认知结果作为我们的认知材料，是不断拓展对社会情感学习认知范围的基础[8]。因此，本研究基于美国社会视野，综合CASEL现有理论框架在美国各州的使用情况以及各学区的实践成果，从国家诉求、评价标准与区域实践三方面出发，探寻社会情感学习在美国何以产生、何以必要、何以可能的行动逻辑，以期思考中国素质教育关注社会和情感创新发展的实践进路，为促进学生能力更均衡、全面和高质量地发展提供理论和实践研究的参考与借鉴。

一、应对社会情感危机的国家诉求

美国的联邦政策在创造条件以支持全州和全区实施社会情感学习方面发挥着关键作用。2015 年，《让每一个学生成功法案》（Every Student Succeeds Act）完成对 2002 年《不让一个孩子掉队法案》（No Child Left Behind Act）的纠偏，反映了美国主流价值观从重视绩效评价回归到培养良好公民的转向，对美国基础教育产生了深远影响。它终结了原本以测试成绩为基础的联邦问责制，代之以州问责制，将控制教育的权力归还给各州和地方学区；同时，也推动了 CASEL 开展合作州与合作学区倡议，在各州学区和学校推广系统的社会情感学习。到 2021 年，美国救援计划中小学紧急救济（The American Rescue Plan Elementary and Secondary School Emergency Relief）向 K12 教育投入 1,220 亿美元，为基于证据的系统性实施社会情感学习提供长期支持，社会情感学习迎来前所未有的发展机遇。在劳动力政策中，2014 年的《劳动力创新和机会法案》（Workforce Innovation and Opportunity Act），2016 年更新的《卡尔·帕金斯职业与技术教育法》（Carl D. Perkins Career and Technical Education Act）中明确了社会与情感能力对劳动力准备、职业准备的公民价值，体现了社会情感学习的跨系统整合应用。在新冠疫情流行的国际视域下，认知与情感同步发展的育人价值取向、幸福与成功双向而行的社会环境适应、问题补偿到整体优化的视野范围拓展，成为美国应对社会文化危机、加强社会情感学习的国家诉求。

（一）育人价值取向：认知与情感同步发展

20 世纪初的美国，在教育科学化运动的推动下，基于测量与统计学的认知技能测验方兴未艾，进而影响学校实践和教育政策，"读、写、算"等以记忆、思维为主的认知技能始终处于学校教育的聚光灯下。标准化定量研究的大量使用，忽略了对学习性质的深入探索、教育的价值性以及对甄别学生价值的前提思考[9]。其后，在反思传统智力测验弊端的理念下，越来越多研究旨在了解儿童的非认知特征，表明社会与情感能力对个人应对经济社会发展中生活、事业、学习的种种挑战，以及保障身心健康、获得整体福祉具有重要作用。CASEL基于埃弗里特·瓦特斯（Everett Waters）和L.艾伦·斯劳夫（L. Alan Sroufe）的研究提出社会情感学习概念，将社会与情感能力描述为"学会产生和协调对需求的灵活、适应性反应，以及产生和利用环境中的机会"，明确其中包含的认知、情感和行为能力的发展，包括自我意识、自我管理、社会意识、人际关系技能和负责任的决策能力的五项技能[10]；通过一系列循证理论和实践研究证明，将学生非认知能力提升与认知发展相结合的教育策略能够减少青少年成长过程中的风险因素，对他们过上有意义和完满生活具有重要影响[11][12][13]。就教育成就而言，社会与情感能力同学业成绩之间存在正相关关系，具有较高社会与情感能力的学生不太可能出现逃学旷课、不良的社交行为等，且倾向于获得更高的学术成就[14]；就工作而言，社会与情感能力和职场中众多积极的、适应性强的特质呈正相关关系，例如人际关系敏感度、亲社会倾向、情绪稳定、适应性防御方式等[15]。除此之外，社会与情感能力甚至与广泛的生活质量（如心理健康和主观幸福感）之间的相关性比与智商或其他认知技能的相关性更高[16]。故个人成长与发展不仅需要通过以智商或考试成绩为标准的认知能力水平来衡量，还需要非认知层面的自律、学术动机和人际交往等能力。

教育是培养人的社会活动。在教育目标上，认知与情感统一于个体发展，开始于婴儿早期并贯穿整个生命周期。一方面，认知作为情感的基础，引导社会与情感能力的生发，使儿童在发展语言和问题解决能力的同时，也可深入体验情感，并获得表达情感的能力。另一方面，认知作为加工系统以获得知识、发展素质，情感作为动力系统让知识的获得、素质的发展更加有效。在教育实践中，无论是作为个体认知发生的动力机制，还是行为选择的评价机制，乃至生命的享有机制，社会与情感均是个体全面发展的重要组成部分，通过"逻辑—认知"与"情感—体验"双重路径共同构成完整的教育过程[17]，在人的认知发展、价值养成、行为学习、思维结构等诸多方面，发挥着全息性基础作用[18]，成为学校教育中不可或缺的基本诉求。现实要求教育不仅要重视儿童的认知发展，也要重视儿童的"道德、智慧和感情融洽一致"，培养儿童"在人与人交往关系中的感情品质"[19]。由此，越来越多的目光开始聚焦于社会与情感能力，基础教育的培养目标从单向度的认知焦点转为关注情感在内的多元、全人发展，从而为学生未来幸福和有成就的生活奠基。

（二）社会环境适应：成功与幸福双向而行

科学技术创新所引起的社会网络的迭代与更替，以及新冠疫情扰乱的教育秩序的适应与重建，使得当前全球教育系统更加迫切地融入数字化浪潮。通过网络，学校成为连接学生、家庭和社会的学习中心，城市、国家间的联系日益加强，成为超越国家实体的命运共同体。在社会环境骤然变迁中，聚焦学生认知发展的传统教育体系已不足以让学生更好地适应变化的当下与未来，更加强调社会公民间的信任感、宽容心与合作意识，诸如学习动机、学习品质、独立判断与创造性思维等非认知层面的社会和情感技能更有可能成为他们赢得未来的关键竞争力。

在过去的半个世纪中，植根于美国种族壁垒和社会阶层的教育差距限制了少数族裔群体和低收入背景学生的学业成功的机会。随着新冠疫情的继续流行，美国爆发了史上最大规模的全国性种族运动[20]。由警察暴力拓展到种族歧视、社会不公等一些长期存在的社会问题，引发美国社会各界对文化和历史的反思。同时，疫情危机下的特殊环境使美国中小学生心理健康问题加剧，对社会情感学习与指导的需求激增，但由于学校大范围关闭，远程教育形式的变化和限制性导致教师在提供社会情感学习的指导及心理健康教育的形式方面面临巨大挑战，很少有学生在实现学业及社会情感能力发展目标方面取得进展。学校、政府、机构及教育工作者如何在这两个历史事件的交会点上了解学生的需求并为他们及其家庭提供需要的帮助，尤其是为资源不足的社区和有色人种学生提供需要的服务，以促进学生的学业学习与社会情感发展，成为美国教育界最突出和紧迫的问题。因此，CASEL 呼吁，学校应该创新心理健康支持方法，准备额外的资金，以确保充足的人员配备和对教师的培训，满足学生和学校员工的需求，并优先考虑建设安全、支持性、可持续和公平的学习环境，以促进学生的社会与情感能力发展。

（三）视野范围拓展：问题补偿到整体优化

美国早期的社会情感学习着重发展社会与情感能力、增强个体的适应能力，作为一种工具来促进积极成果和预防不利情况，例如减少辍学、滥用毒品、青少年怀孕或学校暴力[21]。当时的心理学家用行为检查表来评估儿童的社会与情感能力，专注纠正不良行为，强调对处境不利的学习者进行补偿性教育。这种对社会问题的补偿性教育受到批判，第一种批判反对以病理学为重点的心理健康教育方法，认为这无法覆盖所有需要服务的人。第二种批判抨击针对学生缺陷行为的反应性治疗效率低下，倡导应该跳出狭域的教育方法，关注缺陷行为背后诸如幸福感、生活满意度与归属感等影响因素。这些批判让研究者开始审视社会意识、社会支持和社会能力对儿童克服逆境、获得成功的重要性。随着教育理论与实践对社会情感学习的关注加深，人们越来越深刻地认识到社会与情感能力对个体教育成就、就业能力、公民行为、身心健康和福祉等全方位发展的作用，该领域发生了范式转变，从最初的关注问题行为和问题学生转向关注社会与情感能力对儿童全面发展、整体福祉的影响，从最初的重点关注筛查漏洞和治愈方法，转向更普遍的预防和促进行动。

二、评价社会情感学习能力的州标准框架

教育框架的主要目的是在阐明学生的学习标准与能力的同时，将实践与理论研究相联系，作为实施教育测量与评估的依据支持循证实践[22]。在

深入研究和实践的基础上，CASEL 列出包含自我管理、自我意识、社会意识、人际关系技能和负责任的决策能力的社会情感学习五大核心能力领域（具体内容见表 1）。这五种能力又具体包含不同的子维度，它们广泛且相互关联，并与之所处的学校、家庭、社区组成的生态环境系统相互发生作用，在此基础上建立了 CASEL 5 框架。

表 1　社会情感学习核心能力表 [23]

核心能力	子维度	操作性定义
自我管理 A	A-1 自我控制	在不同情况下有效管理自己的情绪、思想和行为
	A-2 管理压力	识别和使用压力管理策略
	A-3 自律	表现出自律和自我激励，以实现延迟满足
	A-4 设定目标	设定个人和集体目标
	A-5 组织能力	表现出主动的勇气，使用计划和组织技能，实现个人、集体的抱负和目标
自我意识 B	B-1 自我定位	识别个人、文化和语言优势，认识自己的优势和局限性；整合个人和社会身份
	B-2 自信心	体验自我效能感，以扎实的信心培养兴趣和目标感；展示诚实和正直，拥有成长心态
	B-3 情绪	将感受、价值观和思想联系起来，理解自己的情绪、思想和价值观以及它们如何影响跨环境行为
社会意识 C	C-1 换位思考	理解来自不同背景、文化和语境的人的观点
	C-2 共情	对他人表现出同理心和同情心，理解他人和表达感激
	C-3 欣赏多样性	通过了解组织、系统对行为的影响，理解不同环境下各行为更加广泛的历史和社会规范，同时识别情境需求和机会，认可家庭、学校和社区资源的支持
	C-4 尊重他人	承认他人的长处，关心他人的感受
人际关系技能 D	D-1 沟通	在环境中与不同的个人和群体进行有效沟通
	D-2 社会参与	抵御社会负面压力，展示文化能力，在不同的社会文化需求和机会面前寻求或提供支持和帮助，为他人的权利挺身而出

（续表）

核心能力	子维度	操作性定义
人际关系技能 D	D-3 建立关系	建立和维持健康和支持性关系
	D-4 合作	在小组中表现出领导力，积极倾听、合作、协作解决问题和建设性地协调冲突
负责任的决策能力 E	E-1 识别问题	认识到批判性思维技能在校内外的价值与作用，在不同环境的社交互动中表现出好奇心和开放的心态
	E-2 分析情形	学会在分析信息、数据和事实后作出理性判断
	E-3 解决问题	确定个人和社会问题的解决方案
	E-4 评估	预测和评估个人、人际、社区和机构的各种行动对个人、社会和集体福祉的益处和后果等影响
	E-5 反思	反思偏见和歧视，反思个体在促进个人、家庭和社区福祉方面的作用
	E-6 道德责任	考虑道德标准和安全问题，对个人行为和社会行为作出关怀和建设性选择

CASEL 5 框架采用系统的方法，强调通过家校社合作，在学校、家庭、教室和社区的关键环境中，建立以信任和合作关系、严格而有意义的课程和教学以及持续评估为特色的学习环境和体验，增强所有学生的社会情感和学术学习，促进教育公平和质量，在帮助解决各种形式的不平等问题的同时，赋予学生权利，为共同创建蓬勃发展的学校，安全、健康和公正的社区作出贡献，因此该框架适用于不同年龄阶段、不同文化背景的学生[24]。

正如 CASEL 强调的："社会情感学习框架只是作为一种辅助理论与实践的工具，为思考、交流和行动提供基础。"[25] 美国研究所（American Institute for Research, AIR）也在报告中指出，识别、定义和衡量社会与情感能力的框架有助于推动设计或协调支持学生社会情感发展的多种努力与行动，包括政策、教学策略和评估实践[26]。在 2017 年的 AIR 报告中，研究人员审查了来自不同研究领域的至少 136 个社会情感学习框架，其中绝大部分正在美国各州、学区和学校运行。近年来，州和学区普遍使用 CASEL 5

框架建立学习标准和能力，阐明学生应该知道什么，并能够为学业成功、学校和公民参与、健康保健以及长远的职业生涯采取哪些措施。截至 2022 年，全美 50 个州中已有 27 个州采用 K12 社会情感学习标准，较 2020 年增加了 50%，其中包含从学前扩展至成人的针对特定年龄段学生的发展基准。另有 17 个州已经发布与社会情感学习相关的资源和指导文件，积极进行战略调整，但尚未决定制定标准或正在制定标准[27]。在社会与情感能力大流行的当下，社会情感学习是否可以运用统一的框架和标准？是否需要反映当地社会文化背景以及学习者个体的文化差异的需求？这些问题成为美国各州的重要议题。

（一）评价指标：从一般走向特色

鉴于 CASEL 5 框架是基于对社会与情感能力的理论和发展研究，各州倾向于使用与 CASEL 框架紧密结合的框架。在制定社会情感学习标准的 27 个州里，有 18 个州使用的标准框架都包括 CASEL 所规定的五大能力领域（自我管理、自我意识、社会意识、人际关系技巧和负责任的决策能力），与 CASEL 5 框架保持一致。在这 18 个州中，有 3 个州（伊利诺伊州、纽约州和宾夕法尼亚州）选择将 CASEL 的五大能力维度相结合，以创建三个目标领域：在保留决策能力目标的基础上，将自我管理和自我意识结合进个人的总体目标，社会意识和人际关系技巧合并为社交维度的目标。

与上述 18 个州相比，有 9 个州拓展了与 CASEL 5 框架不直接对应的州特色框架，尽管仍然涵盖 CASEL 的核心能力，但方式略有不同。例如，堪萨斯州将社会与情感能力根据性格发展、个人发展和社会发展进行分类。华盛顿州增加了关于自我效能和社会参与的具体能力。印第安纳州、缅因州和西弗吉尼亚州的框架与 CASEL 5 框架差异更大，即使在这些框架中，CASEL 5 的核心能力和子能力也不同程度地反映出来。具体来说，印第安纳州的框架注重感觉运动整合、洞察力、合作、联系、批判性思维、调节和心态七项能力；缅因州的五大指导原则旨在培养清晰有效的沟通者、自主学习及终身学习者、创造性和务实的问题解决者、负责任和积极参与的公民、综合且博闻的思考者；西弗吉尼亚州则围绕人际交往和社交技巧、学习和工作习惯、职业和人生目标、支持全球公民的四个实践技能领域评价学生，并注重大学和职业准备。

（二）发展基准：从个别走向整体

社会与情感能力是循序渐进的，因此其衡量学生进步的标准框架与教学实践也都应该是发展性的[28]。虽然 CASEL 5 框架本身并没有定义发展基准，但 CASEL 强调各学段的发展基准是各州高质量社会情感学习的重要组成部分，鼓励各州在社会情感学习的标准或能力中阐明发展基准。2017 年，只有不到十分之一的州框架关注社会与情感能力的阶段性发展。随着制定学习标准的州数量急剧增加，各州框架中的发展基准及所针对的年龄段愈加明确，几乎所有州都在学习标准中阐明发展基准，这表明各州逐渐认识到社会与情感能力的衔接与终身学习的重要性。

社会情感学习的发展基准普遍按照年级段划分（例如小学早期、小学晚期、初中和高中），而不是个别年级。大多数州将 K12 阶段分为两个小学阶段、一个中学阶段和一个或两个高中阶段。但各州组织年级组的方式略有不同，比如有的州将高中早期和高中晚期分开，而不是将所有年级作为一个阶段。

（三）学习内容：从内容整合走向优先事项

1. 内容整合

社会与情感能力对学习的各个领域都至关重要，关键是要明确这些学习内容之间的联系，以鼓励教育工作者支持学生的社会情感学习[29]。整合学术学习、心理健康和幸福感、面向全体学生的观念、就业准备、学校氛围和文化、品格教育以及多层次支持系统（MTSS），是许多州在开发社会情感学习框架时的重要驱动力。各州已将社会情感学习的内容与多个其他战略优先事项和措施联系起来，以促进系统性社会与情感能力的发展，并确保教育工作者不会认为这是与其工作脱节的"另一件事"。其原因一是美国研究者认识到教育工作者已经很难兼顾支持学生学习的各项举措，二是社会情感学习被证实是其他战略内容的基础。当教育工作者支持学生的社会情感学习与能力发展时，学生更有可能拥有优化学业的技能和资源，为就业做好准备，并拥有支持他们情绪健康的工具和资源。

2. 优先事项：公平与文化响应

各州将公平作为制定社会情感学习标准的重要视角，确保所定标准不会无形中强化隐性权力和特权而导致不平等，有助于解决偏见、特权和权力所带来的问题，并促进自决、赋权和社会正义。研究表明，社会情感学习的方法本身有助于直接促进公平，且在将社会情感学习融入学科实践时考虑公平性对成人和学生有积极影响[30]。同时，当学术和公平考虑成为实施的核心时，社会与情感能力本身也会得到提升[31]。因此，社会情感学习的文化公平与适配的问题愈发受到学界的广泛关注[32]。研究者将这种以公平为基础的工作定义为变革性社会情感学习，即"一个学生和教师建立牢固、相互尊重的关系，基于对异同的理解，学会批判性地检查不平等的根本原因，并为社区和社会问题制定协作解决方案的过程。"[33]具体来说，当学生和成年人具备社会与情感能力时，更有能力在逆境中保持韧性，为自己和他人辩护[34][35]。

2020 年，CASEL 对框架更新后，更加重视支持公平实践和学术卓越所需的能力和环境，更新后的定义还强调了对社会情感学习采取文化响应和形成适当方法的重要性。可见，考虑文化和语言的多样性因素之于高质量社会情感学习框架具有重要意义；截至 2021 年，有越来越多的州强调社会情感的公平性，以确保教育体验在文化和语言上适合所有人参与其中[36]。虽然对公平性的关注仍然有限，但越来越多的州和学区正朝着这个方向发展。为促进和支持教育公平，CASEL 建议各州及学区为学习目标、教学实践和方法提供具体指导，使其在文化和语言上观照全体师生并吸纳各方参与。可以预见，制定包含社会情感学习元素的公平性和文化响应指南的州数量将持续增加。

（四）实施战略：专业指导与多方支持

以下将分析各州的社会情感学习标准如何指导具体实施战略，包括制定支持社会情感学习实施的一般指南或工具，提供教学实践指导，以及提供专业学习指导或其他专业学习支持。自 2016 年起，美国通过合作州倡议（Collaborating States Initiative, CSI）建立州教育机构间与国家教育机构间的合作关系，为高质量、系统性的社会情感学习创造条件。由于公共卫生事件对教育领域的冲击与挑战，政策制定者、教育工作者、家长和学生都越来越认识到运用社会情感学习解决问题的普遍价值，主张建立更公平的学校系统，并呼吁学生为急速变化的未来世界做好准备。因此，采用具体实践措施来支持社会情感学习实施的州数量持续大幅增长。截至 2021 年，CSI 已将州级社会情感工作从 8 个州扩展到 40 多个州，代表了 90% 以上的美国地区、学校、教师和学生。与 CSI 相关的州更加重视社会与情感能力，各州积极开展教学实践、专业学习和教学评估以支持社会情感学习的实施，同时联合内外部组织机构开发多元的学习工具和学习资源。除了共享一般的外部资源服务之外，所有州都立足自身情况明确发展方向，制定针对本州的特定指南并发布于独立的网络平台。

各州支持学区和学校实施社会情感学习标准的具体策略不尽相同，包括提供总体指导，以及对教学实践、专业学习和评估方面的支持。随着各州开始考虑评估问题，更加需要明确社会情感学习评估的目的和相关性。研究表明，学校使用的评估应该与社会情感学习标准框架保持一致。但 CASEL 建议各州仔细考虑对个别学生的社会情感发展的针对性评估，包括深入了解如何使用实证数据 [37]，不推荐用于普遍筛查或基于问责目的的评估措施。

三、系统推进社会情感学习的区域实践

2011 年，基于对社会情感学习有效性的实证成果，CASEL 从 8 个学区开始发起合作学区倡议（Collaborating Districts Initiative, CDI），旨在研究社会情感学习实践如何扎根美国大型综合的学校系统，以全面拓展和转变全学区的高质量教育形式。从 2011 年至 2021 年，CDI 已成为美国一项持续而全面的举措，深化并扩大到美国各地的 20 个合作伙伴学区，不仅在实施

质量与效果方面稳步提升，还在学校、中央办公室部门、政策和实践以及地区文化各方面强调社会与情感能力，在积极的合作伙伴关系中使社会情感学习惠及美国和国外的数千个学区和数百万学生，使社会情感学习成为大型综合学区教育不可或缺的一部分。

（一）行动理论

维持社会情感学习的关键在于系统实施。自 CDI 推行以来，CASEL 始终提倡系统性的实施方法，并为系统性、全区的社会情感学习实施提供行动理论。系统性行动理论以循证方案和实践为基础，与关键地区优先事项相关联，以领导为榜样，由教职工体验并融入学校文化，与学生、家庭和社区共同创建，并通过内部和外部实践社区得到加强。具体包括：（1）建立基础性支持和计划；（2）提升教职工的社会与情感能力；（3）向所有学生推广社会情感教育；（4）进行基础数据反思并作出持续改进。通过在教职工间建立基础知识、制定共同愿景和促进协作规划，培养意识、建立承诺和共享经验；培养教师的社会情感和文化能力，建立协作和信任的关系；基于循证计划与实践，营造温馨的校园文化氛围，为学生提供在校发展社会与情感能力的机会；在阶段性教学考核中运用量表收集教师和学生的调查数据，分析并改进有关社会情感学习的实施决策，以此作为社会情感学习可持续性发展的基石。自 2012 年以来，地区社会情感学习的实施在 CASEL 行动理论的以上四个重点领域有所加强；从 2011 年到 2021 年，使用 CASEL 地区评级实施标准的学区数量有所增加；所有学区自我报告的评分都从 1（没有计划或实施）上升到 4（完全计划并实施）[38]。由此证明了系统性实施社会情感学习的可行性。

（二）实施路径

社会情感学习的系统实施创造了公平的学习条件，让所有学前和基础教育阶段的学生都能积极参与学习和实践社会情感与学术能力。这些条件需要在地区和州一级进行政策、资源和行动的协调，以鼓励当地学校和社区提高成年人的个人和专业能力，实施和不断改进基于证据的计划和实践；创造一种包容的文化，培养关爱关系和提升青少年的发言权、能动性和品格；增进协调的学校—家庭—社区伙伴关系，以促进学生发展。因此，系统性的社会情感学习实施要比引入单一的社会情感学习课程或社会实践复杂得多。它从课堂教学、学校文化和氛围到教职人员招聘与管理、专业学习和培训、学区政策、家庭参与等多个方面，渗透到学区的各个学校机构。

首先，由领导者塑造、培育、提升社会情感学习的共同愿景；其次，政府部门优先将社会情感学习渗入到教育的各个环节，确保每个部门与个体都能参与其中；第三，学校通过资源和多种路径拓展创新与个性化的社会情感学习空间，为教职工提供社会情感学习的专业支持，形塑文化与氛围；第四，学生、家庭和社区共建社会情感学习的愿景和计划并共同实践，比如各学区通过与学生合作并为其发声创造空间，利用学生的意见不断改善其学习体验。年轻人、家庭、社区合作伙伴、教育工作者、领导者和所有学区工作人员围绕共同的愿景团结在一起，将社会情感学习整合到地区的优先事项中，校内、校外的实践共同体得以发挥合力，将社会情感学习贯穿于他们为支持学生所做的一切工作中，共同推进社会情感学习的实施，使所有学生都能茁壮成长。

四、响应社会情感教育的中国启示

当前，我国正处于深化教育领域综合改革，加快推进教育现代化，促进学生核心素养的全面发展阶段。党的十九大报告站在新的历史起点上要求："全面贯彻党的教育方针，落实立德树人根本任务，发展素质教育，推进教育公平，培养德智体美全面发展的社会主义建设者和接班人。"《中国教育现代化2035》也坚持把德育为先、能力为重、全面发展作为未来教育的战略主题，将"更加注重全面发展"作为推进教育现代化的基本理念之一 [39]。社会与情感能力作为一种重要的非认知能力，与认知能力互相作用，共同促进青少年的全面发展，彰显了素质教育的核心内涵。社会与情感能力作为素质教育与引领人生成功和幸福的长期系统性基础工程，一方面要求与教育的基本内容、基本任务相接轨，另一方面强调素质教育从小抓起，家庭、学校、社区共同营造有利于孩子社会与情感能力发展的良好环境。

（一）家庭熏陶：启蒙社会与情感能力的基础力量

社会情感学习始于儿童早期且贯穿其成长始终，家庭环境是社会情感学习的重要环境。研究表明，支持性家庭和亲密性家庭提供相应刺激性活动，可以增强儿童的社会与情感能力[40]；为此，家庭应通过提供指导、培养习惯、传授价值观和分享期望来塑造儿童的社交和情感发展。首先，让儿童感受到父母的积极行为，建立和谐、平等、友爱的家庭环境。儿童在耳濡目染中养成尊重、理解、沟通、包容、妥协等交往品质，合理表达诉求、克制非合理欲望、让渡过分需求。其次，父母需注重引导儿童建立规则意识，确保家庭纪律规则和程序清楚、严格、公平、持久，从而指引儿童明确言行界限，促进合作、关爱、鼓励和支持等积极行为，消减欺骗、不负责任、自私等消极行为。最后，父母长辈对能力培养秉持发展观也至关重要，具有成长心态的人认为可通过努力发展能力，而具有固定心态的人认为能力是天生的。家长对社会与情感能力可塑性的信念影响儿童的成长心态，而具有成长心态的人相较于具有固定心态的人更有动力投入时间和精力来实现教育目标[41]。

（二）学校教育：培育社会与情感能力的核心阵地

学校作为包含样态丰富的人际交往情境的雏形社会，是个体从家庭走向社会的中介。在动态、复杂的学校场域内，社会情感学习涉及多层支持系统，学校对于社会与情感能力培养的落实不是依靠专门课程的开设，而是通过学校管理、课程体系设置、教学设计、师生关系、班级文化、社会实践活动、社会志愿活动、劳动教育等方方面面构建校园文化，将学生的社会情感学习浸润于无声。

第一，建立良好的学校氛围。例如，建立和谐的师生关系和生生关系，制定公正透明的纪律条例，实施民主合作的决策方式，这些都有益于社会与情感能力的养成。同时，为学生提供解决冲突和修复受损关系的路径、培养关系技巧和负责任的决策能力，同纯粹依靠奖惩影响学生行为相比，可以带来持久的能力和态度变化[42]。学校可以通过定期安排晨会或咨询等方式，在学生之间建立积极的关系和交互意识。第二，立足课程因素。一方面，开设专门的社会情感类课程，明确教授诸如倾听、同理心、个人管理、人际交往等技能。例如，借鉴澳大利亚的个人和社会能力课程，或借鉴美国的情绪词汇课程等。另一方面，在基础课程的教学中渗透社会情感学习的内容，如综合实践活动课、德育、班队会、学科课程等，无论侧重哪个领域，纪律、合作、责任、谈判、毅力、自尊、自我控制、自我效能感和好奇心的培养都是这些课程可挖掘的潜在内容。第三，以恰当的教学方式提升学生同学校的联结感，增加其亲社会行为。例如，创设支持性教学氛围；设置恰当的学习挑战和期望；以学生为中心；精炼教学用语；合作学习；组织讨论；采用多元教学活动设计；鼓励负责任地决策；开展自我反思与评价，以及通过示范、实践、反馈、指导以培养学生的社会与情感能力。

（三）社区网络：塑造社会与情感能力的实践场域

社区成员和组织可以支持与强化课堂和学校的努力，尤其是通过提供更多超越学校与家庭场域的实践机会来促进儿童应用和完善社会与情感能力。成长发展中的个体在剥离了熟人脉络的社区中学习与人交往互动，在身体力行中获得社会情感学习体验；在社区中同伴之间自主建立平等关系，在相互协作、妥协与谈判中塑造与同龄人互动的方式，提升社交性，以此作为探索社交和发展自我认同感的一种方式，并成为有关习俗、社会规范和意识形态的信息来源。儿童越来越多地借助同龄人群体为成年做准备，学习脱离父母和教师的监督，在社会系统中协商关系并与不同的人接触。因此，创建积极的社区指标，包括让儿童感受到社区中他人的关怀、积极的态度和行为；举办以儿童兴趣特长为依托的社区项目与活动；提供儿童合作交流、为社区服务的机会等。

（四）家校社协同：统整社会情感学习的生态环境

学校环境之于素质教育的核心地位常常被过分高估，但需要注意的是，社会情感学习实则与社区、家庭、同伴以及其他环境的互动密切相关。儿童生活场域的各个微生态环境应通过有意识地施加影响从而相互联系并保持一致，将家庭熏陶作为启蒙社会与情感能力的基础力量，学校教育作为培育社会与情感能力的核心阵地，社区网络作为塑造社会与情感能力的实践场域，在复杂的环境与交互的社会关系中实现儿童的社会与情感学习 [43]。学校教育需发挥对个体发展的引领作用，在诸多要素协调中导向一个互相配合、协调一致、前后连贯的着力方向，采取系统的教学方法促进社会情感学习。学校的影响范围不仅包括学校范畴内的文化氛围及有效的课程与教学策略，还需适应所属社区的需求和背景，并通过沟通协调，辐射家庭与社区，为推进家庭和社区范围内尊重和支持的积极氛围而努力，由此以点带面，建立起有益于社会与情感能力发展的互联互促的微型生态环境。

从实施素质教育到发展素质教育，不仅是字面的简单变化和过程的自然延伸，而是在高度上，从全面发展向为每个人提供适合的教育提升；在深度上，从基本素养向核心素养深化；在广度上，从认知能力向社会与情感能力拓展。社会与情感能力作为一种超越学科学习的能力，决定了儿童和青少年学生如何更好地适应当今不断调整变化和难以预测的世界，灵活应对新时代社会发展所带来的学习、工作、生活等各项挑战。全球性的比较研究不是为了排名，而是为了推进素质教育实践，在国家间的流动学习中助力孩子健康幸福且均衡地成长。重要的是如何通过学校、家庭和社会共同协商，将研究成果反映到教育政策的制定上、学校教育方式的改进上、家庭养育方式的优化上以及社会环境的改变上，将理论与实践成果转化为育人实践，为立德树人的教育改革探索方向。通过社会与情感教育的应然性与实然性呈现，把提高社会与情感能力作为发展素质教育的重要突破口，推进素质教育发展以达到新的更高水平。

参考文献

[1] Elias, M. J., Zins, J. E., Weissberg, R. P., et al. *Promoting social and emotional learning: guidelines for educators* [M]. Alexandria: Association for Supervision and Curriculum Development, 1997: 172–176.

[2] Weissberg, R. P., Durlak, J. A., Domitrovich, C. E., et al. Social and emotional learning: past, present, and future [A]. In J. A. Durlak, C. E. Domitrovich, R. P. Weissberg, et al. (Eds.). *Handbook of social and emotional learning: research and practice* [C]. New York City: The Guilford Press, 2015: 3–19.

[3] Mahoney, J. L., Durlak, J. A., Weissberg, R. P. An update on social and emotional learning outcome research [J]. *Phi delta kappan*, 2019, 100 (04): 18–23.

[4] Bridgeland, J., Bruce, M. & A. Hariharan. The missing piece: a national teacher survey on how social and emotional learning can empower children and transform schools. A report for CASEL [R]. Civic enterprises, 2013.

[5] DePaoli, J. L., Atwell, M. N. & J. Bridgeland. Ready to lead: a national principal survey on how social and emotional learning can prepare children and transform schools. A report for CASEL [R]. Civic Enterprises, 2017.

[6] Elias, M. J. Social-emotional skills can boost Common Core implementation [J]. *Phi delta kappan*, 2014, 96 (03): 58–62.

[7] Jones, S. M. & J. Kahn. The evidence base for how we learn: supporting students' social, emotional, and academic development. [R]. Washingtong DC: Aspen Institute, 2017.

[8] 朱锐锐. 美国 CASEL 组织：为社会情感学习落实提供可行之策 [J]. 上海教育，2021，（26）：48–50.

[9] 黄忠敬. 如何在学校开展社会与情感能力教育？[J]. 中国教育学刊，2021，（02）：6.

[10] Waters, E. & Sroufe, L. A. Social competence as a developmental construct [J]. *Developmental review*, 1983, (01): 79–97.

[11] [16] Chernyshenko, O. S., Kankaraš, M. & F. Drasgow. Social and emotional skills for student success and well-being: conceptual framework for the OECD study on social and emotional skills [A]. In OECD. *OECD Education working papers* [C]. Paris: OECD Publishing, 2018: no. 173.

[12] Guerra, N. G. & C. P. Bradshaw. Linking the prevention of problem behaviors and positive youth development: core competencies for positive youth development and risk prevention [J]. *New directions for child and adolescent development*, 2008, (122), 1–17.

[13] CASEL. Safe and sound: an educational leader's guide to evidence-based social and emotional learning (SEL) programs [R]. Chicago: CASEL, 2003: 2–59.

[14] Suarez-Alvarez, J., Fernández-Alonso, R., Kyllonen, P. C., et al. Editorial: bridging the gap between research and policy in fostering social and emotional skills [J]. *Frontiers in psychology*, 2020, 11: 426.

[15] Burns, T. & F. Gottschalk. (Eds.) *Educating 21st* century children: emotional well-being in the digital age [A] In OECD. *Educational research and innovation* [C]. Paris: OECD Publishing, 2019: 65.

[17] 刘世清. 教育情感治理: 何以可能? 如何可行? [J]. 南京师大学报 (社会科学版), 2021, (05): 35-45.

[18] 朱小蔓. 情感教育论纲 [M]. 北京: 人民出版社, 2007.

[19] 联合国教科文组织. 反思教育: 向 "全球共同利益" 的理念转变 [R]. 北京: 教育科学出版社, 2017.

[20] 寇曦月, 熊建辉. 疫情应对: 美国中小学社会情绪学习的策略与实践 [J]. 比较教育学报, 2021, (02): 77-90.

[21] 田雪葳, 解淑暖, 王晶莹, 等. 西方社会情感学习的成功密码: 核心场域与关系网络 [J]. 全球教育展望, 2020, 49 (10): 49-62.

[22] [26] [29] [36] Berg, J., Osher, D., Same, M. R., et al. Identifying, defining, and measuring social and emotional competencies [R]. Washington, DC: American Institutes for Research, 2017.

[23] CASEL. The first ten years 1994—2004 [EB/OL]. [2022-10-17]. http://www.casel.org.

[24] Blyth, D. A., Jones, S. & T. Borowski. SEL frameworks — what are they and why are they important? [J/OL]. *Framework briefs: introductory series*, 2018: 3 [2022-10-17]. https://measuringsel.casel.org/wp-content/uploads/2018/09/Frameworks-A.1.pdf.

[25] CASEL. CASEL's SEL framework: what are the core competence areas and where are they promoted? [EB/OL]. (2020) [2022-10-17]. https://casel.org/casel-sel-framework-11-2020/?view=true.

[27] Dusenbury, L., Yoder, N., Dermody, C., et al. An examination of K-12 SEL learning competencies and standards in 18 states [J/OL]. *Framework briefs*, 2020 [2022-10-17]. https://casel.org/wp-content/uploads/2020/03/CSI-Frameworks.pdf.

[28] Denham, S. A. Keeping SEL developmental: the importance of a developmental lens for fostering and assessing SEL competencies [J/OL]. *Framework briefs: special issues series*, 2018: 20 [2022-10-17]. https://casel.org/casel-resources-keeping-sel-developmental/.

[30] [35] Gregory, A. & E. Fergus. Social and emotional learning and equity in school discipline [J]. *The future of children*, 2017, 27 (01): 117-136.

[31] Celio, C. I., Durlak, J. & A. Dymnicki. A meta-analysis of the impact of service-learning on students [J]. *Journal of experiential education*, 2011, 34 (02): 164-181.

[32] 屠莉娅, 吕梦园. 社会情感学习中的文化观照: 美国社会情感学习中的 "文化失配" 危机与 "文化响应" 实践 [J]. 比较教育学报, 2021, (02): 45-61.

[33] [37] Jagers, R. J., Rivas-Drake, D. & T. Borowski. Equity & social and emotional learning: a cultural analysis [J/OL]. *Framework briefs: special issues series*, 2018 [2022-10-17]. https://measuringsel.casel.org/wp-content/uploads/2018/11/Frameworks-Equity.pdf.

[34] The Aspen Institute. Pursuing social and emotional development through a racial equity lens: a call to action [EB/OL]. (2018-05) [2022-10-17]. https://www. aspeninstitute.org/wp-content/uploads/2018/05/Aspen-Institute_Framing-Doc_ Call-to-Action.pdf.

[38] CASEL. 2011-2021: 10 years of social and emotional learning in U.S. school districts. Elements for long-term sustainability of SEL [R/OL]. (2021-10-11) [2022-10-17]. https://casel.org/cdi-ten-year-report/?view=true. https://www.expandinglearning. org/docs/Durlak%26Weissberg_Final.pdf.

[39] 新华社. 中共中央、国务院印发《中国教育现代化2035》[EB/OL].（2019-02-23） [2022-10-17]. http://www.gov.cn/zhengce/2019-02/23/content_5367987.htm.

[40] Kankaraš, M. & J. Suarez-Alvarez. Assessment framework of the OECD study on social and emotional skills [A] In OECD. *OECD Education working papers* [C]. Paris: OECD Publishing, 2019: no. 207.

[41] Osherd, D., Kidron, Y., Brackett, M., et al. Advancing the science and practice of social and emotional learning: looking back and moving forward [J]. *Review of research in education*, 2016, 40 (01): 644-681.

[42] 全晓洁，蔡其勇. 从"我"到"我们"：社会情感学习的逻辑向度与实践进路 [J]. 中国教育学刊，2021，（02）：12-17.

[43] 田雪葳，解淑暖，王晶莹，等. 西方社会情感学习的成功密码：核心场域与关系网络 [J]. 全球教育展望，2020，49（10）：49-62.

作者简介

廖婧琳： 湖南大学教育科学研究院硕士。研究领域为高等教育评价、高等教育政策研究。

基础教育"五融合"模式提升国际理解素养：滨江小学国际理解教育课程的建构与实施

包　耘　李　俏　刘雯钦　曹宇婷　重庆市沙坪坝区滨江小学

【摘要】重庆市沙坪坝区滨江小学立足本土资源和学校的历史，通过和中外人文交流活动相结合，和学校课程相融合，开展多样态、多融合的教育活动，呈现出百花齐放的国际理解教育新生态，整合成具有学校特色的国际理解教育课程。学校营造了国际化的文化氛围，通过多渠道培养，实现教师国际理解素养的全面提升，开发跨学科素养课程群，搭建课程融合模型，整合国际理解课程体系，创新"五结合"路径，助力国际理解教育目标达成。

【关键词】国际理解教育新生态；国际化的文化氛围；多渠道培养；跨学科素养课程群；课程融合模型

重庆市沙坪坝区滨江小学（以下简称"滨江小学"）始建于1938年，前身是重棉一厂职工子弟小学，而重棉一厂的前身是重庆豫丰纱厂。学校挖掘历史，提炼了"精纺细织"的办学理念和"坚韧"的滨江精神，构建了"精细"课程体系。为了提高学校教育国际化水平，增进学生对不同国家、不同文化的认识和理解，培养具有国际视野、通晓国际规则、能够参与国际事务和具备国际竞争力的国际化人才，学校立足本土资源和学校的历史，通过和中外人文交流活动相结合，和学校课程相融合，开展多样态、多融合的教育活动，呈现出百花齐放的国际理解教育新生态，整合成具有学校特色的国际理解教育课程。

一、深刻领会国际理解教育的内涵

进入 21 世纪，经济全球化、社会信息化使人类的交往进一步突破国家和民族的界限，教育国际化的趋势日益明显，培养具有"全球意识"的国际型人才成为各国教育的重要目标[1]。文献研究表明，国内对国际理解教育、跨文化交流等的研究大多集中在高等教育领域，而基础教育阶段，特别是小学的实践，还缺少经验与研究。为加强国际理解教育，滨江小学设计与开发了具有校本特色的国际理解教育课程。

开设国际理解教育课程，就是让学生了解多元文化、全球问题等国际背景知识，在探究与体验的基础上，初步培养运用国际交流语言、全球视野和国际交往等方面的能力，培育国际视野与中国意识，培养全球胜任力，为将来参与国际竞争与合作打下扎实的基础。

学校对"全球胜任力"这个核心概念进行了梳理，对比分析了经合组织、亚洲协会，以及美国和日本对全球胜任力的研究，厘清了全球胜任力的核心概念，聚焦清华大学的六大核心素养，即世界文化与全球议题、语言、道德与责任、自觉与自信、开放与尊重、沟通与协作并以此作为学校国际理解教育课程培养目标、课程设计依据、课程实施指导的重要参考（见表 1）。

表1　全球胜任力的概念界定

机构或国家	经合组织	亚洲协会	中国（清华大学）	美国	日本
知识	对全球议题的认知和理解；跨文化知识与理解	沟通思想，与各种不同的人有效交流自己的观点	世界文化与全球议题；语言	了解历史、地理、经济、政治以及与自己和外国文化相关的问题	文化多样性、相互依存性、战争与和平

（续表）

机构或国家	经合组织	亚洲协会	中国（清华大学）	美国	日本
技能	分析与批判思维；以谦恭、得体、有效的方式与他人打交道的能力；同理心、适应能力	采取行动，将自己的观点付诸恰当的行动以融入社会	道德与责任；自觉与自信	拥有个人能力，可以通过人际沟通或研究二手资料，在跨文化环境中收集和处理信息	人对社会的参与和影响，自我驱动、持续学习的能力
态度	对来自其他文化的人持宽容态度；尊重文化"他者"	探索世界，调查自身之外的世界；具备多元视角，了解自己与他人观点	开放与尊重；沟通与协作	个人对待文化差异的积极态度和参与这些差异的意愿	思考力、判断力、表现力

（资料来源：作者根据相关资料自行整理。）

学校成立了专项工作小组，由校长主管，副校长分管，中层行政人员具体实施，专家团队进行学术指导，以学年为单位，制订项目的年度目标与计划，对项目工作定时总结、定期评估，做到了有规划、有步骤、有实效地推进课程建设；从文化氛围、教师培训、课程群开发、课程实施、校本化评价五个方面，逐步探明国际理解教育课程建设的实施路径。经过两年的研究，目前，学校国际化的氛围营造达成度为 65%；学校教师培训达成度为 85%；课程群开发达成度为 70%；课程实施达成度为 60%；校本化评价的达成程度最低，仅为 25%。

二、营造国际化的文化氛围，感受人文交流魅力

学校通过建设有形文化和无形文化，积极营造开展国际理解教育的人文交流活动氛围。

创新有形的文化。学校布置自己的"文化墙"，让学校的每面墙壁都能

对学生进行国际理解教育；充分利用学校走廊，通过"外语之窗"和标语、图画以及"纺织文化长廊"和"英语角"营造国际理解教育氛围，形成走廊文化。让每个班级、每个学生都行动起来，用不同国家、不同风格的装饰创设周围的环境，增强对多元文化和传统文化的了解。

打造无形的文化。学校加入了中外人文交流高滩岩小学联盟学校、北外模联联盟。此外，学校还通过申报接收国际学生学校，加强与领事馆、上合组织国家多功能经贸平台的交流，畅通渠道，加强友好交往（见图1）。

图1　滨江小学国际化校园文化氛围营造示意图

学校在校园文化活动中运用电视台、小报、宣传海报等进行国际理解教育的宣传，开展滨江小学英语节、英语社团课程、西班牙语社团活动，以沙龙、专题讲座、社会考察、实践体验、访问交流、汇展等多种形式开展国际理解教育的主题活动。

三、开发跨学科素养课程群拓宽学生视野

结合清华大学提出的"全球胜任力"六大素养，滨江小学初步形成了国际理解教育素养课程群，包括道德与责任素养系列课程、自觉与自信系列课程、沟通与协作系列课程、世界知识与全球议题系列课程、语言系列课程、开放与尊重系列课程（见图2）。通过相关的理论学习和实践探

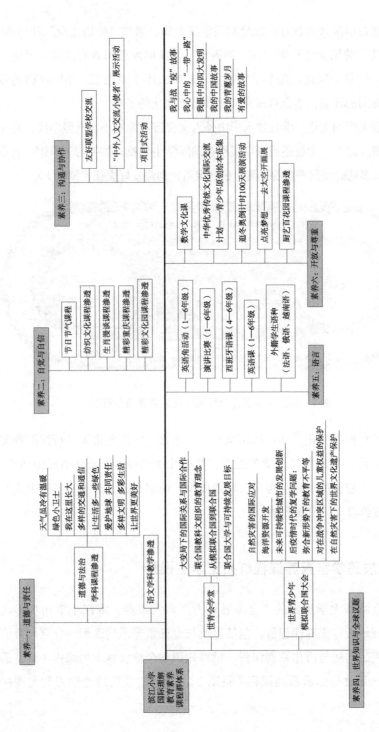

图 2　滨江小学国际理解教育素养课群体系

究，学校发现国际理解教育的达成除了要进行知识、技能的培养，更重要的是要进行态度、价值观等高位素养的培养，这就要求学校在日常的教学中做好跨学科能力和重要学科能力的扎实培养，否则是很难达到预期的素养培育效果的。因此，学校将中外人文交流特色学校建设与国家课程、地方课程、校本课程有机融合，组织开展跨学科课程群的设计和开发，解决了开展素养课程的时间、地点、人员、内容无法保证的问题，确保了课程实施的可持续性。

四、创新实现"五融合"国际理解课程体系

国际理解教育学科渗透将国际交往所需要的知识、技能渗透于有关学科的教学之中，营造潜移默化的国际理解教育环境，各学科形成合力，使国际意识植根于学生心灵深处，引导他们开阔视野，掌握技能。这就要求学校在学科教学中体现国际理解教育的基本理念，各学科教师结合本学科教学目标，寻求并建立与国际理解教育相关联的内容。在实施中，学校强调突破学科界限，加强学科整合，实现多点渗透，避免形式机械、内容单一。学校搭建了课程融合模型，在国际理解教育课程与国家课程、地方课程、校本课程的融合过程中，用目标融合、理念融合、课程结构融合、素材方法融合和支持及评价融合的五大融合反观课程的合理性、可行性，确保课程实施的科学性（见图3）。

学校作为教育部第一批中外人文交流特色学校，力求通过中外人文交流特色学校的建设，落实立德树人根本任务，拓展学生国际视野，发挥人文交流育人功能，提升学生的人文素养、人文交流意识和能力。学校创新了"五结合"的实施路径，发挥学校的积极性、主动性和创造性，探索中小学国际理解教育开展的有效模式和长效机制，提高学校国际交流能力和办学水平。

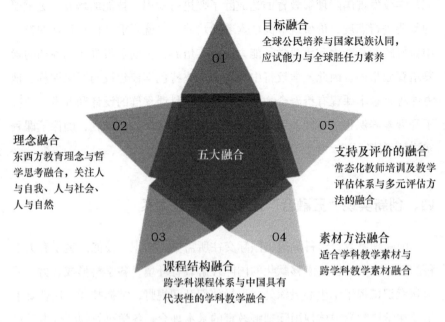

图 3　滨江小学课程融合模型

（一）与中外人文交流特色活动相结合

国际理解教育的活动以国际理解教育为主题，结合学生在学校和社会生活中实际开展的活动，让学生在主动参与和主动探究的过程中比较全面地了解世界多元文化，树立全球概念。

学校借助沙坪坝区中外人文交流试验区的平台，积极参与"中外人文交流小使者"活动。几年来，学校陆续参加了"中华优秀传统文化国际交流计划——青少年原创绘本征集"、"点亮梦想——去太空开画展"和世界青少年模拟联合国大会等特色活动。这些活动通过师生喜欢的方式拓宽视野，弘扬民族精神，培育理解意识，促进共同发展，同时多层次、多角度、多方位地锻炼了学生收集、处理信息的能力，培养了学生用历史的、发展的、全球的眼光看问题的科学的思想方法，以及交流、沟通、合作的技巧，激发了学生热爱祖国、热爱生命、热爱自然的情感，开发了学生的多元智能。

学校还以活动为依托，进行二次开发，形成校本特色课程和校本资源，助力特色学校建设。以世界青少年模拟联合国大会为例，学校组织学生参加模联活动并进行了长程化设计（见图4）。比赛仅仅是一个载体，从启动仪式到面试纳新、课程学习，再到赛前集训、参与赛事，师生将进行为期一年的学习和准备，其间学生围绕一个议题，进行项目化的深度学习和探究，极大地促进了对地区、全球和跨文化议题的分析能力。

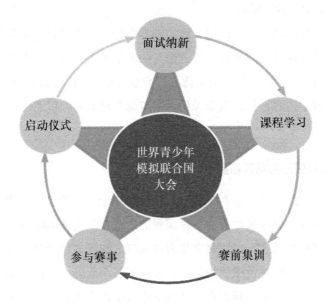

图4 滨江小学模联活动组织流程

模联项目组在活动中，突破创新，注重活动的项目化设计、长程化实施和探究式学习，通过对活动的二次开发，实现了学生国际化素养的再提升。

学校连续三年参加世界青少年模拟联合国大会，成绩斐然。第一年6人参加，第二年8人参加，第三年19人参加，3次大会均有学生进入了高级别会议；2名学生获国际理解力特别提名奖；4名教师获指导教师奖；学校2次被评为最佳团队，1次获评优秀组织者。学校学生郭一可以模联的内容作为演讲的素材，代表沙区参加重庆市演讲比赛，获得了重庆市一等奖第一名的好成绩。这一成绩还由模联官方公众号"北外模联联盟"进行了报道。

（二）与道德法治基地学校建设相结合

国际理解教育校本课程开发以促进国际理解为目标，通过各种教育手段和措施，培养具有国际理解素养和能力的人，促使多元文化之间相互尊重，相互理解，共同发展。

学校作为区域唯一的道德与法治基地学校，有着良好的课程基础。通过进一步的梳理研究，学校发现道德与法治学科中存在着不少的国际理解教育课程内容，因此，学校将道德与法治基地建设和国际理解教育相结合，通过梳理教学内容、打磨典型课例、参与课例比赛等，以点带面，辐射推进国际理解教育。

（三）与学校厨艺百花园精品课程相结合

劳动教育厨艺课程是学校的名片，"六年学会十二道菜"的课程在全国都很有知名度，是区域性劳动教育课程的典范。学校将国际理解教育和厨艺百花园课程相结合，以饮食文化为切入口，加强文化理解与文化尊重教育。以周四下午的特色课程为依托，开设了三个厨艺特色社团课程，设计开发中西方饮食文化差异课程，加强学生对中西方饮食文化的了解，通过项目式探究学习，帮助学生获得跨文化理解能力。

在厨艺百花园课程的实践中，为体现探究性，在实施跨学科教学设计时，当学生了解到其他国家的饮食类型、饮食习惯和饮食文化后，就学习动手制作美食。学校常规的步骤是实操过后，学生谈制作感受，但在国际理解教育课程中，学校增设了探究活动——用科学的饮食结构和营养学理论评价各个国家、地区或民族的饮食习惯和饮食文化。评价后，学生会发现有的国家、民族、地区甚至一些群体在明知不健康的情况下仍然坚持自己的饮食结构、习惯或文化。探究这背后的原因就指向了对思想或者底层逻辑的理解，或是哲学、宗教、信仰系统的原因，或是贫穷、资源匮乏的原因。通过这种深度学习，真正的理解才会发生（见图5）。

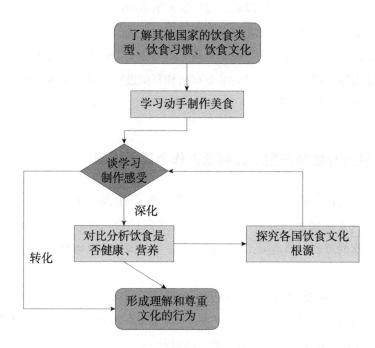

图5　滨江小学国际理解教育与厨艺百花园融合课程实施流程

（四）与节日节气特色课程相结合

通过对新年、儿童节等中西方共有的节日课程开展比较研究，帮助学生从全球视野的高度去看中国、看世界，去比较中外文化，在了解和理解基础上，学会包容与尊重世界的多元性，学会共处、学会合作。

（五）与主题特色活动相结合

与新年午餐会相结合，通过邀请外籍教师、留学生到校参加新年午餐会，共同庆祝新年，实现相知相融；与运动会相结合，以"探秘'一带一路'"为主题举行开幕式展演，促进国际理解教育；与学校少先队主题活动相结合，原创节目《画出明天最美的模样》赴北京参加迎冬奥倒计时100天展演，展现了滨江学子的素养和风采，收获了组委会和专家的一致好评，得到了央视网、央视频、新华社客户端、人民日报客户端、中央广播电视总台等主流媒体的一系列报道；与学校艺术节相结合，连续两年组织学生参加"中外人文交流小使者"书画集体展示活动，共提交200余幅书画作品。2022年，学校开展的"最美童画，助力冬奥"迎冬奥中外人文交流小使者冰雪体验活动还被北京奥组委官网和官微进行报道，是西南地区唯一被奥组委官网报道的学校。

五、将提升教师的国际理解素养作为重要保障

在发展国际理解教育的过程中，教师的个性和态度至关重要，这在很大程度上决定了国际理解教育是否能达到目的。如果教师自身对国际理解教育的理解不够透彻，就不能对学生参与国际理解教育课程进行正确引导。

首先，要拓宽教师的全球视野。学校校长包耘赴芬兰参加中芬教育论坛，派出近80名教师赴其他学校进行教育交流，教师获得的大量直观跨文化体验间接促进了学生国际理解能力的提升。

其次，教师参与国际理解教育培训。通过参加全国和市区级培训项目、课题专项研究、组织参与相关比赛，借助线上线下结合的方式，学校教师参与专项培训的覆盖率达到了92%。其中校级干部参培比率达到80%，中层干部参培占比达到50%，班主任参培比率达到100%，学科教师占到78%，足以看出学校对国际理解教育的重视程度、实施力度、落实效度。通过多渠道培训，转变了教师们的观念，教师们的国际理解素养全面提升。

再次，组织国际理解教育的相关学术交流活动。学校发挥引领作用，主动创设国际理解教育发展空间，组织本校教师参与国际理解教育的教学研讨活动。学校还承办区域基础教育人文交流研究中心成立仪式暨国际理解教育培训活动，受到教育部中外人文交流中心主任的高度评价；承办重庆市道德与法治学科市级教研工作会，在会上展示跨学科教学案例"地球发烧了"，获一致好评。

最后，重视教科研活动。在教科研方面，学校开展了国际理解教育

方面的科学研究，申报了市级和区级课题，本校教师也撰写过多篇论文并发表。

随着时代的发展，学生参与国际合作与交流的机会越来越多。学校需要在培育学生中华文化认同感的同时，科学、合理、多样化地开展国际理解教育实践，让学生在各种各样的主题式实践活动中体验、感悟、反思，养成国际理解能力与意识，为未来自身国际竞争力的培养打下良好基础。

参考文献

[1] 石惠新，孙学文. 小学国际理解教育校本课程的开发 [J]. 课程·教材·教法，2006，（03）：19-22，66.

作者简介

包　耘：　正高级教师，重庆市沙坪坝区滨江小学校校长，重庆市骨干校长，重庆市优秀教师，重庆市教育科研先进个人，沙坪坝区首批"沙磁名师"。研究领域为国际理解教育。

李　俏：　重庆市沙坪坝区滨江小学副校长，沙坪坝区优秀教育工作者，优秀共产党员，沙坪坝区教育科研先进个人。研究领域为特色课程、国际理解教育。

刘雯钦：　重庆市沙坪坝区滨江小学科研室主任，沙坪坝区教育科研先进个人，沙坪坝区教师教育先进个人。研究领域为核心素养实践。

曹宇婷：　重庆市沙坪坝区滨江小学德育主任，沙坪坝区优秀教师。研究领域为核心素养。

基于K12学校构建综合素养课程中心的探索与实践

孙叶单　成都市郫都区天立学校

【摘要】当今时代背景之下，培养学生的全球胜任力已经成为当代教育的一项重要任务。作为肩负国家人才培养责任的学校单位，成都天立学校在短短三年的办学过程中，尝试成立综合素养课程中心，统筹和研发全学段特色课程。学校切实从教育的角度出发，通过不断进行教学改革与创新，在课内国家必修课程体系之外，补充提供更加丰富多彩的全球化教育，使学生在未来更具有竞争力和创造力，从而培养他们在全球范围内各个领域的卓越胜任力。

【关键词】教育国际化；素养课程；全球胜任力；组织改革

教育国际化是当今世界教育改革和发展的重要趋势。基础教育国际化的根本目的是增进学生的国际理解，开拓学生的国际视野，促进学生国际意识的形成，提升学生的国际素养，培养具有中国灵魂和世界眼光的未来公民。教育的国际化，就是以国际视野来把握和发展优质教育，最终培养出具有国际意识、国际交往能力和国际竞争能力的人。在实践层面，教育国际化更多地意味着在课程设置、教师发展、组织管理、学生培养等方面有效地融合国内和国际先进的教育方式。成都天立学校作为一所教育集团下标杆的K12学校，在建立之初就明确了学校的教育使命：共创国际标准的中国学校，共享幸福美好的教育人生。学校创始团队在办学之前，拜访了国内外的众多名校，融合国内国际先进办学理念，从硬件到软件，从理念到内容，整合全球一流教育教学资源，结合我国教育改革中对于人才需求的战略调整，最终将学校的育人目标确定为培养具有全球视野和国际竞争力的学生，使他们在未来能够适应和参与全球化的社会和经济发展。

一、创建综合素养课程中心

围绕着育人目标，学校自创校以来，致力于为学生提供多元化的丰富课程，培养他们的国际意识、领导能力和全球胜任力，为他们的未来发展打下坚实的基础。随着学校在国际化教育上的不断改革与创新，传统教育的组织架构、课程设置和管理模式在培养未来创新型人才中已不能更好地满足当下教育需求。于是，学校打破了内部小、初、高各学段课程之间的壁垒，构建了一体化的特色课程，从组织架构上设立了学区综合素养课程中心，专注于一体化特色课程的研发和管理。综合素养课程旨在满足学生及其家庭在不同的学段对综合素养课程类型及专业度更深层次的需求，通过不同学部课程的有机整合，形成真正赋能于学生成长的有效教学内容，为培养出更多的面向未来、面向国际的人才做创新案例尝试。

（一）素养课程中心服务对象及类型

素养课程中心服务对象为K12阶段的在校学生，开展以特色课程作为主要载体的课程体验、选课规划指导、个性化课程定制、教育部各白名单赛事的参赛组织、研学游学、生涯规划等服务。中心尊重每个学生的个体差异，并提供个性化的教育服务和支持，对不同背景、能力和有特殊需求的学生提供适当的支持和资源支持，最大限度地挖掘每个孩子的潜能，鼓励他们的兴趣和爱好，赋能于所有学生的个性化发展。

家长是孩子成长过程中的重要陪伴者，也是学校教育的重要合伙人。素养课程中心分设家长成长学院，定期开展线上和线下的教育分享活动，持续为家长提供亲子教育培训、家庭教育指导、教育资源咨询等服务，帮助家长更好地理解孩子的成长需求，缓解家长在教育过程中的焦虑，帮助其改善亲子关系，从而进一步促进家校共育。

（二）合作对象及方式

为了激发老师们的积极性，让组织成员有内生动力，营造"学习共同体"和"价值为荣"的氛围，赋能个体成长，为有多元化课程特长的老师提供更广阔的平台，素养课程中心构建了以"平台思维"为导向的组织管理方式。在小、初、高各学部的选修课时段，全校所有老师都可以申请自己本职学科以外的特色课程，比如有的语文老师同时也是小提琴表演高手，不仅可以自己演出，也有相应的教学经验，就可以申请小提琴教学；有的数学老师有海外学习和教学经历，就可以申请开设双语数学课；有的课程由科学、信息、美术老师合力研发，老师们充分发挥各自学科的优势，进行跨学科融合教学。根据家长和学生的需求，如果有的课程校内老师没法开设，学校将筛选区域内顶级的课程团队到校进行教学，比如高尔夫课程，合作的师资团队是来自省高尔夫协会的省队教练团队。三方平台合作能够实现资源共享，获得专业支持，拓宽学生发展途径，并提升学校影响力和竞争力。这对于全面提高教育质量、培养学生全面发展具有重要战略意义。已有的合作伙伴包括学校资源、各类社会资源及家长资源，其中不乏教育部白名单赛事资源、国家队教练级团队、省定向越野协会、省高尔夫协会、全国总冠军级教练、专业竞赛教练、北大清华师资等各方顶级教育资源。所有的课程师资都会以"乙方"的角色与学校"甲方"确立"合约"关系，保证教学质量；学校则以学生喜好度、课程质量评估、家长满意度等方式进行考核，每一学期评选出最受学生欢迎的课程、学生最爱的老师，以及过程性考核和终结性考核都满分的卓越课程。教师的教，是为学生服务的，只有把考核的话语权交给学生和家长，才能真正实现"让人民满意的教育"。有奖励就会有惩罚，如果学期考核较低，通过过程性调研，学生对课程及老师教学毫无兴趣，甚至出现抵制情绪，那么该课程就会被"市场"所淘汰。

二、素养特色课程的体系建构

（一）理论依据

素养课程的概念始于20世纪90年代，当时国内的教育仍然注重知识的灌输和传授，忽略了学生综合能力的培养。随着改革开放的深入和教育理念的逐步升级，素养课程逐渐成为了我国教育体系的重要组成部分，包含了公民素养、学科知识、技能与创新思维等多个层面，是由八大学科领域内容的交叉融合所构成的综合课程。学生在课程中可以获得知识和技能，但更重要的是培养学生在真实世界中解决问题的能力、沟通能力、团队协作能力、创新意识等能力素养。根据国家对人才战略需求的转变，从共性教育到个性化教育，从单学科教学到跨学科融合，学校在课程设置的管理上调整了思路，以终为始，根据学生全面成长所需的几个维度自上而下地规划课程。所有的课程都围绕中国学生发展的核心素养框架，以天立教育集团自主研发的"六立一达"课程维度为核心来设计（见图1），这六个维度分别为：

立身课程——珍爱生命，生活自理，身体健康；

立心课程——悦纳自我，接纳他人，善良感恩；

立德课程——文化传承，遵纪守法，文明待人；

立学课程——自我驱动，学会学习，学识渊博；

立行课程——付诸行动，卓有成效，勇敢执着；

立异课程——与时俱进，自我革新，审美情趣；

达人课程——公益利他，国际视野，可持续发展。

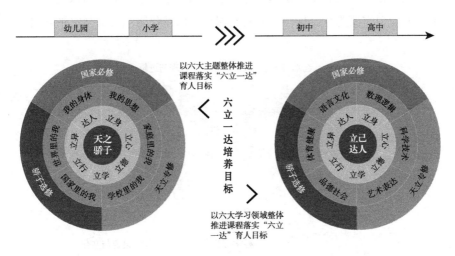

图1　天立教育"六立一达"课程维度（源自天立教育育人模式）

（二）特色建构方式

一是组织架构特色，素养课程中心在学区的整体管理之下，平行于学部管理。学部专注于国家必修课程的质量管理，素养课程中心则专注于全学段特色课程的研发和管理。足以见得，学校把一体化特色课程建设置于学校建设中重要的位置。在管理方式上用"校长思维"全面管理，包括从课程设置与研发、课程管理、招生宣传、家校沟通、师资管理、质量管理等高视角闭环式管理。同时，为学生和家长提供一站式教育服务，新入学的学生开学时会做"天赋潜能测评"，初步判断每个孩子在性格、运动、艺术等方面的潜能和优势，以及孩子的学习特质，是听觉型、视觉型还是动觉型。在初步了解学生的潜能后，学校还要和家长充分沟通，了解他们的教育需求和家庭教育目标，最后围绕着孩子的优长潜质，结合家庭教育目标因材施教，为孩子制定适合的课程，把教育的人性化发挥到极致。二是课程的设置遵循横向多元、纵向进阶的原则。横向多元，指课程设置的领域在"六立一达"核心素养之下包含但不限于体育与健康、艺术与表达、科学与技术、数理与逻辑、语言与文化、品德与社会（见图 2）。纵向进阶，指所有的课程都需要体系化设置，从小学到高中的体系设置，从零基础的兴趣类选修课，到有了一定基础想要继续深入系统学习的大师课程，再到更加专业、需要为竞赛做准备的集训课程，以及代表学校最高水平外出参

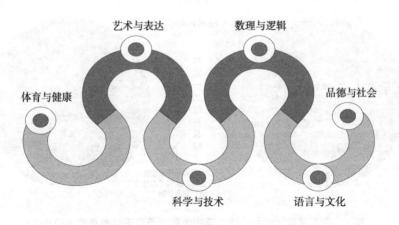

图 2　天立学校横向多元的课程领域

赛的校队课程等。总体而言，课程划分根据学生专业水平高低，分为不同培养阶段，从入门级的兴趣探索、系统深入学习、集中高效训练、竞赛升学，到最后能达得到国内外顶级权威赛事参赛资格的专业级别（见图3）。

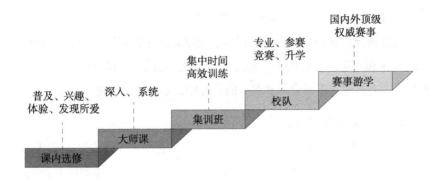

图 3　天立学校纵向进阶的课程体系

（三）核心培养目标

学校通过国家必修课程夯实学段基础，在此基础上通过特色课程做学科拓展，再根据每个孩子的特质做相应的课程配置，设置了多达 100 门以上的课程供学生们选择。

全年的特色课程结束后，学校也会根据学生在学校内参与的所有活动、课程学习、人际交往等方面全维度地为学生做终结性评估，从而用科学客观的数据来判断学生的学习情况，同时将数据反馈给老师作出相应的课程内容和计划的调整。

1. 培养自主学习和适应能力

通过动手类的特色课程，比如乐高机器人、无人机、魔力科学等，培养学生的自主学习和适应能力，使他们能够快速适应不同文化和环境的变化，并持续学习和成长。学生需要具备自主学习的意识、信息获取和批判性思维的能力，以不断提升自己并适应全球化时代的发展。

2. 培养多语言能力

通过多种语言课程，如日语、法语、西班牙语等课程，培养学生掌握多种语言的能力，以加强他们在国际交流中的沟通能力和跨文化交际技巧。通过学习其他语言，学生能够理解不同文化的思维方式和价值观，拓宽国际视野。

3. 培养跨文化领导力和团队合作能力

通过领导力课程、社会情感课程、戏剧表演课程等培养学生的领导力、团队合作和解决问题的能力。通过多元文化环境中的团队合作活动，学生能够学习有效地与不同背景和观点的人合作，解决复杂问题。

4. 培养跨学科综合能力

STEAM 课程、英语科学、英语戏剧、双语音乐等课程培养学生具备跨学科的综合能力，能够将不同学科的知识和方法结合起来解决复杂问题，适应多样化的职业环境和挑战。

5. 培养创造性和创新性

三维打印、泥塑木雕、木工制作等课程培养学生的创造性和创新思维，激发想象力和创造力，以期在科技、艺术、文化创新和未来职业中取得成功。

三、素养课程的运营与师资管理

（一）校内课程与师资运营管理

素养课程中心设定明确的特色课程老师招募标准，根据校内老师规范的开课申请资料，筛选符合开课标准的课程进行打磨与宣传。素养课程中心采取面试、教学示范、考察等方式来评估教师的能力和适应性，以确保招聘到具备相关资质和素质的校内教师。学校持续为教师提供合理的工作条件和支持，鼓励教师进行创新和实验，并尊重教师的意见和建议；建立良好的素养课程教师团队文化，从而增强团队凝聚力和协作效能。同时，素养课程中心提供专业发展支持，包括教学方法、课程设计、专业研讨会、教育技术应用等方面的内容，并邀请专家或其他教师分享经验和最佳实践。其他支持方式还包括经费支持、学术资源的供给、进修机会等。这些支持也可以帮助教师持续学习和成长，提升个人和团队的教学能力。

素养课程中心提倡建立良好的师生、师师之间的沟通与交流机制，鼓励教师之间相互学习和共享经验；定期的教研活动、团队会议和教学分享可以促进教师之间的互动和合作，提高整体教学水平，并且设立公平合理的激励机制，以提高教师的积极性和动力。激励包括薪资激励、晋升机会、专业发展支持、表彰奖励等多样化的形式，可以激发教师的教学创新和工作热情。同时，奖惩并行，定期进行教师的监督和评估，以确保教师的教学质量和教育效果。评估包括课堂观察、学生评价、同行评议等方式，以获得全面的教学表现反馈。根据评估结果，制订个别教师的改进计划和提供相应的支持。

（二）校外课程与师资运营管理

当校内老师所提供的特色课程不能满足学生成长的需求时，素养课程中心会引进社会资源。首先明确所需的校外师资类型和领域，根据课程需求和学校发展目标进行需求分析和规划，例如某些学科或专业领域可能需要特定的外部专家来提供知识经验和资源平台，接下来才会开始正式选择合适的校外师资合作伙伴。重要的是找到经验丰富、专业知识深厚、具有教学经验并符合学校需求的合作伙伴。与校外课程或师资合作时，课程中心会制定相应的协议来明确双方的责任和权益，确保双方在合作过程中的权益得到保护，包括课程合作期限、课程安排、教学要求等方面的内容。课程开始之后，素养课程中心也会为校外师资提供专业发展支持，例如提供学校行课规范专业培训，提供基础设施和教学资源等，这也有助于校外师资持续学习和提升自己的教学能力，以更好地满足学习需求。同时，素养课程中心与校外师资保持密切的沟通和合作，确保双方之间的信息流畅、互相理解和协作。定期的会议、反馈和交流可以提高合作效率，并推动教学质量的提升。学校也会通过教学监督和评估机制，对校外师资进行定期的观察和评估，包括课堂观察、学生评价、教学成果展示等方式，以确保校外师资的教学质量和教学效果。

（三）校内校外课程与师资的衔接

首先，建立家校社资源共享平台是教育发展的趋势；其次，未来教育需要打破校内校外"一堵墙"，让学生拥有更宽广的学习空间。学习的真正意义在于"随时发生"，而非在特定的环境空间里。因此，在课程的延展性上，学校把上课地点从教室内搬到了户外，设置研学课程，打造了"一年一座大山，一年一条大河"的户外课程理念。只有让学生行走于山林之间，亲近大自然，接受大自然的疗愈，才能让他们充满生机。在校内课程的设置上，学校也提出了"一年一种运动项目，一年一种乐器"的理念，比如所有的学生都会在小学一年级和初中一年级进行全员游泳课，这是给予孩子的生存技能训练。在经过一年的学习后，98%的学生能够在学年末参加"泳往直前"游泳结业典礼，孩子们会在典礼上一个个地跳下水，向父母展示学习成果，最后再邀请父母一起下水，享受亲子课堂带来的欢乐。此类课程还包括木工、攀岩、高尔夫和网球。这些课程赋能于全校所有孩子的成长。因此在师资的引进上，学校更加偏向于选择有专业技能的体育老师，比如专业的网球教练、专业的游泳教练等，而非传统意义上的体育教师。学校艺术老师的引进同理，需要专业的钢琴教师、乐团教师、声乐教师、戏剧教师等，以此来满足给全体学生开设的拇指琴、非洲鼓、哨笛、戏剧表演课等特色课程。在师资的能力互补上，采用校内校外优势互补的原则开展课程。例如，校内课程可以教授学习策略和思维方式，校外课程则可以提供更具实践性和探究性的学习机会。素养课程中心也会将校内外课程的学习成果纳入综合评估体系，以确保学生在不同领域的学习能力得到全面评价。这样可鼓励学生参与校外课程，培养他们的跨学科能力和综合素养。同时，素养课程中心建立了共享平台，共享校内校外的教学资源。通过资源共享，可以节约教研沟通成本，也会提高学生学习体验的连贯性，并在教学质量上取得更好的效果。

（四）课程活动一体化延伸

素养课程中心将课程作为体系落地的主要载体，通过提供更多的选修课程类型，结合兴趣培养项目、研学游学、夏校冬校等不同形式，满足学生个性化发展需求。学生可以接触到更多实践问题和创新机会，培养创新思维和解决问题的能力。

四、素养课程中心的成果展示

（一）学术展示

办学以来，参加各类课程赛事的学生超过 1,000 人，获得市级以上学术奖励的有 370 余人。除了参赛，学生也可以通过口头报告、学术研究论文、展板、海报等形式展示他们在学习过程中的研究成果、学术发现和专题分析。

（二）项目展示

不论是在课堂上还是课后，学生可以以小组或个人形式，通过社团活动、项目展示、产品演示、模型展示等方式来展示他们在课程中所完成的实际项目成果。这种方式能够突出学生的创造力和实践能力。

（三）演出和表演

对于艺术、音乐、体育等领域的课程，学校通过一些德育活动，例如音乐演出、舞蹈节、国际戏剧节、跨年晚会和课程展示会等方式来展示学生在课程中学到的艺术才能和全面技能。

（四）数字展示

科技类课程的学生会通过使用多媒体工具和技术，如演示文稿、视频制作、网站设计等，将他们的学习成果以数字化形式展示，从而更具吸引力和互动性。

（五）学术竞赛和比赛

素养课程中心为学生甄选了教育部白名单及全球各类赛事供学生们参加，如学科竞赛、科技比赛、国际青少年大赛等，学生通过比拼展示自己在课程中的学习成果和竞争力。

五、素养课程中心工作的评价体系

（一）明确评估目标并收集数据

素养课程中心首先会确定所要评估的具体目标和评估标准，包括学生知识和技能的掌握情况、学习成果的表现、学生参与度和学习态度等方面。学校使用多种方法和工具来收集评估数据，包括学生考试成绩、作业和项目成果、问卷调查、教师评估、课堂观察等，确保评估方法综合全面，能够反映学生学习的各个方面。学校对收集到的评估数据进行分析和解释，以了解课程的效果和学校的教育质量，比较学生的学习表现，发现弱势环节，找出改进的空间，并确定下一步发展的方向。

同时，学校设计了课程评估观测点，通过课前、课中、课后不同时间段的观测，以不同的形式观察学生的课程学习结果，形式包括问卷、测评、辩论、谈话等。以学生思维转化发展阶段为例，学生在第一阶段的思维表现为人云亦云，依赖性强，缺少独立见解；第二阶段的思维表现为学会思考，有自己的想法和观点；第三阶段的思维表现为思维运用，能够运用自己的一些想法去解决遇到的问题；第四阶段的思维表现为构建思维，有整体的思维架构，构建自己的思维模型。通过创新思维等课程的培养，学生需要达到思维的升级。所有的特色课程，在课程结业时，都需要具备三项评价：促进学习的评价（核心素养发展评价数据）；针对学习过程的评价（课程目标的达成数据）；作为学习者的评价（学生自评、互评和他评的数据）。好的教学质量是保证学生成长的关键因素，也是教师课程评估的课题内容。

（二）反馈改进并持续跟踪评估

学校将评估结果反馈给相关的教师、学生和中心管理层，并提供有针对性的改进建议，包括改进教学方法、调整课程内容、提供个性化支持等，以确保评估结果能够真正促进中心的发展和改进。评估是一个持续的过程，应该不间断地定期进行，以跟踪学校的进展和效果。通过定期评估，可以及时发现问题并采取相应的改进措施，确保课程效果和教学质量的持续提高。

（三）反思与展望

全球化时代，教育国际化成为时代和教育发展的必然趋势，作为一线学校的教育工作者，我们需要拥抱趋势，顺势而为，从基础教育阶段开始，从孩子抓起，从组织架构的变革抓起，从教师与课堂的关系抓起，从课程设计与教师的理念抓起[1]。学校素养课程中心是基于K12国际化学校教育环境的探索与实践，主要目标是构建一个有益于学生综合素质发展的学习生态环境。为了实现这一目标，素养课程中心结合了多种教育资源和实践活动，培养学生的多元智能、思辨能力、动手能力和团队合作精神。通过这个平台，学生可以参与各种跨学科的课程和项目，能够整合不同学科的知识和技能，培养创造力、解决问题的能力和批判性思维。同时，学生在学校接触到来自不同文化背景的同学和教师，促进了跨文化交流和理解。这样的多元化环境可以帮助学生开拓视野，增强他们的国际意识和全球视野。

未来教育将更加注重跨学科和综合素质的培养，更加注重国际化和全球化教育的发展。学生不仅需要掌握专业知识，还需要具备跨学科合作、创新思维、问题解决、社会责任等综合素质。素养课程中心也更加需要通过研发更多跨学科课程、实践项目和社会实践等方式来为学生提供知识服务，使他们能够适应未来的社会和职业发展需求。此项使命任重道远，尚处在探索实验阶段，方式方法也在不同阶段进行着反思调整，但是目标明确，使命感十足，天立人上下齐心，努力为国际化特色学校的探索提供有价值的参考案例。

参考文献

[1] 龚华明. 从课堂走向世界——国际理解教育学科渗透实践研究 [M]. 四川：四川大学出版社，2017.

作者简介

作　者： 孙叶单，成都市郫都区天立学校副校长，综合素养课程中心负责人。研究领域为中小学核心素养实践。

第四部分

基础教育的国际观察

国际组织推动拔尖创新人才培养的行动逻辑与实践路径

马晨晨　北京外国语大学国际教育学院

【摘要】随着科技的不断进步和全球化的加剧，创新能力成为国家和企业竞争的核心要素。为了在全球竞争中脱颖而出，各国都开始重视培养和发展拔尖创新人才，以推动科技创新和经济发展。在可持续发展目标的愿景下，国际组织也通过各种各样的措施参与推动英才教育发展。不同国际组织有不同的性质、使命和目标，在推动拔尖创新人才培养方面呈现出不同的实践路径。尽管仍然面临着诸多挑战，国际组织还是为全球范围内的拔尖创新人才培养作出了极大的贡献。我国国家战略与全球趋势紧密结合，通过深化国际合作、参与政策制定和建立跨学科平台等措施，积极推动拔尖创新人才的培养，不仅提升了教育国际化水平，也在全球教育治理中扮演了更为积极的角色。

【关键词】国际组织；拔尖创新人才；行动逻辑；实践路径

　　全球化和技术进步的加速推动了世界的发展，也加剧了各国之间的竞争，创新人才在应对全球挑战、推动国家和地区可持续发展方面显得愈发关键。在这种情况下，国际社会普遍认识到培养拔尖创新人才对于国家的科技创新和经济竞争力至关重要。面对国际人才竞争的加剧，国际组织如联合国教科文组织等已经积极承担起全球责任，参与到全球教育治理中，通过建立新的全球合作框架和机制，关注拔尖创新人才的选拔、培养和资助，进而促进国际合作与交流，推动科技创新和经济发展。从国际组织的行动逻辑和实践路径来看，全球教育治理和拔尖创新人才培养的互动，不仅加强了全球教育合作和发展的框架，也为全球科技进步和经济发展提供了宝贵的支持。我国国家战略与这种全球趋势紧密结合，加速拔尖创新人才的培养。通过与联合国教科文组织等国际组织的合作，我国不仅提升了教育的国际化水平，还在全球教育治理中扮演了更为积极的角色。

一、国际组织推动拔尖创新人才培养的动因

（一）解决全球性问题，推动可持续发展

进入全球化时代，人类面临前所未有的挑战。气候变化、人口增长、粮食安全、能源需求、贫困疾病等问题的解决迫在眉睫。解决这些复杂的问题需要人类寻找改进和创新的解决方案。拔尖创新人才通常具有强大的问题解决能力、开放的创新思维、跨学科的知识背景和跨文化的交流能力，他们将成为应对人类挑战的天然领导者。因此，拔尖创新人才本身就是国际社会以及国际组织推动解决全球性问题与挑战的一把钥匙。通过推动全球范围内的拔尖创新人才选拔与培养，发现人才、留住人才，最大限度地利用全球人力资源，使各国的优秀人才有机会发挥自己的潜力和才华，推动联合国《2030年可持续发展议程》目标的实现。

（二）参与全球教育治理，提升教育质量

优秀的拔尖创新人才具备全球治理能力，但拔尖创新人才的培养也需要高质量的教育土壤。关切拔尖创新人才的全球培养也是国际组织积极参与全球教育治理的重要体现。在全球教育治理的广阔框架内，拔尖创新人才的选拔与培养策略是核心议题之一。这包括各国所采用的人才选拔机制、评价体系以及人才培养的政策导向，这些都成为国际组织在全球教育治理中关注的焦点。全球教育治理的强化和优化对于拔尖创新人才的选拔与培养起到了至关重要的支撑作用。随着全球教育治理结构的不断完善和深化，国际教育标准将进一步升级，为全球范围内的创新人才培养奠定坚实基础。跨国界的教育合作和资源共享，无疑是推动全球创新力提升的关键因素之一。

（三）推动公平发展，缩小发展鸿沟

随着全球化进程的深入和世界多极化的显著加速，国际教育领域亦展现出多极化的发展趋势。在这一过程中，特别是对于发展中国家来说，拔尖创新人才的培养具有重要的战略性意义，因为这不仅关系到国家的科技进步和经济增长，更是实现社会全面发展的关键因素。因此，国际组织在全球教育治理中扮演了至关重要的角色，他们通过因地制宜的策略，对人才选拔与培养体系尚未完善的国家进行有针对性的双边或多边教育援助。这种援助通常涵盖资金支持、知识和技术转移等多个方面，目的在于帮助目标国家建立和完善教育、科研等关键部门和机构。国际组织的这一策略不仅致力于解决基础设施和资本的短缺，更注重通过知识和技术的传递提升受援国的自我发展能力。此外，这种国际援助还包括帮助这些国家优化政策环境，推动必要的内部改革，并扩大其市场开发能力，从而增强其教育和科研系统的整体竞争力，以助其减小教育发展鸿沟。国际组织以此在全球范围内实现公平发展目标。

（四）实现组织使命，服务区域发展

各国对拔尖创新人才发展的重视也催生了许多专门服务于拔尖创新人才的区域性非政府国际组织，如世界天才儿童协会（World Council for Gifted and Talented Children）、亚太资优教育联合会（Asia-Pacific Federation on Giftedness）、欧洲高能力研究协会（European Council for High Ability）、美国国家天才儿童协会（National Association for Gifted Children）、加拿大英才教育协会（Canadian Association for Gifted Education）、澳大利亚天才教育协会（Australian Association for the Education of the Gifted and Talented）等。这些组织带着国际的视野，积极充当拔尖创新人才流动及其经验培养的共享平台，也密切参与到区域内拔尖创新人才教育体系的建设中，与当地政府、学校、社区、研究所以及企业合作，支持拔尖创新人才的全面发展和社会参与，做到了有的放矢。

二、国际组织推动拔尖创新人才培养的实践路径

由于不同国际组织有不同的性质、使命和目标，在推动拔尖创新人才培养方面呈现出不同的实践路径。

（一）联合国及其下属机构：以可持续为目标，注重人文关切

1. 联合国教科文组织（UNESCO）

作为在全球多个地区的教育领域发挥领导作用、推动各国教育系统发展的国际组织，联合国教科文组织一直致力于服务所有学习者，包括那些顶尖的学习者。同时，培养拔尖创新人才与教育可持续发展息息相关，也与联合国教科文组织的使命不谋而合。联合国教科文组织在助推拔尖创新人才培养方面的行动主要包括开展教育援助、发展 STEM（科学、技术、工程与数学）教育和发展创意产业。

目前，创新人才标准还具有国际性和文化差异性，在知识经济、学习型社会的发展大背景下，发达国家的经济发展更多地依赖人力资本和知识创造，拔尖创新人才因而成为其竞争力，但拉丁美洲国家却仍苦于缺乏全国性的拔尖创新人才选拔和培养体系，其经济结构还未向人力资本转型，缺乏英才教育国家战略，因而在国际人才竞争上略显乏力。为此，联合国教科文组织积极承担国际责任，助推教育改革，如指导哥伦比亚落实《萨拉曼卡宣言》(The Salamanca Declaration)，鼓励政府投资教育系统，根据每个孩子的特点、兴趣、需求和能力为他们提供有针对性的英才教育。

STEM 教育是培养拔尖创新人才的重要手段，联合国教科文组织一直积极在全球范围内推动 STEM 教育发展，并始终秉持平等、包容和可持续的原则，关切弱势群体，扩大女性及其他群体参与 STEM 教育的机会[1]。2023 年 5 月 22 日（巴黎时间），在巴黎举行的联合国教科文组织执行局第 216 届会议经充分磋商，一致通过在中国上海设立教科文组织 STEM 教育一类机构的决议，旨在为落实教科文组织职能使命和实现 2030 年可持续发展目标作出重要贡献[2]。

创新是拔尖创新人才的重要特质之一，推动创意产业发展将为拔尖创新人才培养注入活力。2023 年，联合国教科文组织"文化多样性国际基金"（IFCD）拨款资助全球创意经济项目。这些受助项目主要集中在第三世界国家，涵盖面广、扶助力度大，甚至包含协助修订一些国家文化政策的项目。不仅如此，该基金资助项目还注重青年和性别平等理念，如在尼日利亚地区资助由大学领导的增强妇女和青年创业能力的项目 [3]。

2. 联合国儿童基金会（UNICEF）

联合国儿童基金会致力于改善儿童生存条件，确保每一名儿童享受到安全及权利平等的优质教育。优质教育意味着可以促进儿童取得学业成功、收获丰硕成果、学会照顾自己、充实生活并为社区和社会作出贡献的教育。儿童生存与儿童发展联系紧密，联合国儿童基金会的努力丰富了英才教育所需的人文关怀，保障了弱势儿童群体接受优质教育、发展成为英才的机会 [4]。

3. 联合国开发计划署（UNDP）

联合国开发计划署作为在世界范围内负责进行技术援助的多边机构，其职责是为发展中国家提供技术上的建议、培训人才并提供设备，特别是为经济欠发达国家提供帮助。联合国开发计划署关切贫困地区，支持减贫努力，与当地领导人和政府合作，为贫困人口提供创业和改善经济状况的机会。只有先消除贫困，才有可能弥补教育鸿沟，增加贫困地区发现拔尖创新人才的机会。联合国开发计划署秉持着"教育是可持续发展最强大、最行之有效的工具之一的理念"，旨在实现全民包容和优质教育，提供平等机会，为渴望学习机会的年轻人提供可负担的职业培训，消除性别和财富差距，并实现优质教育的普及 [5]。

在推动拔尖创新人才顺应时代潮流方面，联合国开发计划署开展了相应数字战略，启动数字科学奖学金计划，支持年轻数据科学家成为推动社区包容性数字转型的专业人才，并为实现可持续发展目标作出积极贡献 [6]；联合国开发计划署还鼓励青年领袖人才为推进教育、技能和培训以及健康公平提出新的解决方案，不仅使得拔尖创新人才有了更多机会贡献智慧，也让拔尖创新人才的内涵进一步得到扩展 [7]。

（二）经合组织和世界银行：以调研为导向，提供资金投入

1. 经济合作与发展组织（OECD）

经济合作与发展组织（简称经合组织）尤为关注"儿童早期阶段"，先后发布《强势开端》（Starting Strong）系列报告，主张"在儿童成长早期为其多提供合理且优质的关爱和教育" [8]。经调研发现，从全球来看，那些在早期阶段对儿童和家庭进行投资的社会（无论贫富），其人口往往拥有较高的文化水平和较强的计算能力，这些社会也是世界上健康状况最优且健康差距最小的。实行最有效的"儿童早期阶段"政策与计划的社会通过投资早期阶段儿童，实现了尽早关爱英才、尽早识别英才，有利于对拔尖创新人才的早期识别和培养。

此外，2021 年经合组织还发布了报告《经合组织成员国天才学生融入的政策办法与举措》（Policy Approaches and Initiatives for the Inclusion of Gifted Students in OECD Countries），系统梳理了国际上对拔尖创新人才的定义以及英才教育的发展现状。目前，绝大多数经合组织成员国都已将英才教育纳入其教育政策之中。但由于各个国家的人才培养目标和文化背景不同，对于"拔尖创新人才"使用的名词和所强调的内涵也各有不同，有的国家会把英才与数学和阅读能力联系在一起，有的则更侧重交际和动手能力；德国和西班牙使用 gifted（有天赋的）；韩国、美国和澳大利亚使用 gifted and talented（有天赋且有才能的）；哥伦比亚则使用 talent（天才）[9]。

2. 世界银行（World Bank）

世界银行集团是发展中国家最大的教育融资机构，致力于帮助发展中国家实现联合国可持续发展目标 4：到 2030 年为所有人提供包容、公平的优质教育和终身学习机会。据世界银行《2022 年世界发展报告》提供的数据，中国的高端科技人才储备相较于欧美发达国家仍有显著的提升空间 [10]。这反映出中国在科技领域面临人才结构性不足的问题。正如习近平总书记

2014年6月在两院院士大会上所说，"我们在科技队伍上也面对着严峻挑战，就是创新型科技人才结构性不足矛盾突出，世界级科技大师缺乏，领军人才、尖子人才不足，工程技术人才培养同生产和创新实践脱节"。[11] 在百年未有之大变局下，要想在激烈的国际竞争中立于不败之地，我们必须着力培养拔尖创新人才。2023年，世界银行资助了科特迪瓦"健康、营养和儿童早期发展计划"项目、菲律宾的教师能力提升项目、尼泊尔的学校部门转型等，为拔尖创新人才的成长创造了良好的国际土壤。世界银行通过对教育系统的直接投资和资助，助力提高教育质量，包括对学校基础设施的改善、教学方法的创新以及教育管理体系的优化。世界银行的这些措施旨在为拔尖创新人才的培养创造更加有利的学习环境。

（三）其他非政府国际组织：以自身为平台，推动共享方案

1. 世界天才儿童协会（WCGTC）

世界天才儿童协会是一家全球性非营利组织，为天才儿童提供宣传和支持。该组织的使命是让世界关注有天赋和才华的个人，确保他们发挥宝贵潜力从而造福人类。世界天才儿童协会拥有自己的期刊《国际拔尖创新人才》（*Gifted and Talented International*），借此与国际教育工作者、学者、研究人员和家长分享当前拔尖创新人才发展的理论、研究和实践。同时，协会每两年召开一次会议，为全球英才教育领域的突出贡献者颁发奖项。国际创意奖的获奖者必须在创新领域获得国际认可，并且必须为促进教育创新作出重大贡献；国际研究奖的获奖者必须在英才教育领域获得国际认可，并通过研究将英才教育确立为公认的教育研究领域、扩展英才教育知识基础或在改进英才教育实践方面作出重大贡献；国际英才教育领导奖则颁发给那些在英才教育领域拥有领导者国际地位、其生活和工作对英才教育的政策和实践产生重大影响或者在促进全球英才教育事业方面作出了其他杰出贡献的人；英才教育学术新秀奖则用来激励那些对所在国家或地区英才教育领域有影响力的年轻学者。

协会致力于营造一种接受和认可来自任何国家、任何背景的有天赋和

才华的儿童的氛围，支持和传播关于天赋、才能、创造力本质的理念以及拔尖创新人才及其教师教育的研究成果；支持、加强并与国际英才教育团体和组织合作；在网站上提供与拔尖创新人才相关的国际政策、法律、法规以及其他国家、联邦或政府规定的样本；撰写有关英才教育和人才发展主题的立场文件，供世界各地倡导英才教育的利益相关者使用[12]。

2. 英才儿童情感支持协会（SENG）

英才教育和特殊教育时常有交织，因为拔尖创新人才通常具有高度的敏感性，甚至有些拔尖儿童因缺少正确的智力和情感支持难以融入教育系统，在正常生活中感到困难重重，限制自身潜力的发挥。英才儿童情感支持协会把关注点放在此类人群身上，旨在指导有天赋、有才华的学生和"学障资优生"（集天赋和某方面障碍于一身的学生）在智力、身体、情感、社交和精神上更好地实现个人目标。协会还致力于为拔尖创新人才发展提供丰富的在线专业课程和网络研讨会，举办了有关特殊群体拔尖创新儿童的网络研讨会，旨在解决其身份形成和社会心理健康发展的问题，为其提供应对社交或学术场合可能遭受的歧视的社交策略；开展了对有阅读障碍的天才儿童的专业发展课程[13]，众多心理学家和社会专家也参与其中，实现了方案共商共享。

3. 世界知识产权组织（WIPO）

世界知识产权组织是专注于服务和保护全球知识产权的国际组织。它对拔尖创新人才发展的支持包括以下方式：致力于提供知识产权领域的培训和教育机会，通过在合作伙伴国家组织培训课程、研讨会和讲座，以帮助拔尖创新人才了解知识产权的重要性，提高其知识产权意识；通过与各国政府、研究机构和国际组织合作，支持相关研究项目和政策制定工作，为拔尖创新人才提供有效的政策环境和指导，共同推动知识产权领域的研究和政策发展；在成果及专利保护方面，帮助拔尖创新人才保护他们的创新成果并使其商业化。该组织提供专利、商标和版权等知识产权保护服务，帮助创新人才保护自己的创新成果，并在商业化过程中提供支持和指导；在国际合作与交流层面，该组织也促进了全球范围内的知识产权领域的合作与交流。他们组织国际会议、论坛和展览会，为拔尖创新人才提供平台，分享自己的经验和见解，并与其他创新人才建立联系，促进合作和学习[14]。

可以发现，无论是政府间组织，还是非政府间组织，都在积极推动拔尖创新人才的培养，不仅通过跨国合作分享经验、资源和最佳实践，还通过提供各种资源，如资金、设施和技术支持，帮助发展中国家培养拔尖创新人才。这样可以缩小发展中国家与发达国家之间的差距，促进全球创新力的均衡发展，帮助不同国家的人才共同成长，推动全球创新能力的提升。同时，这些国际组织还促进了不同领域的专家学者之间的合作，搭建跨学科交流平台，推动创新人才在不同领域的综合能力提升。拔尖创新人才的培养与可持续发展密切相关，国际组织强调创新人才在解决全球性挑战（如气候变化、环境保护和可再生能源等问题）方面的作用，为解决全球性挑战提供人才支持，这对于实现可持续发展和共同繁荣具有重要意义。

三、国际组织推动拔尖创新人才培养的价值理念

（一）多元与包容并存

可持续发展目标4旨在确保包容性和公平的优质教育，促进全民享有终身学习的机会。在推动拔尖创新人才培养的过程中，来自不同文化背景、教育背景甚至家庭背景的人才被选拔出来；在选拔原则上，从未因国家、地区设限，而是倡导提供平等的机会和条件，鼓励各类人才在国际交流中相互借鉴、互相激发创新灵感，确保所有人才都能以其独特的背景、经验和才能发挥创新潜力。国际组织还共同致力于建立包容的国际创新生态系统，搭建交流平台，举办英才活动，鼓励其参与良性竞争，发挥协同效应，从而消除各类人才面临的歧视和障碍，为所有拔尖人才提供公平的机会与平台。

同时，国际组织不仅帮助各国甄选人才，其自身也在广泛吸纳拔尖创新人才。这些人才加入到国际组织中，拥有更加包容的视角和更加广阔的

视野，不仅能为解决全球问题贡献智慧方案，也能为拔尖创新人才的发展创造良好循环。

（二）资优与减贫同行

国际组织在推动拔尖创新人才的培养中采取了一种包容性战略，即在帮助拔尖创新人才发展时并非仅仅"资优"，而是把对象放到所有具备潜力的儿童身上，帮助他们改善教育和生活条件，尤其是那些生活在贫困地区的儿童。国际组织的这种做法强调了社会整体的平衡发展，避免了资源仅向社会经济金字塔顶端聚集的现象。这种现象如果不加以控制，将可能导致社会两极分化的加剧和社会不平等问题的恶化。

在此基础上，国际组织的策略表现在两个主要方面。首先，这些组织在资助拔尖人才的同时，投入相等甚至更多的资源来减轻贫困，通过教育公平来提升社会的整体福祉，确保了教育资源的合理分配，让更多的社会成员尤其是处于不利地位的群体能够受益，进而减少社会不平等。其次，国际组织通过完善拔尖创新人才的培养路径，不仅提供了创新的教育和培训机会，而且努力通过帮助当地人才提升技能，为其创造更多的就业和创业机会，从而带动整个地区乃至国家的经济发展。因此，国际组织在全球范围内推广的教育和发展模式不仅关注经济效益的最大化，更注重实现社会公平和可持续发展的宏观目标。

（三）援助与协助齐驱

国际组织对拔尖创新人才的培养采取了一种援助和协助并行的策略。具体而言，这些国际援助措施旨在提升经济欠发达地区当地人才的科学研究能力、创新能力和实践应用能力，从而促进技术革新和经济增长。通过这种支持，国际组织不仅帮助这些地区建立起更为坚实的研究基础设施，也通过传播先进的科技和管理知识，助其强化整体的教育和研发体系。

对于那些本身已具备成熟人才培养体系和丰富经验的国家，国际组织的角色则更多是协助与合作。在这些情况下，国际组织主要通过发起合作项目、联合研究以及促进知识共享等方式参与。

这种双轨并行的策略不仅强化了国际组织在全球教育和科研领域的作用，而且通过促进包容性和协同性的国际合作，进一步推动了全球范围内的技术交流和创新合作。

四、国际组织推动拔尖创新人才培养的挑战

（一）技术冲击

由于技术的迅猛发展，知识的更新速度不断加快，社会发展对人才的学习和适应能力提出更高要求。国际组织需要通过不断提升培训和教育的质量与效果，使拔尖创新人才能够跟上技术的发展，并具备解决现实问题的能力。同时，人工智能等技术的飞速发展，对人才创新能力的要求也变得越来越高，对国际组织而言，需要推动改变传统的教育与培养模式，加强不同领域之间的协作与交流，培养具有综合素质、跨学科知识和综合能力的创新人才。在新技术的挑战下，国际组织自身的管理与运营模式也面临着挑战。新兴技术的应用可能会改变其在推动拔尖创新人才培养过程中的业务流程和工作方式，需要国际组织进行相应的调整和改革，以适应技术的变革。

（二）人才流失

国际组织推动拔尖创新人才培养的一大挑战在于人才的自然流向。由于发达国家往往能够提供较高的薪酬水平、更好的福利待遇以及较好的发展前景，在研发领域也有能力投入大量资金和资源，建立成熟的科研体系和创新生态系统，往往容易吸引大量的高级人才。相比之下，许多发展中国家由于自身发展水平和教育资源局限，往往不能为拔尖人才提供其心仪的发展机会，缺乏成熟的创新系统，导致一些优秀的人才选择离开本国寻求更好的发展机会。同时，一些在本国经过选拔培养的人才也可能会往资源密集处聚集，加剧人才资源两极分化。国际组织在此方面需要采取有效的措施来帮助发展中国家吸引和留住人才，增强人才的"黏性"，例如给予

资金支持，为拔尖人才提供有竞争力的薪酬和福利待遇，加大对科研和创新的投资，协助建设更完善的科研系统，改善教育和培训机会等，为人才提供更好的发展环境，以留住本国的拔尖创新人才，助推可持续发展目标的实现。

（三）政治风险

国际组织在一些国家开展拔尖创新人才有关活动时，有可能难以避免地会把对象国当作实现自身组织使命目标的试验田，这就导致国际组织可能会忽视对象国的独特情况和需求。如果国际组织帮助制定的拔尖创新人才政策不能适应当地的文化社会环境，很有可能造成资源的浪费，增加不必要的成本。一旦试验性的政策和计划失败，对象国可能会承担更多的风险，重则影响当地的经济、社会和政治稳定。如果贸然引入其他国家的政策和计划，极有可能给对象国带来不利影响。此外，将某些国家作为重点援助对象也可能会导致资源分配不均，从而忽视其他国家的需求，加剧全球不平等。因此，国际组织应当尽可能保持中立，避免成为引发政治博弈的导火索。

五、中国的实践

（一）深化国际合作，建立国际研究平台

在应对全球对顶尖创新人才的迫切需求之际，我国通过加强与联合国教科文组织、联合国儿童基金会以及联合国开发计划署等国际机构的合作，促进教育及科研的国际化进程。这类合作通常包括教育资源的共享、联合研究项目以及跨文化交流计划等方面，不仅有助于引进国际先进的教育理念与教学方法，还为中国的学者与学生开辟了更广阔的国际舞台，为拔尖创新人才提供了广阔的国际视野和更多的实践机会。我国还通过制定长期的科研资助政策和人才培养计划，为科研人员提供稳定的成长环境和职业发展路径，同时为年轻的拔尖创新人才提供更多的实验室资源、研究资金

和国际交流机会，在全球化的背景下，更好地布局和推进创新人才培养战略，加快构建开放、包容、高效、创新的人才培养体系，有力推动科技自主创新和国家竞争力的全面提升。

（二）参与政策制定，引入评价标准

经合组织和世界银行等国际组织在推动拔尖创新人才政策制定和人才识别国际标准方面发挥了重要作用。我国也在积极参与国际组织的政策制定过程，在国际政策中为中国发声，争取政策支持促进中国的教育和科研发展，特别是在拔尖创新人才的培养方面。在国内教育和科研领域引入国际标准，也是提高中国教育质量和科研透明度的重要措施，有助于国际社会进一步认可中国的教育和科研质量，为拔尖创新人才提供更加坚实的培育土壤，有效推动创新人才的成长与发展。

（三）建立跨学科平台，创新教育模式

世界知识产权组织以及其他国际组织的实践经验显示，创新往往源于不同领域间的交叉与碰撞。因此，促进不同学科和领域之间的交流与合作，对于培养拔尖创新人才具有至关重要的作用。应当鼓励和支持建立跨学科研究中心，在不同领域进行深入合作，催生新技术和新的解决方案，加速科技创新的步伐。为了进一步激发学生的创新潜能和问题解决能力，我国正在进一步推进教育体制改革，开设交叉学科课程，举办创新工作坊和研讨会，增加跨学科学习机会，提高学生的创新思维能力和综合解决问题的能力，为拔尖创新人才培养奠定坚实的基础。

参考文献

[1] 翟俊卿，张静，袁婷婷. 为实现更加包容的 STEM 教育——联合国教科文组织推动女性参与 STEM 教育的实践与反思 [J]. 比较教育研究，2023，45（04）：22-33.

[2] 中华人民共和国教育部. 介绍联合国教科文组织在中国上海设立国际 STEM 教育研究所有关情况 [EB/OL].（2023-12-20）[2023-12-30]. http://www.moe.gov.cn/fbh/live/2023/55669/twwd/202312/t20231220_1095476.html.

[3] 联合国教科文组织. 教科文组织向非、亚、拉美地方项目提供近百万美元资助以发展创意经济 [EB/OL]. (2023-06-29) [2023-07-27]. https://www.unesco.org/creativity/zh/articles/jiaokewenzuzhixiangfeiyalameidefangxiang mutigongjinbaiwanmeiyuanzizhuyifazhanchuangyijingji.

[4] UNICEF. Education [EB/OL]. [2023-06-11]. https://www.unicef.org/education.

[5] UNDP. Goal 4: quality education [EB/OL]. [2023-07-27]. https://www.undp.org/sustainable-development-goals/quality-education.

[6] UNDP. Empowering young people to lead the digital transformation for the SDGs | United Nations Development Programme [EB/OL]. (2023-06-12) [2023-07-27]. https://www.undp.org/stories/empowering-young-people-lead-digital-transformation-sdgs.

[7] UNDP. Generation17 welcomes three new Young Leaders [EB/OL]. (2023-06-28) [2023-07-27]. https://www.undp.org/stories/generation17-welcomes-three-new-young-leaders.

[8] OECD. *Starting strong II: early childhood education and care* [M]. Paris: OECD Publishing, 2006.

[9] Rutigliano, A. & N. Quarshie. Policy approaches and initiatives for the inclusion of gifted students in OECD countries [A]. In OECD. *OECD education working papers* [C]. Paris: OECD Publishing, 2021: no. 262.

[10] 世界银行. 2022 年世界发展报告 [EB/OL]. (2022-02-15) [2023-07-27]. https://www.shihang.org/zh/publication/wdr2022.

[11] 习近平. 在中国科学院第十七次院士大会、中国工程院第十二次院士大会上的讲话 [EB/OL]. (2014-06-09) [2023-07-27]. http://www.cac.gov.cn/2014-06/10/c_1112674083.htm.

[12] WCGTC. About WCGTC [EB/OL]. World council for gifted and talented children. [2023-07-27]. https://world-gifted.org/.

[13] SENG. SENG, supporting emotional needs of the gifted [EB/OL]. [2023-07-28]. https://www.sengifted.org.

[14] WIPO. 知识产权和热点议题 [EB/OL]. [2023-07-25]. https://www.wipo.int/portal/zh/.

作者简介

马晨晨: 北京外国语大学国际教育学院硕士。研究领域为比较教育学。

空间生产理论视域下拔尖人才培育机制的思考：基于美国磁石学校育人实践的历史考察

谢梓文　北京外国语大学国际教育学院

【摘要】城市社会学家亨利·列斐伏尔关注到以法国为代表的资本主义国家在社会生产的现代化转型进程中，城市社会面临着日益突出的"空间矛盾"，列斐伏尔率先从自己创立的"空间生产理论"之中明确地提炼出"空间三元辩证法"作为分析空间生产在不同社会实践领域的思考框架。教育作为城市社会研究的核心领域，内嵌的"空间矛盾"深刻地贯穿于学校以人才培养机制为轴心的文化再生产实践。本研究以空间生产理论为基础，考察美国磁石学校在拔尖人才培养实践方面的历史转向。基于案例分析，拔尖人才培养机制在空间生产上表征为三个维度的历史转向：向基础学科研究前沿领域的育才空间建设标准看齐；追求培养以卓越为导向的基础学科拔尖人才；贯通式培养机制创新了内涵丰富的社会互动空间。本文结合中国实际，进一步探讨了列斐伏尔的空间生产理论对我国拔尖创新人才培养实践的启示，提出了从多元视角、政策支持和融创共建三个方面进行优化的建议，以期为我国拔尖创新人才培养提供参考。

【关键词】列斐伏尔；空间生产理论；拔尖人才培养；美国磁石学校

一、研究的缘起

在全面建设社会主义现代化国家的新征程上，党的二十大报告提出了以教育强国建设支撑中国式现代化的战略意义。一系列围绕"聚天下英才而教育之"的时代之问——特别是针对"卡脖子"环节的基础学科领域拔尖创新人才培养，已然成为教育迈向"中国式现代化"的重要课题。这要求将教育、科技、人才进行"三位一体"统筹协调，"努力造就一批具有世界影响力的顶尖科技人才，稳定支持一批创新团队，培养更多高素质技术技能人才、能工巧匠、大国工匠"[1]。因此，为了进一步推进基础学科领域人才培养机制建设，应当形成以科教融合为主线，"大学 + 中小学""教育链 + 创新链"一体化的谋篇布局，从而以"一体化培养"造就面向世界和未来的高质量拔尖创新型人才 [2]。从现象学的角度看，这一贯通式育人机制的构建不仅仅服务于基础教育与高等教育阶段之间的衔接与过渡，更隐含着学校教育这一社会研究场域的"空间化转向"。因为不同的教育阶段共同形塑着知识与文化的再生产过程，而知识与文化的再生产过程在数字媒介与现代信息技术革命浪潮的推动下，逐渐打破了时间与空间的二元对立，将空间从时间之中解放出来。这启发着一线教育工作者和研究者从历史角度重新聚焦"重构空间"，从"空间化转向"维度重新审视拔尖人才培养实践。

然而，学界目前对拔尖创新人才的关注仍侧重于高等教育阶段。通过"强基计划"在内的一系列招考制度改革，撬动人才培养理念、课程与教学、教师队伍建设等环节适当地以拔尖创新人才为导向发展 [3]。中学教育阶段是基础教育向高等教育过渡的枢纽，但已有文献在这一学段对拔尖创新人才培养机制的讨论仅涉足政策分析与制度设计等宏观视野，鲜有研究从空间的角度出发，对拔尖创新人才培养机制进行历史向度的纵深梳理，以更加微观的视角考察课程与教学、教师专业发展、学校决策与管理等协调学校教育系统运转的要素参与社会再生产所反映的空间逻辑转向。本研究基于亨利·列斐伏尔（Henry Lefebvre）"空间生产理论"中的"空间三元辩证法"，以美国磁石学校（magnet school）作为研究对象，考察学生、教师、校长、家长、州政府、教育行政决策者与管理者等不同主体，在以培养拔尖人才为目标导向的实践中如何践行空间生产的机制，进而从空间生产的角度为完善我国的拔尖人才体系培养提供路径参考。

二、文献综述

（一）内涵的流变：从"天赋英才"到"拔尖人才"

鉴于世界各个国家和地区的语境差异，研究者对"拔尖人才"缺乏严格统一的概念界定。以英国为例，差异心理学之父弗朗西斯·高尔顿（Francis Galton）在《遗传的天才》中将"拔尖人才"定位为"天才"（genius）[4]。他运用传统生物遗传学，分析不同人种、家庭亲属的血缘脉络与"教养"之间的关联，最终得出了"智力由遗传决定"的结论——较高智商的儿童往往诞生于英国的中上层社会且父母智力水平较高的家庭。由此可以看出，此时"拔尖人才"的突出特征是个人禀赋的先天性（giftedness）[5]。美国前总统托马斯·杰斐逊将天才儿童（talented children）看作是智力上具备天然禀赋的"自然的贵族"（natural aristocrat）或是"天赐的礼物"[6]。可见，杰斐逊并不认为具备卓越智识潜能的儿童全部来自于背景相对优渥的中产阶层原生家庭，而是鼓励那些具备智力潜能的儿童积极地参与由政府所主导的英才教育体系，从而促进那些天赋异禀的儿童的智力潜能日后在国防安全、信息科技、精密制造等尖端领域实现向顶尖能力的现实转化[7]，为将来成为"国家安全的捍卫者和公众社会福祉的缔造者"而做准备。

随着时间推移和国际环境的变化，进入 20 世纪，"天才"的身份界定也逐渐从初期以智商为绝对标准，过渡至将创造力、审辨式思维、领导力等多元指标纳入"天才教育"的界定范畴的新阶段。与此同时，专门开展天才儿童教育的 GATE 计划（Gifted and Talented Education，简称 GATE）也逐渐延伸至以约翰斯·霍普金斯大学为代表的高等教育机构[8]，开始成立天才青少年中心（Center for Talented Youth，简称 CTY），从事天才教育的"产业化"运转，以适应社会公众家庭的教育期望——父母不断地加大对子女的教育投资，充分挖掘其"自然天赋"的潜能与优势，以促进子女一辈人力资本的增值，从而实现子女在社会阶层结构中的向上流动。由此可见，在英才教育导向的育人动机中，逐渐渗透着社会等级与阶级文化和社会权力再生产的显著特征。约瑟夫·伦祖利（Joseph Renzulli）及其康涅狄格大学的调研团队在坚持了 15 年的调查追踪过程中指出了美国天才教育资本化与市场化的弊端，批判美国诸多州立地区在施行天才教育体系所开展的遴选与培养工作陷入了标准化测试的窠臼，无法通过其他的考核标准筛选出那些富有潜能、标准化考试分数却低于平均水平的天才儿童[9]。为了进一步落实"天才儿童"考查指标的多元性与公平性，他提出了富有影响力的"伦祖利三环模型"（The Renzulli Schoolwide Enrichment Triad Model）——"天才"在完成三种类型的课程项目的学习之后，应具备三种能力素质：高出平均水平的能力、在某一领域内提出新颖或实用的想法与问题解决方案的能力以及任务的执行力。

进入 21 世纪，有学者以美国的社区学校和磁石学校的四至七年级学生为样本，开展基于伦祖利三环模型的实证研究。研究结果表明，社区学校的天才课程在满足天才学生的个性发展需求而落实差异化教学过程中显得连贯性不足，而磁石学校的天才教育项目则能够"一以贯之地"满足资优学生的全过程需要。尽管社区学校的天才项目存在教学的不一致性，但这些学校的家长会出于情感因素、同伴关系、培育目标的包容性和多样性而拒绝将孩子转学至磁石学校；两类学校的家长均呼吁学校应当加大对发展天才教育的资源投入[10]。

海外文献对"拔尖人才"的界定，呈现着从聚焦智力的单元化考核逐渐演变、跃升至包含综合知识、情感、意志和行为等多元智力要素在内的全面测度[11]。目光聚焦我国学界，以"拔尖创新人才"为核心概念的有关研究在我国推进教育强国战略的背景下兴起热潮——全球竞争的核心已经转向国家间顶尖人才的竞争与较量，而顶尖人才的培养则成为世界主要国家不可忽视的战略议程[12]。在科技数字化革命驱动与国家信息化能力建设工程浪潮推动下，世界主要国家都开始将顶层视野、培养理念、培养能力、研究能力和基础设施这五个方面作为反思高质量拔尖人才培育体系重构的核心参照要素[13]。为应对全球范围内的政治、经济、军事、科技和文化角逐，我国高质量人才培养体系的内涵也根据世界形势复杂变化而及时作出调整——尤其是 2009 年由中组部联合教育部、财政部共同启动"基础学科拔尖学生培养试验计划"（简称"珠峰计划"）后，一批聚焦数学、物理、化学、计算机和生物五个科学领域拔尖人才培养的计划开始逐渐扎根落地。从科研院所到高校、中小学和公办幼儿园，"珠峰计划"以试点的方式开展因地制宜的探索[14]。《国家中长期人才发展规划纲要（2010—2020年）》提出："造就宏大的高素质人才队伍，突出培养创新型科技人才……大力开发经济社会发展重点领域急需紧缺专门人才……培养造就数以千万计的专门人才和一大批拔尖创新人才"。[15]这是对"拔尖创新"培养导向的时代定位，也是对"聚天下英才而用之"这一人才理念的深刻认识和准确把握。

基于上述文献梳理，本研究所界定的"拔尖创新人才"，是指经过学校教育的系统化、专业化培养，在基础学科领域具有从事前瞻性、创新性和颠覆性科研能力，并且服务于国家重大战略的尖端人才。

（二）列斐伏尔"空间生产理论"内涵的基本阐释

作为西方城市社会学研究的先驱，列斐伏尔基于法国资本主义经济高速增殖对城市社会空间的异化，对资本主义社会生产方式予以批判。在现代社会工业化和城市化进程日益膨胀的背景下，"时空压缩"[16]的现象越加突出。他认为，国家机器作为资本主义的统治阶级对被统治阶级实施统治的工具，在通过法律、政策、制度及执行机构运转这一机器的核心零件的动态过程中，不仅完成了社会政治等级关系的复制，也对整体的社会空间关系持续地进行着再生产，"这意味着空间并不是静态的、简单的秩序，而是一连串和一系列动作的结果"[17]。根植于黑格尔、马克思和尼采的哲学思考，并吸收莫里斯·梅洛-庞蒂（Maurice Merleau-Ponty）、加斯顿·巴什拉（Gaston Bachelard）为代表的法国现象学思想，列斐伏尔率先提出了"空间生产理论"，将社会进程、社会结构和社会关系放置在空间这一形态化与具象化的场域进行反思，将人类社会全部生产与创造活动都放置在社会空间之内[18]。空间扮演着生产力的角色，并且起初的社会空间作为共时性特征突出的"产品"而建构于社会生产过程。在这一过程中，统治者操纵着社会意识形态，空间成为政治权力的工具，同时也巩固了生产关系和财产关系的再生产。总的来讲，社会空间相当于一整套制度方面的和意识形态的上层建筑，包含"作品"（works）和"再取用"（reappropriation）的潜能。空间生产的最终指向，是开辟差异化的空间，进而拯救现实中愈加同质化和区隔化的社会空间，在乌托邦意义上，是对"真实空间"的一种替代。

具体来说，要理解"空间生产"的内涵，一方面应当试图超越具体场所和环境的表象限制，破除对物理意义"空间"的固有认知，将"空间"的意义构筑于社会生产过程；另一方面，要将人们对"空间"的理解从传统研究范式中重思辨、轻实践的思维循环中解放出来。在列斐伏尔之前，很多关于空间的研究将其在几何学领域看作是"中空"的存在，在哲学领域看作是"心智""精神"等形而上的、非物质性的存在；列斐伏尔则认为，"空间"囊括了地理、经济、人口与文化、艺术等诸多物与（社会）产品之间的复杂关系，且无数的关系之间相互体现、相互包含并相互掩盖，形成了一种彼此重叠且遮蔽的宏大空间体系。因此，空间的生产被看作一种辩证看待人类社会发展的总体性视域[19]。

在列斐伏尔的语境下，"空间"本身并不是指完全独立存在的物质性实体（entity），而是作为社会生产与再生产过程所造就的"产品"。这种具有强烈社会属性的空间概念衍生于现实社会的共时性秩序和历时性秩序并存的时间与空间观[20]。历时性秩序代表着时间社会，而共时性秩序代表着空间社会；这里的社会不是实体或物质性存在的简单加总，而是对"生产关系"实施"再生产"。所谓生产关系，指的是特定生产资料所有制社会所包含的人际社会关系，而再生产则带有潜在的机械性与复制性，试图掩盖这一关系之中因"人"作为生产关系的主体而导致关系生产的异质性，而无限地放大同质性。社会人口与产业经济的空间资源布局受到"超级城市"的虹吸效应影响，城市空间中心的功能日益饱和，逆城市化现象开始凸显，造成了城市空间的同质化、碎片化危机，引发空间的内爆，社会学研究的"空间化转向"也于 20 世纪 70 年代开始迅速兴起。

（三）应用列斐伏尔"空间生产理论"的研究概况

列斐伏尔空间生产特征，体现在从空间的历史角度揭示了资本主义生产实践基础上抽象意义的"空间"所映射的社会矛盾或空间性矛盾 [21]。"空间三元辩证法"思想，被广泛地应用于社会学、人类学和民族学等人文社科研究领域。例如，在城市社会学领域，有研究者运用 Citespace 文献计量工具，系统地回顾和梳理了空间生产理论在中国城镇化场域横跨二十余年的研究进展，从加强日常生活空间的关注、系统化理论应用的凝练创新、覆盖更全面的空间实践指导等方面为探索彰显中国特色社会主义本土特色的空间生产理论体系作出了有益尝试 [22]。除了社会学、经济学等角度，已有文献也从伦理学角度考察空间生产理论框架下资本主义城市空间建设的弊端，并为指导我国的社会空间建设提出了坚持"空间正义"的伦理学价值 [23]。在人类学和民族学领域，有学者将空间生产理论运用于地方村落文化资源的保护与传承实践 [24]、传统农牧业业态现代化转型背景下村落文化空间再生产的构建 [25]、居民主体生产劳动价值创造与再分配 [26]、城乡空间、社区空间的融合 [27] 等范畴。在教育学领域，空间生产理论则主要运用在教育社会学所关注的热点问题，例如高考"陪读"社区所构建的社会空间生产关系、家校社协同育人机制 [28]、义务教育资源配置与统筹 [29] 等角度。目前鲜有文献利用列斐伏尔空间生产理论的"空间三元辩证法"思想，从学校发展历程的纵深维度梳理与探讨人才培养机制的历史转向。

（四）陷入争议的美国磁石学校

20 世纪 60 年代末期至 70 年代初期，为了促进联邦法院种族融合政策在地方州立学校的有效贯彻，将多元文化教育扎根于各个地州学校，美国磁石学校开始逐步建立并拓展 [30]。磁石学校的办学初衷是为了化解少数有色人种学校"白人迁移"（white flight）现象所引致的种族文化冲突。政府作为磁石学校的办学主体，希望白人家庭的父母能够自愿选择磁石学校，而不是通过政策的强制要求。为此，磁石学校提供了丰富且独具特色的课程资源，例如早期的科学与技术、外语、艺术素养，到如今的 STEM（科学、技术、工程与数学）课程体系[31]，并且在招生录取上也破除了常规学校的学区限制，支持跨学区调动生源，旨在从更加广泛的学生群体全面挖掘个人优势和潜能。因此，磁石学校被支持者看作是英才教育的良好载体，有利于实现更高维度的教育公平。

然而，伴随磁石学校项目的纵深发展，磁石学校也从原本完全归属于政府这一公共管理力量的阶段转型至市场多主体联合干预的多样化阶段。例如，弗吉尼亚州的托马斯·杰斐逊科技高中（Thomas Jefferson High School for Science & Technology）和加州哈克学校（The Hark School）均以数学、海洋学、物理、技术项目制造等理工类专业学科作为学校的重点培育项目，为少数学生在特定的学科领域提供英才教育平台支持。这一转势受到质疑，反对者认为这变相加剧了种族隔离：磁石学校虽然在多元化的背景之中办校发展，但是特色课程下的特定教育资源支持却造成磁石学校不同学生之间的"心理隔离"，并且在招生环节也存在对亚洲裔、非洲裔和西班牙裔学生的歧视条款与名额限制，因此无法真正地建立以多元文化为核心的同伴关系，违背了多元化种族融合的初心。更为严峻的是，磁石学校计划所构建的"校中校"体制[32]使得同一个学校、同一个教学楼的同一个楼层、同一个教室、同一个班级的学生受到差异化对待，尤其对那些后续将进入高等教育轨道继续深造的学生造成严重的"群体性分离"（gregarious segregation），也即在课程与教学、教师支持等资源方面产生了空间性矛盾，以"空间剥削"为核心的生产关系逐渐在磁石学校的英才化育人导向下不断地复制不平等的生产关系。

基于上述已有文献的梳理，研究者对美国磁石学校在拔尖人才培养的取向上依然存在争议；同时，在全球科技革命不断深化的背景下，以STEM为代表的教育浪潮为磁石学校的拔尖人才机制所带来的新形势与新机遇，还有待进一步讨论。为此，本文将从历史纵深的维度考察美国磁石学校的发展历程，并运用列斐伏尔的空间生产理论中的"空间三元辩证法"思想作为阐释磁石学校在育人机制实践历程中所呈现的空间生产机制，进一步分析美国磁石学校在"拔尖"和"公平"目标之间的历史转型。

三、美国拔尖人才培养实践的历史转向

为了解释社会空间的生产过程，在此简要说明列斐伏尔的核心观点，即把空间划分为辩证关联的三个"构形成分"（format），分别是"空间实践"（spacial practice）、"空间表征"（representation）和"表征空间"（representations of space）以及"感知的"（the perceived）、"构想的"（the conceived）和"生活的"（the lived）空间。以上两种划分轨迹分别基于现象学和语言学或符号学的解释，但是究其本质都是一一对应、一一贯通的。本文在梳理与分析美国磁石学校的拔尖人才培养机制的转向历程前，立足于已有的相关文献，发现它们较多从现象学角度提供实证资料，较少从语言分析的维度对磁石学校发展的具体情况进行分析，因而本文所运用的分析框架将借鉴瑞士学者克里斯蒂安·施密德（Christian Schmid）所作《城市、空间与社会：列斐伏尔与空间生产理论》中从现象学角度对"空间三元辩证法"进行解释的框架。

施密特认为，列斐伏尔提及的空间生产过程，应该由三个空间领域所参与：一是自然的物质性的物理领域，以一种直观的、身体感觉的方式具体描绘；二是逻辑化与形式化的抽象精神领域，通过数学与哲学的方式来界定；三是社会领域，重视人际行为交互、具有丰富的想象力与行动力。三个空间彼此交融，共同构建着空间的生产关系。其中，"物质生产"或者说"空间实践"对应生产出空间的可感知的方面，知识生产则是表象与构想或虚构的空间；意义生产则与表征空间紧密关联，生产出直观性空间。基于上述分析思路，本文将以时间轴为线索，通过麦卡弗小学、磁石学校协会和鹰石中学三个案例，从"空间三元辩证法"的视角进一步阐释美国人才培养机制的转向历程。

（一）麦卡弗小学：重构种族融合式教育背景下的空间生产，为英才教育奠基

第一所真正意义上的磁石学校是创办于1968年的麦卡弗小学（McCarver Elementary School），该校在2011年完成了教学楼的整体翻新（见图1）。

图 1　麦卡弗小学翻新后的教学楼

（图片来源：https://www.mctroparkstacoma.org/activities-and-sports/category/tacoma-whole-child/mccarver-ib-world/。）

麦卡弗小学创办之时正值黑人平权运动演说家马丁·路德·金被暗杀引起动荡的时期，有色人种与白人间的关系陷入了前所未有的紧张状态。此时，教育被视作是缓和种族矛盾、纾解美国人种隔离加剧空间危机的重要手段。麦卡弗小学所在的华盛顿州塔科马市聚集的少数族裔学生在全市所占的比例最高，非洲裔黑人学生的比重超过了九成。这显然不利于种族融合教育的实施，所以麦卡弗小学决定作出调整。

经协议，麦卡弗小学设立了民众委员会负责实施种族融合教育，委员会包含两个非洲裔美国教师，进而从决策层体现对种族融合的重视。在州政府的资金保障下，麦卡弗小学设立"示范性磁石项目"，在教室、图书馆、户外活动空间布局和设施修缮上充分体现多元文化融合性和平等性；在生源地选择上也第一次取消了居民划片区招生的方式；在教师专业化发展方面，尽可能地通过"磁石计划"这一新兴政策的吸引力，招聘到了塔科马市优秀的教师、长期从事多元文化教育研究的一线工作者，协力形成了专门的咨询小组，由此麦卡弗小学正式走上了种族融合教育的实践路径。截至 1970 年，麦卡弗小学的少数族裔学生比例已下降至 64%，有效地改善了种族隔离问题 [33]。至今，麦卡弗小学作为塔科马市磁石学校的典型代表，依然有超过 20% 的白人学生家庭选择入读该校，且 80% 的学生均来自经济困难家庭。

麦卡弗小学在育人实践中所表征的空间生产机制，主要体现在以下三个方面。第一，从自然的物质性空间看，麦卡弗小学依托于州立政府的转移支付而形成较为稳定的资金保障，利于学校通过建筑修葺、教学硬件环境设施的修缮，为种族融合教育提供基于视觉、听觉甚至是触觉的多重感官反馈，能够在很大程度上消除种族隔离现象造成的孤立感、边界感和等级感。例如，麦卡弗小学的课程与活动中心（见图 2）在设计上突出了球形、拱形、方形等颇具空间感的几何元素，并运用色彩将不同功能的教学设施予以整合，蕴含着共荣和谐、共同发展的育人思想。第二，从逻辑与抽象化的精神空间领域看，麦卡弗小学重视所有学生的主人翁精神和归属感的培养，将蕴含着平等尊重、合作探索的种族融合教育融入国际文凭组织所认证的共享式小组学习和社区中心活动[34]。第三，从空间的社会领域看，麦卡弗小学利用"示范性磁石项目"的政策引力，搭建家庭与学校协同育人的平台，并与社区工作人员合作，组建全面的校内"家庭服务共同

图 2　麦卡弗小学的课程与活动中心

（图片来源：https://www.pcs-structural.com/projects/mccarver-elementary-school。）

体"（whole-family services within the school），进一步运用家校协同的独特优势为不同背景的学生提供生活与学业支持。这极大丰盈了社会领域的空间生产中人际关系交互性与持久性的内核，也为家庭社会经济地位处在劣势的儿童在数学几何、自然科学等领域的早慧萌芽打下了坚实的基础，有利于育人实践在社会空间领域的增润式发展。

（二）磁石学校协会：作为空间生产的重要"中介"

根据有关文献的统计，从 20 世纪 60 年代末期至 70 年代中期，磁石学校办学的核心目的一直是通过学校内部的少数族裔学生与白人学生共同学习与生活的方式来配合各个地区的种族融合计划，从而在一定程度上缓解种族隔离对美国公立学校教育系统的冲击，但是方式和思路较为单一，表现为仅在入学时把白人学生作为学校黑白平衡的"流量"，而对黑人与白人学生入校后的个性化、多元化发展未给予重视。直至 1976 年美国联邦法律正式将磁石学校纳入教育法案《学校紧急援助法案》后，磁石学校才真正开始从联邦政府层面获得政策合法性的背书，计算机科学、商业管理与经营、健康科学等聚焦国家战略需求的专业课程才逐步下放至磁石学校系统[35]。到 1985 年，在"磁石学校辅助计划"的专项资助下，磁石学校将育人方向从过去十余年来的种族隔离导向升级至促进教育公平与兼顾教育质量的新高度，标志着磁石学校的发展迎来了春天，在学校规模与学生人数方面均取得成倍增长[36]。为了更系统地管理与规范美国磁石学校的运转，磁石学校协会在华盛顿成立总部，执行以下三个方面的职能：（1）从国家层面设置资助项目，为符合条件的磁石学校教师、校长和负责人提供充足的物质保障。这也倒逼各个地区的磁石学校在办学质量竞争中不断提升自身的办学水平；（2）组织教师教育专业发展活动，通过研讨会、学校讲座为磁石学校跨地区交流提供合作平台；（3）成立以磁石学校领导力机构为代表的专门服务组织，为磁石学校的个性化发展提供专业的科学技术支持。对应空间生产理论的三元辩证框架，磁石学校在自然空间领域建立了日趋成熟与专业化的资源调配程序，逐渐打破了原本局限在所属区域的地理边界，从分散走向凝聚，为化解空间生产的闭锁与割裂化状态提供有利条件；在空间生产的精神领域，磁石学校协会使全国范围内的磁石学校形成相互借鉴、利益共生的协作体精神，把磁石学校朝着"多样化"方向的发展趋势及时地通过协会平台向公众传播，有效地为少数族裔家庭的子女在形成对磁石学校的择校动机时减小信息差，并结合少数族裔父母的经验与教育背景等个体因素，形成对磁石学校更加完善的育人认知与家庭期望。这为磁石学校育人实践在空间生产的社会领域创造了家庭—学校—社会协同育人的空间互动格局 [37]。

（三）鹰石中学：磁石学校构建拔尖人才培养空间生产机制的重要参照

在进入 20 世纪 90 年代后，美国的磁石学校从帮助落实美国种族融合的政策、增加学生多样性的功能定位，逐渐转向了培养极少数在特殊学科领域具备天赋的人才，并且这一转向伴随着磁石学校的规模化扩展和市场化竞争而愈演愈烈。已有研究表明，从传统公立学校转学至磁石学校的学生，其数学、语文学科成绩与原有成绩相比呈现显著的正向变化结果 [38]。以鹰石中学（Eagle Rock Junior/Senior High School）为例，学区内的磁石学校特色育人主题的设置非常充实，涵盖了选择性学校（Alternative School）、拔尖人才中心（Center for Highly Gifted）、富研究中心（Enriched Studies Center）等差异化的选择 [39] [40]。对于拔尖人才的培养，鹰石中学采取如下三个方面的措施：

1. 自愿择校入学原则与严格筛选标准的结合

在招考过程中，学校一如既往地坚持家长与学生自由择校的原则，并按照入学申请的先后顺序随机抽样；抽取到的学生则从数学、科学、外语等特定的学科领域接受一系列的州或市一级面试与笔试，从而尽可能保证生源在入口阶段的公平性与科学性。

2. 差异化课程与个性化教学计划的实施

在课程设置上，鹰石中学设置的课程以综合课程为主，注重学科间的知识整合，将知识学习与现实生活相联系，使学生在知识、技能、能力和情感之间建立联系，形成对世界的整体性认识（holistic cognition），进而对英才拔尖能力的培养产生积极的正向反馈。这一特点，与其他研究者对磁石学校 STEM 课程的实证分析所得出的检验结果相吻合 [41]。以鹰石中学针对拔尖英才的批判性思维能力的培养计划为例，学校依据不同年级的学生水平，设置了包含英语阅读计划、科学技能与代数、几何、生物等学科在内的"基础活动计划"和"富课程计划" [42]。

3. 日益严密的法律保障与资金支持

据前文所述，"磁石学校辅助计划"的施行，将有利的政策导向充分落实在磁石学校的发展进程中，特别是该"计划"中规范的学生入学申请程序和公平的评选程序，以及学生评分与遴选的标准细则，强化了磁石学校在英才教育转型上的公平性与正当性。随着特许公立学校（charter school）的兴起和磁石学校自身育人理念与人才培养体系的日益完善，磁石学校成为践行促进种族融合和提振教育质量双重目标的重要样本。为此，《国家创新教育法》《不让一个孩子掉队法案》《让每一个孩子成功法案》等一系列指导性法律文件的颁布，使磁石学校的发展重回正轨，不仅为磁石学校在拔尖人才培养方面的举措提供了明确的法律地位，也为这些学校在当前拔尖人才培养实践中的探索提供了从"空间三元辩证法"角度进行思考的新视角 [43]。

四、空间生产理论对我国拔尖创新人才培养实践的启示

列斐伏尔的空间生产理论强调了空间的社会、历史与文化等多种因素的动态互构过程，而"空间三元辩证法"的分析框架，则为进一步探索中国拔尖创新人才培养机制的理论与实践意义提供了有益参考。

（一）多元视角：思维之翼

空间生产强调对均等化、平均化、同质化的时空压缩现象的批判，鼓励从基于差异化空间和谐共生的多元视角动态地理解与解析学校不同空间的现象及内涵。这意味着应该在学校的自然空间与抽象空间领域强化对学生跨学科学习与思维能力培育的引导。我国在基础教育阶段也可以在班级生源划分、教室课桌排布、课程资源建设等方面加以优化，在强调效

率与结果导向的工具理性的同时，释放空间中的价值理性要素，逐步破解单向度思维困境。通过"乐群"等基于共赢机制的情感与规则支持，避免从"拔尖"走向"掐尖"误区，进而避免拔尖创新人才培养的内涵被反噬[44]。

（二）政策支持：变革驱力

社会性是搭建学校"生活空间"的核心，强调利益相关者多方协同参与。磁石学校协会作为美国英才在空间生产的"中介"，充分凝聚了地方法律制度及第三方组织机构的信任背书，推动了种族间多元文化与融合教育实践的历史进程。而我国拔尖创新人才培养制度与政策的完善，是社会经济可持续、国民教育高质量发展以及育人价值更迭共进的必要之举。从"博雅计划""领军计划"到"强基计划"，一系列政策支持在横向拓展的同时，也应当加快政策工具的宏观牵引架构能力向微观实践与纵深推广能力的转换[45]。通过持续捕捉基础学科前沿领域的新问题、新挑战，不断增进政策在核心学科领域对研究主体的关照性与情境适应性。

（三）融创共建：希冀图景

空间生产反映了拔尖创新人才培养的多重要素的共生与互构属性。我国应通过本土化案例开发，逐步搭建政府、企业与学校协同衔接的贯通式育人模式；同时，以课程与教学改革为抓手，在小学、初中与高中学段，分类、分层探索既能够"落地生根"又可以"百花齐放"的未来路径。此外，持续支持建设各类社会主体在空间边界内外生产要素的增值，持续地赋能教师与学生情感素养发展[46]，搭建联合引领、共建共享、协同开放[47][48]的拔尖人才培养的崭新格局。

参考文献

[1] 习近平. 习近平：在中国科学院第二十次院士大会、中国工程院第十五次院士大会和中国科协第十次全国代表大会上的讲话[EB/OL].（2023-05-28）[2023-06-07]. https://www.gov.cn/xinwen/2021-05/28/content_5613746.htm.

[2] 王志强. 科教融合，一体化培养拔尖创新人才 [N]. 光明日报，2023-02-14（15）.

[3] 阎琨，吴菡. 强基计划人才的培养实践研究——以清华大学强基书院为案例 [J]. 国家教育行政学院学报，2022，（10）：62-69，79.

[4] 张民选，张馨元. 为拔尖人才培养奠基：全球进展与政策建议 [J]. 基础教育参考，2023，（01）：3-11.

[5] 苏雪云，杨广学. "天才"与"专才"：英才教育基本概念辨析 [J]. 中国特殊教育，2009，（12）：57-59，82.

[6] Galton, F. *Hereditary genius: an inquiry into its causes and consequences* [M]. London: Macmillan, 1869.

[7] 陆一，朱敏洁. 美国的"少年班"何以成立：一种高选拔适度竞争的英才教育路径 [J]. 国家教育行政学院学报，2019，（09）：61-68.

[8] 夏美萍. 美国天才儿童教育制度研究 [D]. 南京：南京师范大学，2014.

[9] Renzulli, J. S. The enrichment triad model: a guide for developing defensible programs for the gifted and talented [J]. *Gifted child quarterly*, 1976, 20 (03): 303-306.

[10] Young, M. H. & S. J. Balli. Gifted and talented education (GATE) student and parent perspectives [J]. *Gifted child today*, 2014, 37(04): 236-246.

[11] Gardner, H. The theory of multiple intelligences [J]. *Annals of dyslexia*, 1987, (37): 19-35.

[12] 阎琨，吴菡，张雨顽. 构建中国拔尖人才培养体系：现状、方向和路径 [J]. 中国高教研究，2023，（05）：9-16.

[13] VanTassel-Baska, J. United States policy development in gifted education: a patchwork quilt [A]. In L. V. Shavinina (Eds.). *International handbook on giftedness* [C]. Dordrecht: Springer, 2009: 1295-1312.

[14] 忻叶. 新时期我国基础教育阶段英才教育开展的现状、问题及策略——基于2010 年以来的相关文献综述 [J]. 现代特殊教育，2022，（19）：24-33.

[15] 中共中央、国务院. 国家中长期人才发展规划纲要（2010-2020 年）[EB/OL].（2010-06-07）[2022-06-09]. http://www.moe.gov.cn/srcsite/A01/s7048/201007/t20100729_171904.html.

[16] 哈维. 后现代的状况：对文化变迁之缘起的探究 [M]. 阎嘉，译. 北京：商务印书馆，2013：385.

[17] 列斐伏尔. 空间的生产 [M]. 刘怀玉，等译. 北京：商务印书馆，2021.

[18] 陈波，宋诗雨. 虚拟文化空间生产及其维度设计研究——基于列斐伏尔"空间生产"理论 [J]. 山东大学学报（哲学社会科学版），2021，（01）：35-43.

[19] 聂欣如. 电影的"空间"与"空间生产"[J]. 上海师范大学学报（哲学社会科学版），2023，52（02）：85-93.

[20] 施密特，杨舢. 迈向三维辩证法——列斐伏尔的空间生产理论 [J]. 国际城市规划，2021，36（03）：5-13.

[21] 刘怀玉. 今天我们为何要重访列斐弗尔 [J]. 马克思主义与现实, 2020,（01）: 93-102.

[22] 刘天宝, 马嘉铭. 空间生产理论在中国城镇化研究中的应用进展与展望 [J]. 地理科学进展, 2023, 42（05）: 998-1011.

[23] 孙全胜. 马克思"空间生产"理论研究回顾与展望 [J]. 社会科学动态, 2023,（03）: 11-18.

[24] 苏玫瑰, 石松平, 杨春艳. 空间生产理论视角下石门高传统村落文化的保护与传承 [J]. 黑河学院学报, 2023, 14（04）: 153-156, 160.

[25] 杨立国, 胡雅丽, 吴旭峰, 等. 传统村落文化景观基因生产的过程与机制——以皇都村为例 [J]. 自然资源学报, 2023, 38（05）: 1164-1177.

[26] 王圆圆, 胡冲. 空间生产: 业态转型、价值创造和利益再分配——基于农牧民"离土进城"的个案分析 [J]. 城市发展研究, 2023, 30（02）: 41-47.

[27] 王中政, 黄锡生. 论城乡融合发展的空间逻辑 [J]. 理论月刊, 2023,（02）: 112-122.

[28] 刘以攀, 李天凤. 空间生产理论视角下家校社协同共育的困境与突破 [J]. 教学与管理, 2023,（07）: 6-10.

[29] 石泽婷, 张学敏. "空间生产"理论视域下教育资源均衡配置探析 [J]. 广西民族大学学报（哲学社会科学版）, 2020, 42（03）: 198-204.

[30] 贺武华, 李承先. 美国"磁石学校"的特色创新及其成效分析 [J]. 比较教育研究, 2009, 31（06）: 57-61.

[31] Collins, K. H. & J. J. Roberson. Developing STEM identity and talent in underrepresented students: lessons learned from four gifted black males in a magnet school program [J]. *Gifted child today*, 2020, 43 (04): 218-230.

[32] amp, Green, D. D., Banks, B., et al. Are magnet schools the answer [EB/OL]. (2008-03-19) [2023-08-22]. https://www.diverseeducation.com/faculty-staff/article/15086846/are-magnet-schools-the-answer.

[33] Rossell, C. H. Magnet schools: no longer famous but still intact [J]. *Education next*, 2005, 5: 44-49.

[34] McCarver Elementary School historical modernization. [EB/OL]. [2023-08-21]. https://schooldesigns.com/Projects/mccarver-elementary-school-historical-modernization/.

[35] Doyle, D. P. & M. Levine. Magnet schools [R]. *Education policy studies occasional papers. Education, political science*, 1983, 83 (04): 38.

[36] Nessel, P. A. Law Magnet Programs [R]. [S.I.]: ERIC Resource Center, 1996: 1.

[37] Castillo, E. 'More of the diversity aspect and less of the desegregation aspect': Asian Americans and desegregation in metropolitan Hartford [J]. *Race ethnicity and education*, 2022: 1-19.

[38] Berends, M. & R. J. Waddington. School choice in Indianapolis: effects of charter, magnet, private, and traditional public schools [J]. *Education finance and policy*, 2018, 13 (02): 227-255.

[39] Liddle, J. Eagle Rock School: a conversation with Jeff Liddle [EB/OL]. (2017-09-07) [2022-08-30]. https://education-reimagined.org/conversation-jeff-liddle/.

[40] Eagle Rock High School. Magnet Program [EB/OL]. (2021-03-17) [2022-08-30]. https://eaglerockhs.lausd.org/apps/pages/index.jsp?uREC_ID=4370131&type=d&pREC_ID=2572964.

[41] Judson, E. Effects of transferring to STEM-focused charter and magnet schools on student achievement [J]. *The journal of educational research*, 2014, 107 (04): 255-266.

[42] 李芯茹. 美国磁石学校的英才教育计划——以鹰石中学为个案的研究 [D]. 北京：首都师范大学，2012.

[43] DeLollis, B. What is a magnet school? [EB/OL]. (2021-11-16) [2022-08-31]. https://www.usnews.com/education/k12/articles/what-is-a-magnet-school.html.

[44] 张仁杰，寇焜照. 从"拔尖"到"乐群"：小组合作学习与高校拔尖创新人才培养 [J]. 重庆高教研究，2024，12（03）：69-81.

[45] 戴妍，杨雨薇. 我国拔尖创新人才培养政策的变迁逻辑与未来展望——历史制度主义分析 [J]. 高校教育管理，2024，18（03）：62-72.

[46] 梅兵. 以社会与情感能力为抓手 提升拔尖创新人才自主培养水平 [J]. 教育研究，2024，45（03）：13-16.

[47] 张广明，赵亚琴，殷晶晶. 长三角一体化背景下创新拔尖人才"政企校"协同培养研究 [J]. 产业创新研究，2024，（06）：174-176.

[48] 杨素媛，周朗，孙悦. 材料工程专业硕士校企合作人才培养模式探索 [J]. 高等工程教育研究，2024，（02）：135-138.

作者简介

谢梓文： 北京外国语大学国际教育学院硕士。研究领域为课程与教学论（外语）。

日本学习塾与学校协作关系形成机制研究：基于多源流理论的视角

陈　玥　屈　蕾　陕西师范大学教育学部

【摘要】日本学习塾与学校的关系经历了由"对立"到"协作"的过程。基于多源流理论分析发现，日本已有政策弊端、学校教育质量低下和学习塾发挥积极作用凝聚成问题源流，为两者关系的转变提供了动力源；利益共同体对学习塾与学校关系的争论和实践探索形成政策源流，为两者关系的发展提供了可行性依据；政治源流中政府对于学习塾态度的转变为两者关系的演变创造了外部环境。修正《学校教育法施行细则》开启了"政策之窗"，学习塾与学校的协作关系得以形成。两者关系的演变过程体现了以提升质量为起点、以整合资源为目标、以规范治理为推手的基本经验。学习塾虽让渡了部分经济资本，但在与政府和学校建立的新型伙伴关系中，获得了更多的社会和文化资本。

【关键词】日本；校外培训机构；学习塾；多源流理论

近年来，我国颁布了一系列关于校外培训机构治理的政策文件，如《关于进一步减轻义务教育阶段学生作业负担和校外培训负担的意见》（简称"双减"），《关于进一步明确义务教育阶段校外培训学科类和非学科类范围的通知》等。"双减"政策落地后，校外培训机构面临着何去何从的转型困境，校外培训能否标本兼治成为了新问题。此外，"双减"后学校还面临着能否质效双增、课后服务能否公平有效、家长焦虑是否切实减轻、学生负担是否下降等新挑战[1]。在国际上，日本也曾因过度学业竞争助推了校外培训机构的发展，学习塾便是典型代表之一。第二次世界大战后，学习塾迎来发展浪潮，然而由于过度逐利导致教育乱象频现，遭到政府的制约。20世纪90年代末期，学习塾影响范围广、经济效益高，政府展开对学习塾和学校关系的探索。进入 21 世纪，政府为两者合作提供了政策支持，在强化学校育人主体和优化教育培训市场的同时，也为学校和校外培训机构的关系发展带来新契机。学习塾与学校由此形成协作关系，两者间的协作不仅有效地发挥了校外教育实践化、差别化、个性化的优势，也使学习塾与学校互利互补，共同促进教育改革。国内外学者围绕这一新型关系进行了一定思考，但研究多集中于对学习塾和学校协作的内涵阐释、现状描述、机制保障等，而鲜有对两者关系形成过程的分析。基于此，通过多源流理论探究学习塾与学校协作关系的形成过程，能够揭示其政策制定的政治逻辑，汲取其关系形成中的基本经验，丰富对校外培训机构和学校关系的认识。

一、多源流理论及其对本研究的适切性

多源流理论是由美国公共政策学家约翰·W. 金登（John W. Kingdon）提出的政策分析框架，该理论强调政策议程由问题源流、政策源流和政治源流三个源头组成。问题源流一般通过重要指标的变化、重大事件或危机事件的发生以及原有政策项目的反馈三个方面来识别。政策源流实际上是一个解决问题的方案合集。官僚、国会委员会成员、学者、智库等政策共同体中各利益团体分别提出自己的意见主张，通过各种意见不断碰撞与适应，最终形成备选方案。政治源流主要由国民情绪、压力集团的竞争行为和执政党的更迭等因素构成。任何单一源流都不会对公共政策的形成起到决定性作用，直到某一关键点的出现，将三股源流汇聚在一起并开启"政策之窗"[2]。由于"政策之窗"的开启时间十分短暂，因而政策制定者们会全力把握机会，投入大量时间、精力、金钱以促进各种因素的结合，使公共问题被提上政策议程。

多源流理论是在西方政治逻辑下提出的关于公共政策研究的理论，所以在将其运用于日本教育问题时，需结合日本情境的适用性与独特性进行分析。日本学习塾与学校协作关系形成背后有着多种力量的支持与牵引，这与多源流模型有着类似的逻辑。一方面，两者间关系变化涉及多种

影响因素，如日本教育面临的现实问题、不同政策参与者的博弈、政府改革等；另一方面，学习塾的社会定位复杂，它既是教育领域的重要组成部分，又受市场规律的制约，极易受社会问题的影响，因而受到政府、学术界、民众、市场等多方关注。因此，运用多源流理论能够较好地解释在复杂社会背景下学习塾与学校协作关系的形成过程。此外，扎哈里亚迪斯（Zahariadis）在进行政治源流分析时，将金登理论中的国民情绪、压力集团的争夺行动和执政党的更迭三个变量整合为"执政党的意识形态"。该调整更适用于政治权利高度集中的国家[3]。考虑到日本政策大多是自上而下执行，故分析政治源流时更适宜采用"执政党的意识形态"这一维度。

二、日本学习塾与学校协作关系形成过程的多源流分析

20世纪90年代末期，学习塾产业持续快速发展且影响范围颇广。在1999年中央教育委员会的终身学习会议上，文部省[1]将学习塾纳入终身学习规划局，并提到21世纪的学习塾应在教育领域开发更多样的功能[4]。

（一）问题源流：提升质量与满足需求的迫切性

问题源流借助政策运行反馈、明显的指标变化、焦点事件的发生等识别问题[5]。20世纪90年代的日本面临中央财政吃紧、公立教育弊端频现等多重困境，而学习塾却逐渐向好，一改学生校外负担重、学生综合发展被忽视等教育乱象，焕发积极活力[6]。日本政府着意于将学习塾纳入政府公共服务范畴，以发挥学习塾的积极作用，推动学校教育改革。

1. 政策反馈：地方分权化造成教育发展不均衡

政策运行后的反馈信息是推动问题进入政策议程的基础。日本中央政府为缩小国家公共财政规模，采用地方分权化的教育管理体制，然而地方分权化拉大了地区间教育水平的差距。20世纪90年代，日本经济持续走低，

1　文部省成立于1871年，主要负责日本国内教育文化事业。2001年与科学技术厅合并为文部科学省（Ministry of Education, Culture, Sports, Science and Technology），负责统筹日本国内教育、文化、体育及科学技术等事务。

中央政府财政紧缺。为了减轻国库财政压力，中央政府给予地方政府更多自主权，并进行公立教育改革，将市场机制引入教育领域[7]。在此影响下的学校获得教师聘用、学校管理、职位任免的充分自主权。政府扩大了公立学校的权限和责任，这同时也加剧了公立学校之间的竞争。公立学校引入"自由择校"机制，为提升当地学校的竞争力，各地方政府开始广泛运用当地学习塾资源。然而，各地不同的财政能力使得各地方政府与学习塾合作的方式不同。一些财政状况良好的地方，其政府主动选择与当地学习塾进行合作，欲借学习塾独特的学生指导方式和教师培训模式扩大当地公立学校的择校竞争力[8]。例如，东京都杉并区教育委员会从 2002 年开始允许学习塾讲师进入公立学校中学课堂开设讲座，福冈教委会于 2003 年 8 月邀请了学习塾的讲师为公立学校的教师提供培训讲座。然而，部分财源不足的地区由于无法维持公共教育制度，只能被动地将公立学校的部分管理权让渡于地方民间教育企业[9]。这导致地区间公立学校教育差距扩大，教育发展不均衡。

2. 指标变化：学校教育内部出现质量问题

明显的指标变化是推动问题进入政策议程的科学依据。自颁布"宽松教育"方针以来，日本教育质量持续降低，学校教育弊端频现。一方面，学校教育质量低下，学生学力水平下降。1982 年的国际学力调查（IEA）显示，日本学生的数学能力是第一名，而在 2003 年的 PISA 测试中日本学生的数学能力从第一位降至第六位，到 2006 年的 PISA 测试中，日本学生的数学能力降至第十位[10]。尽管 PISA 排名下降并不完全等同于学力低下，但在实践中，也出现了学生基础知识薄弱的现象[11]。学生学力水平的下降引起学生和家长以及全社会的教育焦虑，亟须学校教育改革或借助学校外力量提升教育质量[12]。另一方面，学校教育教学模式刻板，教育乱象频出。一是公立学校人事制度僵硬，形成了以校长为主的集权体制，校长的主观评价成为人事决策的关键，这使得普通教师的教学热情下降[13]。二是校园内部出现欺凌现象。根据日本国立教育政策研究所 2004—2012 年关于校园欺凌现象的追踪调查显示，在小学阶段男孩受到校园欺凌的人数约占 45%，女孩受到校园欺凌的人数约占 51.5%[14]。三是家长对于学校教育的教学水平产生怀疑。文部省于 1977—2002 年进行的校外学习活动调查数据显示：小学阶段的平均入塾率由 12.8% 升高到 35.6%，中学阶段由 38% 升高到 62.5%[15]。2005 年，内阁府发布的《关于学校制度的家长调查》中，70.1% 的家长认为学习塾的教学成效高于学校教育，仅有 4.3% 的家长认为学校教育优于学习塾[16]。

3. 焦点事件：学习塾的发展势态良好

焦点事件是吸引公众注意力，推动问题进入政策议程的关键动力。学习塾迎合教育政策的变化，发挥积极作用，吸引了社会各界对学习塾的关注，引起了公众对于学习塾的新期待，创造了学习塾行业发展的新机遇，为政府治理学习塾行业提供了新方向。其一是 20 世纪 90 年代末，为响应政府"一周五日制"的政策，确保学生周六的时间能够用来休闲和放松，部分学习塾在周六开办户外活动以丰富学生的课余生活。例如，东京江东区区立八明川小学邀请学习塾塾师开展星期六特别讲堂[17]。其二是 2011 年东日本大地震后，部分学习塾发起了"影子教育券"计划。该计划旨在为灾区学生提供一定数量的教育券，学生凭券可在学习塾接受补习服务和心理疏导[18]。这些举措使学习塾树立了良好社会形象。进入 21 世纪以来，学习塾自身发展稳定，学习塾的行业规模和整体收益都保持平稳发展[19]。在此基础上，学习塾不断尝试补充学校教育的不足，逐渐得到社会和政府的认可。

（二）政策源流：理论争论与实践探索的耦合性

多源流理论将政策议程比作"政策原汤"，在其周围漂浮着政策共同体的意见。政策共同体由学者专家、官僚、国会办事人员等利益相关者组成。政策源流是由政策共同体分析政策方案的产生、讨论到定论的过程。在学习塾与学校关系发展这一政策议程中，利益相关者的意见碰撞与政府的实践探索是政策源流形成的重要依据。

1. 利益相关者的诉求与表达

利益相关者对学习塾与学校的关系进行了多次探讨，其成员包含教育专家、社会学者、政府人员、学习塾行业代表等，但由于各成员的社会背景、研究视角不同，对于学习塾和学校关系的看法不一。有些专家认为学习塾有独特价值，应当被灵活运用，发挥协助作用来保障学生的学习权利[20]。亦有学者持反对意见，从校外培训机构营利性的角度出发，认为学习塾若受利益驱动则会侵占学校教育的主体地位。还有部分专家认为学习塾应当摒弃市场逻辑，建立"学习共同体"，实行以社会民主为基础、基于公共哲学理念的学校教育改革[21]。此外，学习塾行业代表认为学习塾的定位应当发生改变，学习塾长久依附于学校教育，为了使其摆脱附属地位，更好地在教育舞台上发挥作用，应当不计盈利地与公立学校开展合作。全国学习塾协会会长安藤大作认为，学习塾应当适应国民的需求，并为当地的经济发展作出一定的社会贡献。总体来看，利益相关者对于学习塾与学校关系如何发展的意见不统一、不明确，但一致的是学习塾自身确有不可忽视的社会效益与教育作用。因此，既为了能够回应利益相关者的意见碰撞，也为了真正探寻出学习塾与学校关系的发展前景，找到一种互利共存的方式，政府不断进行实践探索以获得更有活力的教育样态。

2. 实践探索成果的推动

政府及利益相关者对学习塾与学校合作模式进行了试点探索，有意将学习塾纳入教育公共服务领域。从实践效果来看，学习塾是日本教育的重要组成部分，能够在促进学校教育改革的同时实现自身的长足发展。学习塾与学校合作的典型类型有三种：一是为提高低收入家庭学生学力水平的"公费支援型学习塾"活动。该活动并非直接提供资金补助，而是由学校提供学习场地，学习塾提供学习指导，政府进行监督和管理，并根据学生家庭收入状况进行费用减免等。例如，由岛根县饭南町教育委员会开办"饭南学习支援馆"，通过卫星授课的方式对高中生进行免费补习，提高了学生的学力水平[22]。二是合理利用课外时间的"星期六特别辅导"，主要是教育委员会委托学习塾讲师在学校利用放学后或假期时间开展补习讲座。2005年6月，东京都港区教育委员会和早稻田学术塾开展合作，主要针对东京都港区内十所口碑不佳的公立学校学生开展，旨在提高学生的学力水平以扭转这十所公立学校的口碑[23]。三是为提升学校教师的专业化水平开展的教师研修活动。例如，早稻田学术塾开办了"提升教师专业能力"的讲座，荣光学习塾设立了"日本教育大学院大学"进行教师教育等[24]。一系列的实践活动使得"学习塾与学校协作"这一观念得到广泛认可，国立政策研究所分别于 1994 年和 2011 年进行的《市区町村教育委员会及中学校长关于学校与外部力量合作意识调查》一定程度上反映了民众对于"学习塾与学校关系"态度的变化。调查显示，1994—2011 年公立中学校长对"学习塾可以和学校进行协作"持肯定观点的人数从 27.3% 增长到 50.2%，认为可以聘用学习塾讲师在学校进行授课的人数也从 19.1% 上升到 46.3%[25]。由此可以明确，"学校应与学习塾等民间机构进行协作，推动多样化的学习体验"这一思考已日渐成熟。

（三）政治源流：政府关于学习塾态度的转变

2009 年，日本民主党上台后提出"地域主权改革"，即将中央权力下放至各地方，但实质上是 20 世纪 90 年代自民党提出"地方分权改革"的延续。2013 年，自民党再次执政，却并未对这一改革措施进行实质性调整[26]。由于政权更迭对学习塾和学校的关系影响较小，反而是政府对学习塾态度的转变充当了关键角色，所以在政治源流中将采用"政府关于学习塾态度的转变"这一维度来进行分析。

20 世纪中期，学习塾发展迅速，但乱象丛生，日本政府对学习塾实施了相应治理措施。20 世纪 50 年代，基础教育迅速扩张，但学校教育与大学入学考试要求之间存在着较大的差距。由于升学需求在学校得不到满足，家长和学生只能转而寻求其他途径的帮助，学习塾便迎来了第一次发展高潮。20 世纪 60 年代，公立学校的课程改革也推动了学习塾产业井喷式发展。日本 1968 年的课程改革提高了数学与科学课程的难度，许多学生无法跟上学校的教学进度，以补充学校课程为主要目标的补习塾由此而生，学习塾开始了第二次发展高潮。然而，学习塾由于自身存在许多弊端，如利益至上、干扰学校教育、监管不到位等问题[27]，并未得到文部省的鼓励与认可，而被视为是"私营部门对公立教育的入侵"[28]。为此，日本政府实施了各种举措以抑制学习塾的发展，如加强学校教育、改善入学考试制度、推动校外各项活动等。教育行政部门不仅修改了学校教育制度，还修改了校外的公共教育制度，强调学习塾应做到行业自律。此时文部省、学校、地方自治团体等对学习塾都采取批判态度，学校与学习塾也呈现对立关系。

随着学习塾产业的制度化，其在公共教育议程中的作用不断凸显，政府对于学习塾的态度发生转变，逐渐认可学习塾在教育中发挥的积极作用。由此，如何协调好两者之间的关系开始成为政府关切的话题。在学习塾与学校协作关系的形成过程中，政府对于学习塾的态度变化是影响进程的关键因素，而政府的态度变化又受到复杂因素的影响。在学习塾治理中，由于主体多元化、举措复杂化等问题使得政府的态度不够明朗。自 1987 年文部省颁布《充实学校学习指导意见》后，政府开始对学习塾存在的种种问题进行治理[29]。例如，颁布各项法律法规厘清学习塾运行机制，督促行业协会的建立，促进校外培训行业自律体系的完善。直至学习塾形成多部门协作、法律监管和行业自律三管齐下的治理格局[30] 和稳定的行业规模后，政府关于学习塾和学校关系如何进展的态度逐渐明朗。

（四）政策之窗：修正《学校教育法施行细则》

在金登的多源流理论框架中，问题源流、政策源流、政治源流三股源流大都是独立并行的。直至某一特殊节点的出现，三股源流汇聚一点，"政策之窗"便得以打开。事实上，在政策议程中，三大源流更像是相互依赖的"共同体"，每条源流的轨迹也会深受其他源流影响[31]。就学习塾与学校合作来看，政策源流与政治源流是紧密交织的。政治源流中"执政党的态度发生转变"的事实基础是政策源流中实践的结果。"政策之窗"也是在三大源流的合力作用下才得以开启。

2013 年 11 月 29 日，日本正式修正了《学校教育法施行细则》并明确规定：应当根据现实要求，发挥好学校与地方政府、民间企业三者的力量，共同推进"星期六活动"。这一政策的颁布标志着三股源流最终实现结合，学习塾与学校开展了多种协作形式。一是面向特殊人群的授课指导，如"免费塾"是厚生劳动省根据《生活穷困者自立支援法》为贫困家庭儿童提供的特别授课指导。二是充分利用学习塾课程多样性的特点开办的"课后服务教室"。课后服务教室主要在书法、珠算、体育、音乐等公立教育机构难以应对的教育领域中发挥重要作用[32]。三是学习塾自身的理念由培养学生的应试能力到着重培养学生的学习能力，逐渐与学校的教育理念趋同。例如，河合塾在其教育理念中明确指出应当培养学生自主思考的能力[33]，东进塾也表示除了学习能力外也应当培养学生掌握未来生活的能力[34]。2015年文部科学省还与全国学习塾协会联合发起了"未来塾"活动。未来塾不以营利为目的，主要面向家庭经济困难的学生，以当地公立学校作为校舍，在课后时间为学生提供免费学业辅导、咨询或其他服务[35]。

学习塾与学校的协作使得学习塾立足于新的生长点，其类型由单一化向多元化转变。学习塾从注重培养学生的应试能力到培养学生的自主学习能力，并创造性地生成多种学习塾新样态，其性质也逐渐增添了公益性。在此之前，学习塾更多的是以一种营利性的社会公共认知存在，在政府加强学习塾与学校之间的协作后，部分学习塾开始提供具有公益性质的补充课程，构建了一张学校外教育的"安全网"。

三、日本学习塾与学校协作关系形成的基本经验

纵观上述分析可以看出，日本学习塾与学校之间的关系由"对立"逐渐演变为"协作"。日本在进行学习塾与学校合作关系的探索实践中，不断积累经验、总结问题、寻找路径，最终学习塾与学校都能各自稳定发展、相互补充。分析两者协作关系形成的过程也有助于重新思考校外培训机构与学校之间的关系。

（一）重视问题源流：学习塾与学校协作的逻辑起点

日本公立学校面临教育质量危机，由此引发的社会问题和教育焦虑经久难解，提升学校教育质量是学习塾与学校协作关系产生的基本起点。提高学校教育质量在一定程度上能够遏制学习塾乱象；同时，合理利用规范化、高质量的校外教育资源也能够促进学校教育改革。一方面，保障学校

教育教学质量能够抑制学习塾的恶性扩增。家长层面的"剧场效应"是校外培训机构扩增的助推器，映射出学校教育不能很好地满足学生和家长的需求。虽然校外培训的流行和正规教育质量不足的关系并不是很明确，但是提高学校教育质量能够起到规范校外培训市场的作用[36]。在学校教育质量稳步提升的根本前提下，由"剧场效应"引发的学校外教育需求也会相应减少，能够对校外培训机构的规范化发展起到一定的反助作用。另一方面，规范学习塾质量标准能够保障优质校外教育资源。在实践中，学习塾为了确保教学质量的提升，一是构建了严格的塾师资格认证框架，提升教师质量。学习塾为讲师提供多样化的职业培训，突出学生和家长在学习塾讲师评价中的重要地位[37]；二是约束学习塾的运营行为，确保学习塾服务质量。学习塾为学员提供完备的权益保护规范，确保学员的知情权、隐私权及人身安全等。

（二）梳理政策源流：学习塾与学校协作的路径选择

在学习塾与学校协作过程中，日本政府统筹规划，将教育资源整合的理念贯穿全过程。学校教育并不能包罗万象，在其难以关注到的领域，学习塾可以发挥自身优势补充学校教育。日本政府对学习塾采取调整与控制的态度，引导学习塾明确自身定位，从而使学习塾能够积极响应国家政策，调整教育服务供给模式。一方面，从类型上来看，学习塾提供的教育服务产品是国家政策衍生出的新领域。学习塾逐步提升公益性，为家庭经济困难的学生提供入塾补助，为因心理问题无法上学的学生提供心理辅导。此外，学习塾发展特色教学，为学生提供户外体验、饮食教育、志愿服务等，着重培养学生的自我发展能力[38]。例如在实行"一周五日制"的减负政策时，学习塾创办多种新形式活动（如户外活动、志愿服务活动等），以确保学生周六的时间能够用来休闲和放松；为丰富学生的课后活动，学习塾提供了多样性的课后服务（如饮食教育、书法教育等文化教育），与学校教育的知识学习相得益彰；学习塾在教育理念上也随着国家培养目标的转变，由提高学生的学力到培养学生的生存力[39]。另一方面，从层次上来讲，学习塾在与学校的协作呈现出由浅入深的特点，由简单的工具支持到聚焦学生需求再到促进学校教育教学改革。起初，学习塾与学校的协作体现为学习塾提供教辅工具（如提供教材、承办考试等）。随着协作的深入，学习塾则不断关注学生的内在需求（如提供免费的升学指导、心理咨询等）。最后，学校借鉴学习塾的教师培训模式，创新教师教学方法，培养教师信息技术素养，提升教育技术的研发与应用等。2018 年，日本经济产业省提出建设"未来的教室"的构想，并指出要重视学习塾在技术支持方面的作用[40]。学习塾将大数据、云计算、人工智能等技术引入学校教育教学，实现优质资源共建共享。学习塾与学校的协作也愈发广泛、深入。学习塾不仅参与教师培训、学校运营等，还承担了向文部科学省反映学校教育问题的职责。近年来，学习塾利用信息技术优势进行资源共享，弥合数字鸿沟，促进教育公平。

（三）调整政治源流：学习塾与学校协作的根本前提

在学习塾与学校协作关系的形成过程中，除了对教育质量提出高要求外，规范的校外培训机构治理模式成为其重要推手。政府对学习塾进行治理，使其形成了以行业内部自律体系为纽带，配合政府规制与法律监管的特色治理模式，坚决遏制过度逐利行为，减少行业恶性竞争，为学习塾与学校的协作创造了稳定的环境条件。首先，政府部门主导，监督学习塾规范发展。政府多部门进行协作配合，从不同方面对学习塾进行监管，形成了有效的监督体系。一是文部科学省掌握学习塾的发展动态；二是经济产业省确保学习塾的发展规模；三是厚生劳动省明确学习塾的收入来源[41]。其次，完善法律体系，强化学习塾规范管理。除了政府各部门的行政监督外，强有力的法律监督也促进了学习塾的规范化发展[42]。一是教育法律法规明确指出学习塾的合法社会地位；二是经济法律法规厘清了学习塾的运行机制，规定了学习塾从申请认证、招生宣传到产品售卖，再到税收缴纳整个运营过程中应该承担的责任以及应该履行的义务；三是劳动法律法规保证了学习塾各方参与主体，尤其是学习塾教师的合法权益。最后，学习塾通过行业自律，深化学习塾监管体系。在学习塾争取合法地位的过程中，其行业内部完善的自律监管体系不容忽视。日本全国学习塾协会依据学习塾实际情况制定针对性、实用性较强的行业规范，保障行业质量水平，发挥行为引导功能 [43]。

学习塾与学校的协作在整合教育资源、激发教育活力等方面发挥了重要作用，但在实践过程中也面临现实挑战。一方面，虽然学习塾面向学校开展教师培训，但并未形成良好的交流机制，无形中加重了教师负担。学习塾的讲师与学校教师之间存在意识壁垒。在教学方式上，学习塾的讲师偏重知识点讲解、教师教学热情，而学校教师更注重学生课堂的参与度、注意力集中度等 [44]。学校教师不认可学习塾的教师培训模式，在教师研修或教师培训过程中存在抵触情绪。另一方面，学习塾与学校协作并不具有强制性，尚未形成整体的协作规范。学习塾与学校的协作只是政府作出的价值引领，部分学习塾选择让渡经济资本以获得更广泛的社会资本，并与政府和学校建立新型伙伴关系。然而，当前许多学习塾仍未参与到和学校的协作中去，学习塾与学校协作的范围较小。因此，学习塾与学校的协作需更加明确权责意识、利益分配等，从而吸引更多的学习塾参与其中。

四、结论与反思

学习塾与学校协作关系的形成，体现出日本政府重视学习塾在国民教育体系中的作用。随着学习塾形成行业规范，政府也逐步探索出学习塾与学校协作的模式。在学习塾与学校协作关系的形成过程中，政府注重引导与治理，为学习塾与学校协作创建了法治化、制度化的前提条件，吸引学习塾积极转变并发挥其社会价值。日本学习塾与学校的协作也引发了我们对于校外培训机构与学校关系的进一步探索。特别是在"双减"背景下，如何平衡规范校外培训机构和提升学校教育质量之间的关系，是我们需要攻克的重点问题。镜鉴日本学习塾与学校的关系发展，可以为我们进一步重塑校外培训机构与学校的关系、有效发挥政策效用提供一定思路。

首先，我国校外培训机构和学校关系的发展需以问题源流为动力，精准识别关键问题，为两者的关系进一步发展寻找空间。自"双减"政策颁布后，学校和家庭教育的调适，教师、家长和学生权益的保障，校外培训机构新的发展空间等问题，均成为新的需要调整和优化的方向。当前，校外培训机构骤减但家长的培训需求未减，相关从业人员的就业压力未减，政策与现实问题的良性互动机制并未形成，如何平衡规范校外培训机构与提升学校教育水平成为政策发挥效用要解决的新问题。日本学习塾与学校的协作赋予了学习塾新的发展空间，激发了学校教育的活力。一方面，学习塾与学校的协作为学习塾的类型带来新形式，在助推社会公平、关注学生能力培养等方面发挥与学校的协同作用。另一方面，学习塾与学校的协作也为学校教育的改革创新带来新发展，引入专业化的教师培训、数字化的教学方式，为学校教育注入新鲜活力。若要重塑我国校外培训机构与学校之间的关系，需厘清目前"双减"政策颁布后面临的问题与挑战，从中探索我国校外培训机构与学校关系发展新的方向。

其次，我国校外培训机构与学校的关系发展方向需以政策源流为导向，协调各利益相关者的需求，针对两者关系如何发展进行路径调适。"双减"政策的执行是利益相关者教育权益调整的过程[45]。自"双减"政策颁布以来，在有效减轻学生负担的同时，学校和校外培训机构的从业人员却普遍表示压力增大，部分民众和家长也出现对政策不理解的焦虑感。如何正确研判利益相关者对于政策的认识度、接受度、目标感是政策有效推行的重点问题。日本在获取利益共同体对于政策的意见上花费了较多努力，从官方数据调查监测到试点实践推行协作政策，有效把握政策源流。我国也应在此方面做好舆情监测，有效把握利益相关者对于"双减"政策的认识程度及目标契合程度，并及时作出响应。在信息整合的过程中，挖掘我国校外培训机构与学校关系发展新的方式。

最后，推进我国校外培训机构与学校的关系发展需以政治源流为核心，对校外培训机构作出引导，丰富校外培训机构的功能。我国"双减"政策若只是简单关停所有校外培训机构也会导致学生个性化发展受阻、校外培训机构转型难以平稳落地、学校教育压力激增等问题。分析日本学习塾与学校协作关系的形成过程，为探索校外培训机构的性质提供了新的视角。教育的公共性与私有性两种属性存在一定程度的相互依附[46]。在性质方面，日本学习塾与学校的协作使得学习塾中原本具有私有性的教育产品也能具备公共性，有效缓解教育资源失衡、学校教育质量低下等问题。在功能方面，学习塾被纳入日本教育和社区建设的公共规划，在对弱势儿童的教育援助、助推教育公平方面，学习塾成为了学校教育的有力支持者。学习塾的功能已超越了马克·贝磊（Mark Bray）所确定的校外培训机构的补充性、私人性和学术性三个维度[47]，呈现公益性特征，承担了更多的社会责任。因此，若要使得我国校外培训机构平稳转型，需对校外机构的属性进行进一步的思考、重塑，拓宽其承担社会责任的限度，为校外培训机构与学校关系发展提供新的可能。

（本文系国家社会科学基金"十四五"规划2022年度教育学一般课题"义务教育阶段学生作业政策国际比较研究"阶段性研究成果。）

参考文献

[1] 周洪宇，齐彦磊."双减"政策落地：焦点、难点与建议 [J]. 新疆师范大学学报（哲学社会科学版），2022，43（01）：69-78.

[2] [5] 金登. 议程、备选方案与公共政策 [M]. 丁煌，方兴，译. 北京：中国人民大学出版社，2004：90，142.

[3] 萨巴蒂尔. 政策过程理论 [M]. 彭宗超，译. 北京：生活·读书·新知三联书店，2004：103.

[4] [28] [47] Yamato, Y. & Zhang, W. Changing schooling, changing shadow: shapes and functions of juku in Japan [J]. *Asia pacific journal of education*, 2017, 37 (03): 329-343.

[6] [44] 早坂めぐみ，杉森伸吉. 学校と学習塾における授業の比較研究：学習者の視点に着目して [J]. 東京学芸大学紀要. 総合教育科学系，2018，69（02）：509-518.

[7] [8] 梁忠义. 世界教育大系——日本教育 [M]. 吉林：吉林教育出版社，2000：673，674.

[9] [21] 佐藤学，田辉. 全球化时代的日本学校教育改革——危机与改革的构想 [J]. 教育研究，2006，（01）：49-53.

[10] 文部科学省. OECD生徒の学習到達度調査（PISA）2006年調査国際結果の要約 [EB/OL].（2007-12-01）[2022-04-17]. https://warp.da.ndl.go.jp/info:ndljp/pid/11180228/www.mext.go.jp/a_menu/shotou/gakuryoku-chousa/sonota/071205/001.pdf.

[11] 严圣禾. 日本"宽松"教育引发担忧 [N]. 光明日报，2010-01-04（08）.

[12] 文部科学省. 特别支援学校小学部·中学部学習指導要領 [EB/OL].（2009-03-01）[2022-04-22]. https://erid.nier.go.jp/files/COFS/h20sej/index.htm.

[13] [26] 谭建川. "地域主权"下的陷阱：日本教育改革的现实与问题 [J]. 比较教育研究, 2014, 36（04）: 37-41.

[14] 文部科学省国立教育政策研究所生徒指導・進路指導研究センター. いじめ追跡調査 2010-2012 [R/OL].（2013-07）[2022-04-17]. https://www.nier.go.jp/shido/centerhp/2507sien/ijime_research-2010-2012.pdf.

[15] 高嶋真之. 戦後日本の学習塾をめぐる教育政策の変容 [J]. 日本教育政策学会報, 2019, 26（0）: 146-155.

[16] 内閣府. 学校制度に関する保護者アンケート [EB/OL].（2005-10-06）[2022-04-17]. https://www8.cao.go.jp/kisei-kaikaku/old/publication/2005/1007_02/item051007_02_01.pdf.

[17] 李冬梅. 日本校外培训机构与学校教育协同发展机制研究 [J]. 比较教育研究, 2022, 44（03）: 37-44.

[18] Kobayashi, Y. The effect of shadow education vouchers after the great east Japan earthquake: evidence from regression discontinuity design [R]. Tokyo: The Research Institute of Economy, Trade and Industry, 2018: 1-35.

[19] 経済産業省. 特定サービス産業動態統計調査 [EB/OL]. [2024-07-17]. https://www.meti.go.jp/statistics/tyo/tokusabido/result/result_1/xls/hv15901j.xls.

[20] 佐久間邦友, 早坂めぐみ, 大和洋子, 等. 教育学研究における「学習塾」の位置つけ [J]. 日本教育学会大會研究発表要項, 2016, 75: 92-93.

[22] 佐久間邦友. 学習塾研究の観点から [J]. 日本学習社会学年報, 2014, 10（0）: 24-17.

[23] 韩立冬. 日本的塾校合作及其启示 [J]. 教学与管理, 2019,（31）: 80-82.

[24] 黒石憲洋, 高橋誠. 学校教育と塾産業の連携についての一研究：現状の分析と今後の展望 [J]. 教育総合研究, 2009,（02）: 1-14.

[25] 国立教育政策研究所. 学校教育における外部セクターとの連携・協力に関する公私立中学校長の意識 [EB/OL].（2013-03）[2022-04-17]. https://www.nier.go.jp/05_kenkyu_seika/pdf_seika/h24/3_2_surveymaterial.pdf.

[27] [30] [41] 姚琳, 马映雪. 日本校外培训机构学习塾治理探析 [J]. 比较教育研究, 2020, 42（01）: 53-60.

[29] 文部科学省生涯学習政策局調査企画課. 教育と情報（348）[M]. 東京：第一法規出版. 1987: 57-64.

[31] 王刚, 唐曼. 理论验证与适用场域：多源流框架的理论分析——基于 14 个案例的检验分析 [J]. 公共行政评论, 2019, 12（05）: 28-46, 211-212.

[32] [38] 早坂めぐみ. 学校と学習塾の連携可能性の多様化 [J]. 日本学習社会学年報, 2017, 13（0）: 59-69.

[33] 河合塾. 進学教育事業 [EB/OL].（2018-01-25）[2022-04-17]. https://www.kawaijuku.jp/jp/education/.

[34] 東進塾. 指導方針 [EB/OL].（2016-06-08）[2022-04-17]. http://toshin-seminar.co.jp/idea/guiding_principle/.

[35] Entrich, S. R. E. *Shadow education and social inequalities in Japan: evolving patterns and conceptual implications* [M]. Switzerland: Springer Nature, 2018: 242.

[36] 代蕊华，仰丙灿. 国外校外培训机构治理：现状、经验、问题及其启示 [J]. 教师教育研究，2017，29（05）：101-108.

[37] 全国学习塾协会. 学习塾讲师检定 [EB/OL].（2016-12-31）[2022-04-23]. https://www.jja.or.jp/wp-content/uploads/2018/02/88f6fcacc4e98397b4fe0ba4bf073114.pdf.

[39] 刘玥，沈晓敏. 21世纪型能力：日本核心素养建构新动向 [J]. 比较教育学报，2020，（01）：23-34.

[40] 経済産業省.「未来の教室」と EdTech 研究会第1次提言 [EB/OL].（2019-03-05）[2022-04-23]. https://www.meti.go.jp/shingikai/mono_info_service/mirai_kyoshitsu/pdf/20180628001_1.pdf.

[42] 祁占勇，于茜兰. 日本影子教育治理的法律规制及启示 [J]. 现代基础教育研究，2021，42（02）：48-54.

[43] 高牟. 日本民办教育培训行业自律模式探析——以全国学习塾协会为例 [J]. 比较教育研究，2018，40（08）：14-22.

[45] 薛二勇，李健，刘畅."双减"政策执行的舆情监测、关键问题与路径调适 [J]. 中国电化教育，2022，（04）：16-25.

[46] 马金森，李梅. 全球化背景下高等教育公私属性的思考 [J]. 教育发展研究，2007，（05）：8-17.

作者简介

陈　玥：陕西师范大学教育学部副教授，博士生导师，教育学博士。研究领域为比较教育。

屈　蕾：陕西师范大学教育学部硕士研究生。研究领域为日本基础教育。

第五部分

全球教育回顾

全球教育政策回顾

苑大勇　刘茹梦　北京外国语大学国际教育学院

2022 年是新时代新征程中具有战略意义的一年，党的二十大胜利召开，将科教兴国战略作为独立部分放在突出位置专门阐述，进一步突出教育的重要地位。

当前世界之变、时代之变、历史之变前所未有，世界教育发展在本就充满不确定性的国际局势中变得更加复杂。

树立教育新愿景、重塑教育系统成为全球焦点。面对新冠疫情给教育带来的巨大冲击，在国际组织的倡导下，教育系统重塑成为全球教育的焦点。2022 年 9 月联合国秘书长在纽约召开教育变革峰会（Transforming Education Summit）召集世界各国领导人，将教育置于议程的首位，旨在鼓舞各国的信心及行动，并提供解决方案以恢复疫情带来的学习损失，重新构建教育系统，实现包容和公平的优质教育。为应对欧洲和中亚国家和地区普遍面临的由新冠疫情带来的学习危机，世界银行为其制订了学习与恢复计划，主要包括三个阶段：（1）制定方案，补偿损失的学习时间；（2）通过关注基础技能（如算术、识字和社会情感技能）以帮助减少学习损失；（3）通过教育创新和评估，使学校教育更具弹性和公平性。该计划主要内容包括简化课程，优先考虑基础技能；实施标准化的测试，以确定每个学生的学习水平；实施针对处境不利学生的补偿性政策等。

建设开放包容的教育体系、促进教育公平仍是核心议题。确保包容性和公平的优质教育、促进全民享有终身学习机会是联合国可持续发展的重要目标，教育公平仍是全球教育关注的核心问题。2022 年 5 月 18 日至 22 日，联合国教科文组织在西班牙巴塞罗那举办第三届世界高等教育大会（WHEC 2022）。联合国教科文组织教育部助理总干事斯特凡尼娅·詹尼尼（Stefania Giannini）在会议上提出，高等教育是受教育权和公共利益不可分割的一部分，转型需要转变思维方式，将合作置于竞争之上；多样性优于统一性，灵活的路径优于传统结构的路径；开放优于精英主义等观点。此外，为应对数字资源分配不公平的现存挑战，确保公民能够获得更具包容性和广泛性的科学教育资源，多国政府出台促进科学教育领域公平公正的建议和措施，如爱尔兰教育部长诺尔玛·福利（Norma Foley）宣布发布《STEM 教育性别平衡建议》，建议主要由教育部 STEM 咨询小组负责制定和实施，致力于解决女孩参与 STEM 学习时遇到的障碍，并呼吁增加有效措施促进女孩接受 STEM 教育的机会。

推动可持续发展、实现绿色转型成为全球共同举措。面对全球共同面临的环境危机，推动可持续发展教育、实现绿色转型是各国教育的重要举措。2022 年 6 月，欧盟理事会通过了《为绿色转型和可持续发展而学习》的建议，为会员国提供了在所有阶段的教育和培训中支持绿色和可持续发展的学习与教学路线图。2019 年，英国泰晤士高等教育集团（THE）推出了首个且目前唯一的以联合国可持续发展目标为评测指标、针对大学社会服务职能进行评估的全球大学排名——泰晤士高等教育世界大学影响力排名（THE Impact Rankings）。2022 年，来自 106 个国家和地区的 1,406 所大学参与了该影响力排名。2022 年 11 月 16 日，由《世界大学新闻》作为媒体合作伙伴的 Globethics.net 大学排行榜（GUR）发布，该排行榜提供了一个独特的全球排名工具，将可持续性作为全球高等教育机构的核心原则之一。

加强高等教育社会服务、促进职业教育产教融合是国际趋势。在高等教育普及化发展的趋势下，加强高等教育社会服务、促进产教融合是国际教育发展的重要趋势。2022 年 5 月，全球大学创新网络（GUNi）发布题为《面向 2030 的高等教育新愿景》的高等教育报告。报告提出高等教育机构是社会机构，高等教育是社会的基本组成部分，为公共利益服务，高等教育机构的卓越和公共服务是兼容的。在一个全球化的时代，高等教育必须通过科学、文化和交流加强国际伙伴关系与合作，为全球和平与人类发展作出贡献。

加强质量保障、优化教育治理体系是全球教育的重点。当前，教育系统正在进行快速变革，通过数字化转型优化教育治理体系、提升教育质量是国际教育关注的重点。2022年6月6日至9日，国际高等教育质量保障组织2022年论坛（INQAAHE Forum 2022）在墨西哥首都墨西哥城召开。论坛以"可持续的质量保障：优化人工智能的协同效应"为主题，聚焦"基于人力资源投入的能力建设""人工智能、数据和技术的综合应用"等议题。德国发布《数字教育创新章程》，指导高校与外部伙伴合作进行数字教育创新。2022年9月，德意志科学基金赞助者联合会（Stifterverband）与大学和教育科技公司一起发布了《数字教育创新章程》。该章程阐明了在教育领域采取数字创新行动的迫切需要，并且为了实现面向未来的教育，高校需要和来自政治、经济领域的合作伙伴，以及开放资源的社区合作。章程通过五项指导方针，阐释了大学如何与外部合作伙伴合作，通过实验实现数字教育创新，并以成果为导向实施这些创新。

多国关注STEM教育，创新STEM人才培养。STEM教育是国际范围内广泛关注的问题，2022年以来，各国纷纷启动STEM教育计划，注重STEM人才培养。2022年12月7日，美国教育部发布《提高标准：面向所有学生的STEM卓越计划》，将政府、社会组织、行业协会和社区等多方主体联合起来，提升学生的STEM学习成绩，培养长期服务于STEM领域的教师，并呼吁各级政府加大对全国STEM教育的资金投入。

数字化是国际重要战略，各国纷纷出台数字化转型战略。数字化变革是当前各国面临的转型趋势，在国际组织的引领下，多国出台数字化转型战略，促进数字化变革。联合国教科文组织发布《教育信息化政策和宏观规划指导纲要》，对信息通信技术在教育领域应用的必要性、实施原则及指导意见进行了详细阐述，并针对信息通信技术在基础教育、高等教育、技术与职业教育、课程与评价等不同方面的设计进行了介绍。该指南的发布也为在教育实践领域开展教育数字化转型提供了参考。2022年初，中国教育部在全国教育工作会议上提出启动实施国家教育数字化战略行动。聚焦教育数字化转型的趋势和要求，教育部从基础设施和公共服务的角度出发，利用新技术和创新教学资源建设国家智慧教育平台，用以服务数字化转型战略。2022年1月25日，美国大学理事会（College Board）宣布，学术能力评估测试（SAT）将于 2023 年在国际上实现数字化考试，并于 2024 年在美国实行数字化考试。与此同时，初步学术能力评估测试（Preliminary SAT）也将于 2023 年实现数字化考试。2022 年 9 月，德国发布的《数字教育创新章程》主要关注高等教育领域的数字化发展。该章程旨在进一步塑造以开放性、合作性和渗透性为特征的教育系统，将数字化的、开放的、可变通的解决方案广泛应用于德国高等教育机构之中，并通过上述实践实现数字教育的创新。为推进教育数字化进程，韩国教育部制订了《2022 年教育信息化实施计划》，为未来的教育数字化转型提出了整体布局方案。首先在技术方面，围绕新兴技术，打造以 AI（人工智能）+ ICBM〔物联网（IoT）、云计算（Cloud Computing）、大数据（Big Data）、移动（Mobile）〕为基础的教育数字化框架。其次，围绕未来教育环境、全学段教育改革、教育公平等问题，建设数字化教育公共服务体系，促进资源共享与信息开放。

区域化发展、国际教育交流合作进一步加深。世界格局在不断变化，区域化发展及国际教育交流成为全球教育的重点。2022 年 7 月 27 日，第 15 届东盟高等教育扶持计划政策对话会"设想东南亚高等教育共同空间的未来"在越南首都河内举行，大会发布《2025 年东盟高等教育空间路线图及实施方案》。2022 年 10 月 17 日至 18 日，以"非洲卓越高等教育中心：通向可持续发展的途径"为主题的活动在世界银行总部华盛顿特区举行。此外，各国也在职业教育培训领域寻求共同的发展空间，积极推进教育国际合作。

全球基础教育回顾

苑大勇　巫　锐　北京外国语大学国际教育学院

当前世界之变、时代之变、历史之变正在以前所未有的方式展开。为应对全球教育危机，在联合国大会第 77 届会议期间召开的教育变革峰会，号召调动各方的行动、雄心、团结力及解决方案，以恢复新冠疫情带来的学习损失，重新构想未来的教育，并重新点燃全球信心，实现到 2030 年与教育相关的可持续发展目标。国际组织高度重视教育发展，世界各国积极响应，绿色与可持续发展教育、STEM 教育、教育数字化变革、健康安全的学习环境、教育公平以及后疫情时代教育复苏的相关举措，成为国际基础教育发展的重要关切。这些重要的基础教育政策与重大事件，深刻影响着未来全球基础教育的发展方向。中国教育学会国际教育分会联合北外国际教育学院、北外国际教育研究院、北外全球教育治理研究中心共同梳理全球基础教育的发展动态，挑选出具有影响的事件，展示全球基础教育的图景。

一、联合国召开教育变革峰会，引领未来教育发展方向

2022 年 9 月，联合国在纽约总部举办教育变革峰会，召集世界各国领导人，聚焦恢复疫情带来的学习损失、重新构建教育体系、实现包容与公平的优质教育、促进全民终身学习等优先事项。联合国秘书长安东尼奥·古特雷斯（António Guterres）表示，当前教育已经不再是伟大的赋能者，反而迅速成为了巨大的分裂者。在贫困国家，大量的儿童仍无法阅读基本的文章；在发达国家，教育系统也常常在巩固而不是减少不平等问题；新冠疫情更是在全球范围对教育造成冲击。会议指出，教育危机比想象的

310

更加严重，教育必须要进行变革，要更加充分地给予每一个人终身学习的机会，努力构建全要素的学习环境和资源场景，更加注重教育公平和教育安全，提高教师教学能力，提供更加优质的教学内容和创新的教学方式，加大对教育财政的支持，充分融合国内外优质资源，促进教育资源融合，充分发挥教育在解决人类实际问题中的积极作用，构建更加美好的教育新生态。会议制定了关键举措，宣布了国际教育融资机制并发布了《青年宣言》，并且130多个国家承诺优先发展教育。

二、欧盟提倡绿色转型，将可持续发展教育作为优先发展事项

欧洲将气候变化列为当今世界面临的最严重的问题之一，欧盟强调教育、培训及所有部门都必须采取行动应对气候危机。2022年6月，欧盟理事会通过了《为绿色转型和可持续发展而学习》的建议，为会员国提供了在所有阶段的教育和培训中支持绿色和可持续发展的学习与教学路线图。该建议呼吁会员国将通过学习促进绿色转型与可持续发展作为教育和培训政策和方案的优先事项，通过教育使所有学习者了解气候危机与环境可持续性，支持教育工作者发展教授气候危机与环境可持续性的知识与技能，为可持续发展创造支持环境，并实现动手、跨学科与本土化特色教学，以及通过让学生和教职员工、地方当局、青年组织和社会各界积极参与学习等行动促进可持续发展。欧盟委员会计划通过同行学习和交流，为教育工作者和决策者开发资源，具体包括通过成立关于该主题的欧盟专门工作组及为教师开设关于学校可持续性行动的在线课程等行动支持该建议的实施。

三、美国重视基础教育的 STEM 课程，将 STEM 教育作为长期战略

通过 STEM 教育培养适应未来的创新人才，是国际基础教育发展的重要趋势。2022年以来，美国教育部启动多项 STEM 教育计划。2022年9月，

美国白宫科技政策办公室联合 STEM 教育委员会及其他机构，围绕太空领域科学、技术、工程与数学人才培养，推出《跨部门规划：加强太空领域 STEM 教育及从业者培养》，该规划被称作"太空 STEM 特别行动"。2022 年 10 月，美国教育部启动"你属于 STEM"计划，旨在召集 STEM 合作伙伴和思想领袖，面向所有年轻人实施和推广公平、高质量的 STEM 教育，基于社会赋权和公平理念来构建 STEM 教育生态系统，促进年轻人产生对 STEM 的归属感。整体而言，美国将 STEM 教育发展作为一项全国性长期战略规划，且始终随着科技进步与经济发展趋势，修订 STEM 教育相关政策，使 STEM 教育实践顺应时代和国家发展需求。

四、德国持续关注数字学习变革，更新基础教育数字化公约

2022 年 6 月，德国在波恩举行首届"中小学数字化公约"中期报告会，会议主题为"创建结构——塑造教育"，围绕各州事务、地方视域、设计教育基础设施、学校数字化发展和促进参与等主题展开讨论，并发布《"中小学数字化公约 2019—2024"进展报告》。进展报告回顾了德国数字化发展进程、各州三年来的协同发展情况以及跨区域合作案例，特别是在新冠疫情影响下，各州克服挑战所采取的举措。2019 年 5 月起，德国"中小学数字化公约"项目计划未来 5 年投入 50 亿欧元，用于推进德国教育系统的数字化进程，建设和改善数字技术以及教学相关的基础设施，包括为学校配备高速互联网、数字黑板等。2020 年 3 月，全德学校因疫情肆虐而开始停课，这使得对数字化教育的需求更为迫切，并推动了数字化相关进程。不过，在此次会议中，联邦教育和研究部部长贝蒂娜·施塔克-瓦青格（Bettina Stark-Watzinger）指出，学校已经发生了很多变化，然而数字化变革尚未在学校中充分体现出来。

五、英国重视儿童权益，制定专门法案提供全方位保护

为了进一步维护儿童的权益，保护儿童的安全，英国教育部于 2022 年

6 月 1 日发布了新版《确保儿童在教育中的安全法定指南》(以下简称《指南》),并于 2022 年 9 月 1 日生效。英国的基础教育机构,不管规模大小,都需要制定保护儿童安全的相关政策。这些政策旨在确保学校教职工、学生及家长在日常校园生活中遵守涉及保护儿童的法律法规。《指南》规定了学校保障 18 岁以下儿童和青少年安全所必须采取的措施。儿童在学校因新冠疫情影响而关闭期间,会出现因缺乏良好网络安全意识和技能而受到不良内容和网络霸凌等网络侵害。尤其针对儿童离校期间的网络危害防范问题,《指南》强调学校与家长围绕儿童网络安全访问开展谈话的重要性。新版《指南》所做的更改包括:纳入教育部关于学校儿童间性暴力和性骚扰的建议、阐述人权和平等立法保障对学校的重要意义等。

六、法国关注校园安全,持续推进"反校园欺凌计划"

自 2022 学年开始以来,法国所有公立小学和初中都参与了全国部署的学校"反校园欺凌计划",该计划的核心目标是创设一个打击欺凌行为的数字平台,既能为学生、家长、教师等提供反校园欺凌的教育内容,又能为学校领导及工作人员提供监督工具,致力于构建良好的校园环境。其中,国民教育部最新设立的"对欺凌说'不'奖"是该计划的年度亮点之一,主要包括四个内容模块:预防校园欺凌、预防网络欺凌、预防性别歧视和性骚扰,以及预防欺凌残疾学生。学生可以通过制作海报或视频,表达他们对校园欺凌的看法。"对欺凌说'不'奖"鼓励参与者提出校园欺凌的解决方案,坚决反对和禁止一切欺凌行为。设置该奖项旨在增进学生身心健康;提高学生和教职员工对校园欺凌行为的认识;让学生成为校园欺凌的预防者,赋予学生发言权;鼓励在相关学校和教育机构中实施可持续的反校园欺凌项目。

七、日本重视英才教育,审议并通过特殊才能学生指导法案

2022 年 11 月 7 日,日本文部科学省就学校如何为具有特殊才能的学

生提供恰当指导，展开了探讨和提案审议。学生在特定领域具有特殊才能的主要表现包括在语言、数理、科学、艺术、音乐、运动等领域较有天赋；对社会问题具有浓厚兴趣，有较强的社会参与意愿；好奇心强、较为感性、五感敏锐等。针对具备以上特性的学生在学习、学校生活、与周围的人和环境相处等方面遇到的问题和困难，会议就今后学校如何为其提供指导进行了探讨，并提出以下方案：促进对具有特殊才能学生的认识和理解，为此类学生提供多样且充足的学习场所，为此类学生确定自己的特性提供帮助，为学生获取校外学习资源提供信息及渠道帮助，在实践中积累案例以备参考。该提案旨在促进教师、学校、校外机构以及家庭形成四方合力，让基础教育阶段在特定领域具有特殊才能的学生，可以根据自己的认知程度和好奇心积极开展学习，认同彼此的特性和优点，过上安心充实的校园生活。

八、比利时积极推进全纳教育，颁布特殊教育的新法令

全纳教育是欧盟特殊教育与全纳教育发展署等组织正在努力实现的目标。比利时签署了《联合国残疾人权利公约》，建立全纳教育已经成为比利时政府的强制性规定。为了使特殊儿童尽可能融入教育系统以及更好地保障和支持特殊教育，比利时弗拉芒区政府在2022年7月8日通过了特殊教育新法令《学习支持法》，该法令旨在完善普通教育、学习支持和特殊教育，为每个学生找到最佳的教育场所。《学习支持法》及配套的学习支持模式于2022年9月1日分阶段实施。比利时弗拉芒区政府每年将为《学习支持法》提供1.95亿欧元的资金支持，既可用于主流学校中特殊需要学生的支出，也可用于特殊学校中额外人员招募与资源保障。同时，该法案强调将加大对普通学校教师的援助，确保教师培训课程在结构设计上更多地关注课堂上特殊儿童的照顾需求。

九、巴西认真落实全民教育倡议，发布新版教育行动计划

2022年4月，巴西非政府组织"全民教育"发布新版指导性计划书

《教育，即刻行动！》，为下一届联邦政府和州政府的基础教育政策建言献策。"全民教育"组织的参与者包含巴西各阶级人士，旨在让所有公民获得高质量的基础教育。新冠疫情以来，巴西大量学校长时间关停，远程教学困难重重，政府在基础教育领域的工作面临前所未有的挑战。为了能更好地消除结构性障碍、推动建立系统的学校教学保障制度，该文件向下一届联邦政府及州政府提出如下建议：加强国家对基础教育的管理；促进教育公共行政机构管理的现代化；优化教育资金的投入和分配；重视并加强师资力量；推动学校管理的专业化，为学校管理提供支持；根据全国通用课程基础重新设计课程；保障幼儿教育的质量，包括对0—6岁学龄前儿童的关怀；推行适龄扫盲计划；重新规划中等教育课程。

十、南非推动恢复教学秩序，所有学校恢复正常上课

2022年2月6日，南非基础教育部部长发布了关于学校恢复日常出勤率的声明。该声明指出，教育部长理事会于2022年2月4日召开会议，审议了学习者完全返回学校的准备状态，并且相信学校已经为新常态做好了准备。为了让所有学校恢复正常上课，声明要求各省围绕以下重要领域进行准备：与父母和其他利益攸关方沟通"大返校"；调整学校时间表和工作负荷；调整学校测评方案；做好感染新冠肺炎后的安全保障；制定非药物预防方案；加快基础设施、水和卫生用品供给；继续提供学生通勤服务；继续保障学校营养供给；加强教育监测和评价监督；制订课程恢复计划等。该声明还指出，要着力解决"学习损失"危机，防止学校教育时间被延误或中断，同时确保学校社区的健康和安全，敦促家长和所有教育领域的利益攸关方共同努力。

全球教师教育回顾

苑大勇　吴瑞瑞　北京外国语大学国际教育学院

新冠疫情给教育改革和发展不断带来新的挑战。为应对全球教育危机，国际组织发挥积极作用，世界各国共同努力，教育各界多方携手，其中教师群体作为教育转型发展的重要力量，正在努力发挥"引路人"作用，引领全球教育走出困境。为全面展示全球教师教育图景，《中国教师报》联合北外国际教育学院、北外全球教育治理研究中心、中国教育学会国际教育分会共同梳理全球教师教育发展动态，遴选出教师教育领域具有重要影响的事件，共同发布，以飨读者。

一、联合国发布教育变革愿景声明，强调支持教师成为变革推动者

2022年9月，联合国秘书长安东尼奥·古特雷斯在联合国大会"高级别周"期间召集世界各国领导人举办教育变革峰会，呼吁全球关注新冠疫情影响下产生的教育危机。会议重点强调教师是教育体系的命脉，应该重新关注教师的角色和能力要求。古特雷斯指出当今教师需要成为课堂学习的推动者，而不仅仅是告知答案的角色。同时，全球面临的教师短缺问题，也需要通过提高教师的地位，保证良好的工作条件，提供持续的培训和学习机会以及足够的薪酬等方式解决。

大会通过了《教育变革：着眼共同未来，政治行动迫在眉睫》的愿景声明，强调支持教师改变自己，成为变革的推动者。会议强调，在帮助学习者理解复杂的现实时，教师必须成为知识的生产者、促进者和引导者，为实现这一目标，需要从四个方面着手。一是扩大教师的能力、能动性和

自主权，使其能设计、解释和管理课程，并调整相应教学内容和教学方法。二是正视全球教师短缺问题，通过提高教师职业对年轻一代的吸引力、给予持续的职业发展机会等方式正面解决。三是教师招聘与晋升机制需要更加公平公正，确保为女性和弱势及边缘化群体提供机会，并加强教学监测与评价。四是要求教育系统确保教师能够参与制定包括课程和教学改革在内的教育政策，以保障教师自行组织安排教学的权利。

二、美国加强多途径教师储备，以解决教师短缺问题

在新冠疫情背景下，美国许多地区在吸引教师和留住教师等方面面临着重大挑战，尤其是在特殊教育、双语教育、STEM 教育以及学前教育等关键领域已经存在较为明显的教师短缺问题。2022 年 3 月，美国教育部联合各州、各学区以及诸多大学推出教师支持计划，并通过包括高等教育紧急救济资金（HEERF）在内的等多种联邦救济资金支持此计划，旨在不断储备足够多的能够胜任课堂教学、推动学校建设的教师。

美国教育部通过此项计划，鼓励各地通过联邦层面的新冠疫情救济基金在高等教育机构中通过设置教师教育综合课程、预备教师培训项目等方式扩大教师教育的范围，由新冠救济基金支付教师参加培训的相关费用，以帮助解决当前存在的教师短缺问题。美国劳工部也批准了相关工作标准，允许教师参加在高校提供的结构化培训的同时参与一线教学，并接受相关的技能指导。美国也重视增加教师报酬，如提高教师的起薪和工资上限等，来提高教师职业的吸引力。

三、欧盟致力于消除各国教师流动障碍，将教师教育作为战略重点

2022 年 3 月，欧盟召开欧洲教师教育会议，重申教师职业的重要性。同年 4 月，欧盟理事会通过了一项关于开创教师发展的欧洲路径的理事会建议，旨在加强教师的流动性以及突出教师教育的欧洲元素，建议也强调

了要重点支持"伊拉斯谟+"计划中的教师培训。

法国在欧盟理事会上提出的《让学校成为欧洲跳动的心脏》报告为欧洲教师教育合作提出了具体建议，其中包括建议通过为师范学院的学生创建工作见习培训来增加未来欧洲教师的流动性，建立统一的欧洲教师培训模块并将其作为欧盟各国教师培训的固定要素。同时，欧盟也重视对教师的资金支持，借助"伊拉斯谟+"计划引入新的资金，加强对教师培训的资助。通过来自23个国家的182个教师培训项目，开发多样的教师培训项目和跨国研究计划，促进欧盟范围内的教师流动。

四、英国关注教师国际流动，更新"国际合格教师资格"标准

2022年10月，英国政府更新"国际教师资格"（iQTS）计划，进一步推动职前教师教育的培训市场由英国国内拓展至海外。国际教师资格是由英国政府与英国教育部共同支持的一种新的教师资格认证，它与英国教师资格（QTS）适用相同的标准。国际教师资格认证由英国负责教师培养的机构委托或授权海外的教师教育机构来实施，借此出口英国的教师培训模式，迎合了英国新的国际教育发展战略的需要。

英国政府提出将"标准"拓展至教学领域，向全球输出"英式教师培训"模式。这背后的一个重要考量就是教师已经成为一种全球性的职业，具备跨国的流动性，而英国致力于成为教师培养标准的制定者。与此同时，此计划既可以缓解英国国内职前教师教育培训市场供给侧资源过剩的压力，又可以拓宽新教师的来源渠道，解决英国国内外中小学师资不足的问题。

五、法国推动教师招聘考试改革，切实提高教师执教水平

2022年7月，法国推出教师招聘考试转型具体细则，提高了教师招聘的要求，自2022年起应聘教师需要拥有硕士学位方能上岗任教。除职业高中教师之外，所有招聘教师和教育工作人员的外部竞争性考试都需要满足此项条件。为了抵消高学历要求对于教师招聘的负面影响，法国政府同步

推出本科毕业生专项培训，针对有志从事教师行业的本科毕业生，给予其二至四年的带薪培训，直至其研究生毕业进入职场为止。

法国在疫情之后一直面临中小学教师短缺的问题，为解决师资问题，法国教育部 2022 年增聘了 3,000 多位合同制教师以补充师资。这些教师于 2022 年 6 月通过快速招聘被录取。对于这些没有任何教学经验的新聘教师，教育部长表示会通过培训教会他们如何建立威信，怎样把知识有效地传授给学生，怎样维持课堂纪律等。

六、芬兰持续推动教师发展，关注教师终身学习

2022 年 5 月，芬兰教育与文化部发布《教师教育发展计划 2022—2026》，旨在满足 21 世纪第三个十年新环境下的教师教育新需求。更新后的发展计划保持了 2016 年芬兰教师教育发展计划的愿景，即共同创造最好的知识。该计划将目标定为：使芬兰继续拥有世界上最好的教育体系之一，支持个人在不同人生阶段的学习。芬兰科学与文化部长佩特里·洪科宁（Petri Honkonen）表示，芬兰成功的基础建立在学校之中。因此，推动教师教育的发展尤为重要。

该发展计划涵盖初任教师的入职培训和在职教师的继续教育，并为其设定了三个目标：确保教师具有广泛的基本技能、创新的专业知识和发展自身与学校的能力。此计划将通过前瞻性、基于研究的持续发展、强大的学校网络和称职的领导来促成发展计划中概述的目标。同时，作为教育质量的一部分，该计划的实施将在高等教育机构中受到监督，并由教师教育论坛和外部评估人员进行监测。发展计划的更新考虑到了 21 世纪 20 年代的教育挑战，如学习者的支持和指导以及教育的可及性。该计划还考虑了政府计划和教育政策报告中设定的目标，以及在国家范围内更广泛的社会现象。

七、澳大利亚加强教师入职审查，提出改进教师职前培养建议

2022 年 9 月，澳大利亚教育、技能与培训部发布《下一步：职前教师

教育审查报告》。该审查旨在解决两个关键问题，即如何吸引和选拔高素质的教师候选人进入教师行业以及如何使候选人成为有影响力的教师。为此，专家组通过会议、调查、焦点小组、网络研讨会、讲习班和书面提交程序，与教育利益攸关方进行了广泛磋商，提出了针对澳大利亚职前教师教育的17项建议和7项发现。最终报告对职前教师教育面临的问题进行了广泛的审查，在改进教师职前培养最有效的三个关键领域提出建议：一是吸引高素质、多样化的候选人进入职前教师教育；二是确保职前教育兼顾理论与实践；三是支持初任教师，做好初任教师的入职工作。

专家组认为，如果建议能够得到实施，使更多高适配人群进入教师行业，教师在职前拥有更充分的准备，入职后能够获得更大支持，澳大利亚教师劳动力短缺问题将得到一定缓解。此外，澳大利亚政府正在设立教师教育专家小组，以响应报告中提出的第15项建议，即加强职前教师教育质量与资金之间的联系，为职前教育课程制定质量衡量标准，并就教师劳动力短缺圆桌会议和职前教师教育质量审查报告中提出的关键问题提供咨询意见。

八、德国进一步推动教师教育攻坚，数字化助力教师专业发展

2022年4月，德国发布《教师教育里程碑》报告，该报告是对"质量攻坚的教师教育"计划的延续与改进。自2015年以来，德国联邦政府和各州政府联合发起"质量攻坚的教师教育"，并制订了一项全面的资助计划，旨在加强德国教师教育，并为未来教师完成专业任务做好准备。报告展现了"质量攻坚的教师教育"包含的各项活动和措施，如优化大学结构和增加实践培训，以及体现多元化和包容性的重点跨学科领域的培训。

报告评估显示，教师教育行动领域正向数字化和职业培训系统拓展新局面。在教师教育行动领域中，数字化将用于促进高等教育质量提升及教学方法完善。此外，未来教师的数字化能力正得到强化，以使他们能够在未来学科教学中有针对性地使用数字媒体，并且教师还应培养学生的反思能力和行动能力，以适应数字化社会。这也意味着教师在数字媒体使用方

面的技能、教育教学能力得到提高。新冠疫情迫使学校停课而进行远程教学，进一步突显了未来教师应具有数字化能力的紧迫性。德国政府也提倡通过创新性措施拓展和优化课程，从而使学习计划更加具有灵活性并能够吸引学生以实践为导向开展学习。

九、非洲着力发展 STEM 教育，关注教师 STEM 素养提升

2022 年 2 月，非洲教育发展协会（ADEA）开展了一项关于非洲基础教育阶段 STEM 教育现状的调查，并发布了《发展基础教育阶段优质 STEM 教育的政策建议》。该调查揭示了导致 STEM 教育投资不足的潜在的系统性挑战。非洲国家投资 STEM 教育的干预措施是零散的、不可持续的，并且没有综合的政策框架来提供支持。主要挑战包括 STEM 教学资源和设施欠缺、教师教学实践不佳、学生对 STEM 科目缺乏兴趣、对学生的指导计划缺乏以及 STEM 科目教师人数不足。

有较大比例的 STEM 教师参与了包括在线技术运用在内的干预措施，鉴于新冠疫情这一背景，在线技术对教师有重要意义。然而，具体到通过在线技术实施授课时，教师们面临着缺乏设备和网络的关键挑战。该政策强调要为教育工作者提供 STEM 培训项目，同时也指出要侧重学校领导层的能力建设，促进 STEM 倡议的可持续性。

十、联合国教科文组织呼吁加强教师性别教育，以促进性别平等

2022 年国际妇女节之际，联合国教科文组织发布了一份关于性别平等的事实清单，强调如何打破教育中的性别偏见和刻板印象。该清单指出教师的态度对学生的学习成绩、受教育程度和中等以上教育成效有重大影响。在土耳其，如果教师有性别偏见，所在班级的女孩就会在数学和阅读上表现较差，且这种不利影响在逐年加剧。在美国，如果教师认为非洲裔或西班牙裔的女孩不适合在 STEM 领域学习，会导致她们对数学能力的信心和

STEM 职业兴趣的下降。在东南亚和一些阿拉伯国家，教师认为男生的学业能力倾向低于女生。非洲、南亚和加勒比地区国家的研究报告称，男生在课堂上更具有破坏性。

同时，报告指出许多教师缺乏支持多元性别学习者的信心和知识。报告认为需要对教师进行性别变革培训，使他们能够批判性地反思自己的偏见，并挑战和解构传统的性别偏见和刻板印象；建议建设多元化的教师队伍，促进性别平等从而对所有学习者一视同仁，为所有人创造安全的学校环境。

全球教育技术回顾

王　琦　郭　芳　北京外国语大学人工智能与人类语言重点实验室
苑大勇　北京外国语大学国际教育学院

党的二十大报告明确指出，教育、科技、人才是全面建设社会主义现代化国家的基础性、战略性支撑，教育技术的发展是保障教育科技发展和人才培养的重要方面。新冠疫情发生以来，由于时空的间歇性分离，教育技术在保障教学、促进管理方面的作用日益突出。因此，回顾全球教育技术的发展，梳理教育技术政策、实践和理念等方面的典型事件对于促进未来的教与学实践具有重要意义。为此，北外国际教育学院、北外人工智能与人类语言重点实验室、北外全球教育治理研究中心、中国教育学会国际教育分会共同梳理全球教育技术的重要动态，期望为该领域的实践提供参考。

一、教育数字化转型成为国家战略

2022 年，教育数字化转型成为国际领域的重要趋势，各个国家和国际组织先后出台政策推动教育数字化转型发展。联合国教科文组织发布《教育信息化政策和宏观规划指导纲要》，对信息通信技术在教育领域应用的必要性、实施原则及指导意见进行了详细阐述，其中第五部分针对信息通信技术在基础教育、高等教育、技术与职业教育、课程与评价等方面的设计进行了介绍，为教育数字化转型提供了参考。

相应地，我国教育部也在 2022 年启动国家教育数字化战略行动，并从基础设施和公共服务的角度出发，完善建设国家智慧教育平台。该平台包括四个子平台：国家中小学智慧教育平台、国家职业教育智慧教育平台、国家高等教育智慧教育平台和国家 24365 大学生就业服务平台。力求通过统一、开放的技术和服务，促进教育的公平、快速、优质发展。与此同时，韩国教育部也制订了《2022 年教育信息化实施计划》，该计划打造了以 AI + ICBM 为基础的教育数字化框架，以此为基础，建设数字化教育公共服务体系，用以支持未来数字化人才培养。

二、技术赋能教与学智能化发展

技术的发展推动了教与学的智能化变革，2022 年 6 月，联合国教科文组织教育信息技术研究所联合网龙公司发布"教师电子图书馆"，该图书馆旨在汇聚多样化的数字教学资源，为教师的教学提供智能化解决方案，力求推进教育公平的实现。与此同时，该图书馆还在探索开发基于数字技术和元宇宙的课程，为教育的创新提供支持。2022 年 3 月，腾讯联合中国教育科学研究院、华东师范大学发布了《2022 年人工智能教育蓝皮书》，蓝皮书首先介绍了人工智能的关键技术及其在教育领域的应用，其次阐述了人工智能赋能教育的现状、风险和潜力，随后梳理了人工智能课程的现状，最后分析了人工智能赋能教学、学习、管理和课程设置的情况。此外，美国高等教育信息化协会于 2022 年 4 月发布了《2022 地平线报告（教与学版）》，从重塑未来教与学的五大趋势、教与学六项关键技术、四大教与学场景和应对举措四个维度描绘了未来的教与学图景。

三、教学数字化引领教师专业化发展模式

教师是推动教学变革的重要动力，建设高质量教师队伍成为各国关注的重点。2022 年，我国教育部聚焦高质量教师队伍培养，着力推进虚拟教研室建设，先后发布两批虚拟教研室建设试点名单，共计 657 个试点单位入选。教育部将上述虚拟教研室分为课程教学类、专业建设类和教学研究改革类，以细化的功能指导教师有序、高效地开展专业学习和能力提升。在欧洲，西班牙也开展了基于未来教室的教师专业发展培训，巴伦西亚在

2022 年度建立了自治区的首个未来教室，旨在进行教师专业化发展培训，使教师能够以学生为中心，探索数字技术在教学过程中的潜在应用。

四、构建面向智能时代的课程体系

面向智能时代的课程建设是促进人才培养的基础，为此，联合国教科文组织在 2022 年发布了《K12 人工智能课程：政府支持的人工智能课程调研报告》。该报告是国际范围内关于 K12 阶段人工智能课程的第一份报告，期望培养学习者理解、运用人工智能技术，开展符合伦理实践的能力。报告内容基于联合国教科文组织与好未来教育集团对国际上关于政府支持的人工智能课程建设现状的调研，旨在提出国际通用的 K12 阶段人工智能课程指导框架，为各国开展基础教育阶段的人工智能教育课程建设和工具研发提供参考。但在课程体系建设过程中，我们也需关注传统教育的价值以及社会人际关系对学生发展的作用，使学生合理运用技术实现全面发展。

五、学习科学深入发展并更加关注智慧化环境与模式设计

技术赋能的教与学发展离不开创新的教学理念，2022 年，学习科学领域持续发展。这一年也是国际学习科学学会（ISLS）成立的第 20 年，该学会致力于通过跨学科的方式，探究学习的发生规律并促进有效的实践。2022 年学会年会在日本广岛召开，以"面向全民教育创新的国际合作：总体研究、发展与实践"为核心议题，一方面探索教育技术创新及其支持的学习环境设计，另一方面探索在线上线下混合常态下如何以创新技术赋能新的教学设计。基于该领域的研究，由 R. 基思·索耶（R. Keith Sawyer）主编的《剑桥学习科学手册》也于 2022 年正式出版第三版，该手册是对近年来该领域理论、方法、关键技术、教学实践等方面的系统梳理，体现了该领域持续的创新与实践。

与此同时，由英国开放大学负责的《创新教学报告 2022》正式出版，该报告自 2012 年首次发行已历经十年，为教学法创新积累了诸多案例。在十年的发展过程中，教学法经历了从新技术的应用到技术与教学无缝融合的发展过程。2022 年创新教学报告的一个明显趋势是更加注重后疫情时代学习场景的灵活性、学习者作为学习主体的个性化需求，以及教育作为育人活动的情感和人文关怀。

六、依托教育元宇宙建设教育环境新形态

后疫情时代，教育教学对虚实融合环境的需求不断增加，教育元宇宙也成为重点议题。2022 年 2 月，美国布鲁金斯学会发布了《一个全新的世界：当教育遇上元宇宙》报告。该报告将元宇宙定义为依托第五代移动通信技术、人工智能、混合现实等关键技术，融合虚拟和现实空间的超时空；教育元宇宙则是依托元宇宙技术开展的教与学活动。报告一方面介绍了教育元宇宙的趋势，鼓励教师、学习者和学校积极把握机遇，推进学校环境建设，为促进教与学的变革提供条件。另一方面，报告为教育元宇宙发展提出了建议，即不仅要关注技术环境建设，还应关注学习科学理论对学习环境设计的指导作用。

七、数字学习资源的开放共享多态化发展

随着在线学习成为教育领域的新常态，泛在、个性的数字化学习资源的供给成为教育领域关注的核心问题。在此背景下，一种内容与结构松耦合的适应性学习资源模型及支持体系于 2022 年正式提出，该模型基于北京师范大学 2021 年发布的国际标准《泛在学习资源组织与描述框架》，将学习资源的内容与结构进行解耦，一方面构建了支持随学习需求自适应组织的动态结构，另一方面通过学习元容器汇聚不同类型的素材，支持对动态结构的适应性填充，实现学习资源供给的开放性和千人千面的多态性。

八、推动公民向数字化技能人才转型

2022 年联合国教科文组织教育信息研究所与上海开放大学联合发布《全球研究政策与实践报告：推进人工智能支持的全球数字公民教育》。该报告聚焦社会对公民数字化技能的新要求，分析了当前各个国家在数字公民教育方面的问题及实践案例，阐述了上述案例在促进数字公民教育方面的作用。最后，报告指出将设计一套促进数字化公民教育的混合式教学模式，以前沿的框架、体系化的策略、实践案例推进全球数字化公民教育发展。与此相对应，经合组织 2022 年国际学生评估项目测试也日益关注学习者的数字化高阶能力，增加了面向参与国家或地区 15 岁学生的创造力数字化测评项目。

九、大力扶持教育数字化发展的实践项目

爱尔兰教育部发布"学校数字化战略 2027"，并出资 5,000 万欧元，用于支持官方认可的中小学数字技术基础设施建设。新战略旨在协调政策、研究和数字领导力，推进数字技术基础设施建设，并将数字技术嵌入到教学、学习和评估中，使所有学校的学生都有机会学习相关知识和技能，以适应不断发展变化的数字时代。与此同时，澳大利亚教育、技能与就业部提供 1,070 万澳元开展数字技能学员试验项目，该试验旨在为从业者提供个体成长机会，发展其数字化能力，进而提升相关企业的创新能力。

十、探索全球数字化教育治理体系

为应对新冠疫情对教育系统产生的影响，联合国教科文组织统计研究所于 2022 年 3 月启动教育数据指标更新，从而更好地支持后疫情时代政策制定与教育发展。该项目针对"联合国可持续发展目标 4：实现公平高质量教育"发布了最新教育数据和指标，该数据覆盖了 200 个国家和地区。数据指标包含每个国家在教育方面的支出、获得不同层次教育的公民以及师

资比例等。这些数据可以进行批量下载，用于分析不同国家和地区在实现优质公平教育方面存在的问题，进而辅助数字化教育决策和治理。

结语

通过对国际上教育技术典型事件的梳理，可以发现教育技术领域的核心目标为以技术赋能教与学的优质、公平发展。围绕该核心目标以及人、环境、资源三项实现教与学变革的关键要素，各大国际组织、国家政府以及地区相继出台政策，推进技术赋能的教师发展、人才培养、教学环境建设和数字化资源库建设。这些政策和实践，也为其他国家的教育信息化建设提供了指导，为未来教育的可持续发展提供了动力。

全球科学教育回顾

徐　墨　贺　亿　北京外国语大学国际教育学院

党的二十大报告指出，教育、科技、人才是全面建设社会主义现代化国家的基础性、战略性支撑。教育、科技、人才三者相互辩证统一，科技进步依托人才培养，人才培养依靠教育，教育是人才培养和科技创新的基石，科技创新又为教育注入时代发展的新动能，要坚持教育优先发展、科技自立自强、人才引领驱动。科学教育是立德树人工作的重要组成部分，是提升全民科学素质、建设创新型国家的基础。

科学教育也是全球教育改革的重要领域。2022 年，联合国教科文组织、欧盟委员会以及各国政府召开相关会议，发布重要报告，强调科学教育在人才培养、高等教育、基础教育、教师教育、国际教育交流合作、教育公平、教学评估、课程建设、职业教育和资金支持这十大方面的重要性。在全球化时代，重视科学教育创新，培养和提高公民的科学素养，借鉴国外先进的科学教育理念，才能更好地促进教育的可持续发展。总结过去，方能更好地面对未来，北外国际教育学院、北外国际教育研究院、北外全球教育治理研究中心、中国教育学会国际教育分会共同梳理全球科学教育的重要动态，以飨读者。

一、鼓励科技创新人才培养

美国政府出台签证政策，大力吸引 STEM 国际人才赴美学习和工作，并向所有学段的学生推广更高质量的 STEM 教育，旨在提升其全球竞争力。2022 年 1 月 21 日，美国国务院和国土安全部发表声明，延长持有 J-1 签证的 STEM 留学生的留美时长，并增加 22 个 STEM 带薪实习（Optional

Practical Training，简称 OPT）新专业。同月，美国教育和文化事务局启动"早期职业 STEM 研究计划"，将美国的 STEM 企业、研究机构与寻求 STEM 培训和研究项目的交流访问人员相互匹配，逐步建立起 STEM 领域的高层次全球人才网络。2022 年 12 月 7 日，美国教育部发布《提高标准：面向所有学生的 STEM 卓越计划》，将政府、社会组织、行业协会和社区等多方主体联合起来，提升学生的 STEM 学习成绩，培养长期服务于 STEM 领域的教师，并呼吁各级政府加大对全国 STEM 教育的资金投入。

二、重视基础教育阶段科学教育

美国不断加强基础教育阶段的科学教育，旨在激发青少年的好奇心和想象力，增强他们的科学兴趣、创新意识和创新能力，促进具备科学家潜质的青少年群体个性化发展。2022 年，美国国家科学院、工程院和医学院对中小学科学和工程教育给予持续关注，联合发布《学前至小学阶段的科学与工程：儿童聪慧与教育者优势》。该报告就学前至小学阶段如何有效实施科学与工程教育进行了分析，并提出相关的政策和建议。报告认为，在小学阶段建立坚实的科学和工程知识基础，能够维持和增强学生对科学和工程方面的热情，同时为他们处理未来更具挑战性的问题奠定知识和技能基础。

三、创新高等教育阶段科学教育

数字化是高等教育阶段科学教育创新的重要体现。数字教育创新有助于学习者更好地获取数字知识和技能，为其提供灵活、有效和包容性的学习体验，促进学习过程中的个性化发展，以应对后疫情时代的挑战。2022 年9 月，德意志科学基金赞助者联合会与德国大学、教育科技公司等多方主体共同发布《数字教育创新章程》，主要关注高等教育领域的数字化发展。该章程旨在进一步塑造以开放性、合作性和渗透性为特征的教育系统，将数字化的、开放的、可变通的解决方案广泛应用于德国高等教育机构之中，并通过上述实践实现科学教育的数字化创新。

四、推进科学教育教师队伍建设

国际组织聚焦于教师队伍建设，为科学教育体系强基固本，建立协同培养机制，促进能胜任科学教育教学工作的优秀人才的专业能力发展。联合国教科文组织于 2022 年 10 月 25 日举行会议，讨论制定教师人工智能能力框架，以便后期能够在更多国家和地区推广这一成果，促进教师在人工智能方面的能力建设。数十名人工智能和教育领域的国际专家和 70 多名与会者参加了本次磋商会议。联合国教科文组织未来学习与创新团队教育信息化与人工智能部门主任苗逢春先生介绍了联合国教科文组织在人工智能和教育领域的工作进展。人工智能教学能力框架包括人文价值观、人工智能素养、人工智能和教学法，以及创建和使用人工智能工具等方面。

五、深化科学教育国际合作

深化国际科学教育交流合作，借助网络平台以及智能技术创新教学形式开展国际活动，有助于进一步促进人才培养、科学研究和人文交流。2022 年 7 月 13 日，非洲高等教育组织非洲大学协会（AAU）与美国工程教育协会（ASEE）签署了一份为期五年的谅解备忘录，双方将在学术交流、联合研究、人员和机构能力建设、资源调配和基础设施发展方面协同合作，并通过讲习班、会议、研讨会、多媒体渠道和其他多种方式传播教育信息和科研成果，为利益相关者制定符合双方预期的提案。2022 年 12 月 1 日，一项由欧盟资助的项目在塔吉克斯坦展开，项目预计将持续四年，旨在支持塔吉克斯坦加速实现联合国可持续发展目标 4，并落实其 2030 年国家教育发展战略。该项目将为塔吉克斯坦的 STEM 学科设计教科书、教学材料，加强该国在职教师培训师、导师和教练的能力，以便更好地对 STEM 科目的教师进行培训。

六、推动科学教育领域公平公正

多国政府出台促进科学教育领域公平公正的建议和措施，有助于其应对数字资源分配不公平的现存挑战，并确保其公民能够获得更具包容性和广泛性的科学教育资源。2022 年 3 月 8 日，爱尔兰教育部长诺尔玛·福利宣布发布《STEM 教育性别平衡建议》。此建议主要由教育部 STEM 咨询小组负责制定和实施，内容主要包括女孩参与 STEM 学习时遇到的障碍，以及呼吁增加有效措施促进女孩接受 STEM 教育的机会。2022 年 9 月 28日，美国教育技术办公室发布了《促进全民数字公平：制订有效数字公平计划的社区建议，以消除数字鸿沟并实现技术赋能学习》。该计划从可及性（accessibility）、可负担性（affordability）与可用性（adoption）三个维度出发，分析了美国当前在推进数字公平过程中面临的挑战，并提供了有助于其突破困境的策略。

七、强化以学生为中心的教学评估

评估认证是指导教育教学工作的指挥棒，是质量保障体系的重要组成部分，开展以学生为中心的教学评估持续得到国际关注。2022 年 7 月 1 日，欧洲教育政策信息与分析组织——欧律狄刻网格联盟（Eurydice Network）发布《提高学生的数学与科学学习动力与成就感》报告，该报告研究了欧洲如何组织数学和科学教学工作，如何评估学习成果以及如何支持学习遇到困难的学生。研究发现包括：（1）额外的一对一或小组辅导是为学习困难的学生提供支持的常见方式；（2）在为正规学习提供支持的教育系统中，在数学和科学方面的后进生占比往往比较低；（3）在有"补习教师"参与提供学习支持的教育系统中，数学方面的后进生占比低于平均水平；（4）数学和科学专业教师短缺，扩大教师队伍规模和优化教师专业发展方面的需求迫切等。

八、更新科学教育课程框架

科学教育领域的教学框架和课程标准能够为 STEM 教学提供理论依据和指导，创设贴近学生真实情境的教学模式，促进 21 世纪 STEM 教育蓬勃发展。2022 年 4 月 22 日，中国教育部正式发布《义务教育信息科技课程标准（2022 年版）》，注重以科学原理指导实践应用，特别强调了各学科要开展 10% 的跨学科主题学习活动，与 STEM 教育的理念有异曲同工之意。此外，2022 年 10 月 27 日，"欧洲综合 STEM 教学项目"发布了欧洲首个综合 STEM 教学框架，即《STE(A)M IT 框架——欧洲综合 STEM 教学框架》。综合 STEM 教学框架面向欧洲教育行业的从业人员，为其提供 STEM 教学相关的信息和资源，主要包括以下四部分内容：该框架的受众群体和使用方法、综合 STEM 教学的含义及其必要性、STEM 教育资源和 STEM 教学建议。

九、关注职教领域的科学教育战略

联合国教科文组织提出职业技术教育与培训的全新战略，促进后疫情时代的社会和经济复苏，并加快实现联合国可持续发展目标 4 和目标 8。2022 年 4 月 8 日，联合国教科文组织职业教育中心发布《职业技术教育与培训战略（2022—2029 年）》，呼吁促进职业技术教育与培训的转型，以实现向更成功和公正的社会过渡。该战略侧重三条行动路线：（1）为个人的学习、工作和生活而发展技能，促进个人成长和终身学习；（2）为包容性和可持续的经济而发展技能，推动数字经济和绿色经济；（3）为包容与和平的社会而发展技能，推进全球范围内的公民教育和可持续发展，扩大社会融合和凝聚力。

十、加大科学教育资金投入

近年来，美国联邦政府各部门逐年加大对 STEM 项目的投资。其中，美国国家科学基金会（NSF）资助的项目主要通过课程培训、支持学生参加项目研究、举办竞赛和提供实验实践机会等举措推动科学教育，其中一半项目资助高等教育阶段学生，其次为基础教育阶段教师和学前教育阶段学生。美国卫生与公众服务部（HHS）资助的项目主要通过资助学生参加生物医学领域课程培训和项目研究，积累临床经验，主要培养高等教育学生，少数项目也为学前教育阶段学生和基础教育阶段教师提供生物医药领域的学习机会。美国教育部（ED）资助的项目主要通过课程培训、项目研究和奖学金资助的方式培养学习者在数学和科学等领域的基础能力，培养对象主要为学前教育阶段学生和高等教育阶段学生。

结语

世界多国政府、主要国际组织都在不断创新科学教育的内涵与方法、政策与实践。适应时代发展、社会转型与技术升级的需求，下大力气加强和改进科学教育，使广大青少年崇尚科学精神、树立科学思维、掌握科学方法、增强实践能力，对加快建设高质量人才培养体系、服务引领科技创新、增强综合国力和国际竞争力十分重要。面向未来，在新的形势和环境下，科学技术迭代迅速，以传统的知识传授为主的科学教育已无法适应国家科技创新发展的需要。应紧跟时代前沿和国际最新动态，以教育公平和质量为基石，以教育创新为抓手，引领未来科学教育的可持续发展。

中国式现代化进程中的国际教育新使命：中国教育学会国际教育分会 2022 学术年会暨第三届北外比较教育与国际教育论坛综述

王亚玲　苑大勇　北京外国语大学国际教育学院

2022 年 10 月，中国共产党第二十次全国代表大会在北京胜利召开，大会特别提出，要以中国式现代化全面推进中华民族伟大复兴。在此背景下，2022 年 12 月 9 日至 10 日，由中国教育学会、北京外国语大学指导，中国教育学会国际教育分会、北外国际教育学院主办，外语教学与研究出版社承办的"中国教育学会国际教育分会 2022 学术年会暨第三届北外比较教育与国际教育论坛"成功举行。国际教育概念丰富、形态多样，既内涵学习与借鉴他国教育的有效经验，也是中国教育现代化的先锋探索与有益尝试 [1]，并具体表现在国际课程与相关学科建设、国际教育交流与跨国教育援助等领域 [2]。本次会议以"新时代、新征程——中国现代化发展道路与中国国际教育新使命"为主题，旨在学习贯彻党的二十大赋予国际教育的新使命，研判后疫情时期国际教育发展的机遇与挑战，以更好地服务中国式教育现代化的战略制定。本次会议邀请近百位专家学者共谋中国国际教育改革与发展大计，分析国际教育的时代新挑战、新风貌与新定位，内容涵盖中国教育对外开放、中国参与全球教育治理及国际教育未来发展趋势等，具有重要的理论意义和现实意义。

一、国际教育面临的挑战与机遇

面对世界百年未有之大变局，教育也在充满不确定性的国际局势中变得更加复杂。国际教育天然带有国际性的属性，需要关注国内外形势变化。在本次年会中，众多专家学者围绕国家的时代命题，对新时代背景下中国国际教育的战略定位、发展机遇与发展形态等开展了深入探讨。

（一）党的二十大赋予国际教育的新定位

党的二十大对教育对外开放、教育交流与合作等国际教育议题作出新规划，提出新要求[3]。本次会议是在国际教育领域学习宣传党的二十大精神的重要活动，与会专家通过解读报告，共同探讨我国国际教育的时代新定位。中国教育学会名誉会长、中国教育学会国际教育分会顾问、北京师范大学资深教授顾明远从中国式现代化的内涵出发，认为中国式现代化是由中国共产党领导下的社会主义现代化，这既有各国现代化的共同特征，更有基于中国国情的特色。建设教育现代化需要遵循中国共产党关于建设中国式社会主义现代化的基本要求，坚持党的全面领导、以人民为中心、以马克思主义为指导思想、弘扬中华优秀传统文化。中国教育学会秘书长杨银付认为，党的二十大报告中所提及的"加快构建中国话语体系和中国叙事体系""以文明互鉴超越文明冲突、以文明共存超越文化优越"等内容为推进新时代教育事业高质量发展和教育国际交流、教育改革开放指明了方向，提供了依据。国际教育学者应坚持"四个研究"，即研究中国式现代化发展道路、研究为党育人为国育才、研究数字时代智慧教育样态以及研究加强国际传播能力建设。

（二）新发展格局给予国际教育的新机遇

党的二十大明确提出，教育、科技、人才是全面建设社会主义现代化国家的基础性、战略性支撑[4]。当今世界科技革命迅猛发展，信息技术迭代升级，人工智能作为具有"头雁效应"的战略性技术，在教育领域蓬勃发展。北京外国语大学党委书记、中国教育学会国际教育分会理事长王定华教授深入分析了人工智能对高等教育变革的冲击以及对高校教师和大学生的挑战。王定华教授结合北京外国语大学实践与应用人工智能的经验，如建设人工智能与人类语言重点实验室、出版《世界慕课发展报告》研究国外最新网络课程形态等，总结出人工智能助推高校教师队伍建设的"北外倡议"与人工智能助推学校改革发展的重点方面，包括要积极响应国家战略、主动迎接智能时代、有效支撑内涵发展、大力促进教育公平、切实纳入大学规划、加快构建智能环境、科学研发智能系统、全面普及智能运用、广泛推动协同合作以及精心优化教师服务。

　　教育对外开放是我国对外开放基本国策的重要组成部分，2020年《教育部等八部门关于加快和扩大新时代教育对外开放的意见》提出，要加大高等教育领域的对外开放力度[5]。北京大学国际高等教育研究中心主任、中国高等教育学会高等教育学专业委员会副理事长蒋凯教授分析了我国以国内大循环为主体、国内国际双循环相互促进的新发展格局下高等教育对外开放的未来趋势。疫情、战争与技术迭代等复杂严峻的形势不但阻碍了各国达成关于高等教育对外开放的共识，对我国高等教育对外开放也产生了严重的不利影响。我国应增强国内大循环内生动力和可靠性，提升国际循环的质量和水平，在高等教育领域，坚持高等教育对外开放，扩大国际交流合作范围，实现科技自立自强，构建人类命运共同体[6]。

（三）知识创新引领国际教育的新范式

　　科学研究是社会进步的重要源泉，而科学研究的本质特征与核心价值在于知识创新。构建人类命运共同体、理解新时代背景下国际教育的政策与研究，也需要有创新的思路与方法。西南大学副校长、中国教育学会国际教育分会副理事长陈时见教授从知识创新的视角解读新时代的国际教育研究，认为国际教育研究具有知识生产、知识创新与知识应用与转化等基本价值诉求，扩张取向、应用取向、专业取向与学科取向等价值取向，以及理论思维范式、人才培养范式与教育改进范式等不同研究范式。在推动世界教育交流合作中，国际教育研究能够为我们国家的教育变革和世界教育的改进服务，为学科知识创生服务。

　　知识创新与学科交叉融合是科学发展的时代趋势，国际教育从规模化发展朝向高质量、高水平发展，也需要建构多学科交叉融合的实践形态。加拿大西安大略大学教育学院终身教授李军分析了国际视野下教育的新挑战与新学科，并着重介绍了教育改进科学[7]。作为一门新兴交叉学科，教育改进科学于 2010 年在北美国家开始发展，卡内基促进教育基金会与密歇根大学等科研机构共同参与建设。教育改进科学立足教育的可持续发展，通过监测发现教育的可能变化与变革趋势，使教育学者将教育教学的改进跳出课堂的教学和学校的限制范围，改进也会发生在学生个体、教师个体、学校或其他教育系统。

二、当前国际教育发展状态的全景呈现

本次会议对近年来我国国际教育理念与实践的进展进行了专题研讨，展示了国际教育分会的年度成果，包括《习近平总书记教育重要论述讲义》英文版、《智能与赋能：中国外语教育数字化展望》、《"一带一路"国家文化教育大系》丛书以及《中国国际教育：观察与研究 2022》等重要研究成果，并公布了由中国教育学会国际教育分会联合北外国际教育学院等共同选出的 2022 全球基础教育领域具有重要影响力的十大事件。此外，本次会议还以朱永新教授的新教育实验为样本，探讨国际教育理论和实践的创新之处，分析中国特色基础教育实现高质量新发展的可行路径。

（一）国际教育发展的新时代战略目标

国际教育学者具有较强的国际视野，面对国际局势的不确定与不稳定，需要主动从我国国家发展战略出发，对标发现全球教育的新形态。中国需要打造教育高地，并深度参与全球教育治理，这是中国国际教育发展的时代性战略目标。

首先，要打造教育对外开放新高地。加快扩大教育对外开放是国际教育的战略目标，中国在教育领域已经部署了四个重点建设工程，其中，粤港澳大湾区被定位为新高地建设中的国际教育示范区[8]。华南师范大学施雨丹教授从粤港澳大湾区建设过程中教师教育合作的可能性与必要性出发，指出了目前三地教师资格不互认、职前培养不对应与职后流动不对接等问题。她提出，要立足三地既有的地域与文化优势，在政府支持、制度

引导与社会认可的基础上，协调建立多元互动的三地协调创新机制，并尝试设立教师教育合作示范区，探索大湾区教师资格证等相互认证机制的必要性。

此外，积极参与全球教育治理也是我国重要的国际教育发展战略。秉持共商共建共享的全球治理观，努力发挥负责任大国作用，贡献中国智慧和中国力量。开展国际理解教育已成为各个国家与国际组织的共识，也是培养学生全球治理理念的重要载体。国际理解不仅是世界公民的核心素养，也成为了 21 世纪中国学生的核心素养 [9]。南京师范大学张蓉教授回顾了改革开放以来中国中小学国际理解教育发展历程，认为我国以构建人类命运共同体为中小学国际理解教育发展的主题，政府在中小学国际理解教育发展中起主导作用，同时我国国际理解教育课程建设在不断完善，中小学教师的国际理解素养也在逐步提高，有助于我国学生发展全球视野，培养全球治理能力。

（二）国际教育实践推进的多重路径

国际教育具有多元的实践路径，一方面，需要立足当下，分析我国国际教育的既有发展形态，研究如何扎根中国大地办好国际教育，实践如何使国际教育高质量发展；另一方面，也需要放眼未来，制订切实可行的国际教育发展计划，不断创新我国国际教育生态，谱写国际教育的新时代华章。

高校联盟等是世界各国高等教育改革的重要话题，我国在《关于做好新时期教育对外开放工作的若干意见》中也指出，要鼓励成立区域性、行业性校级联盟 [10]。首都师范大学张梦琦博士分析了法国高校联盟的治理逻辑与现实困境，发现高校联盟是法国的一种国家行动，反映了法国融入全球高等教育、迈向卓越发展的雄心壮志。高校联盟已经成为法国高等教育机构和科研组织的一种基本的组织形态，影响着法国整个高等教育的治理进展。法国高校联盟为我国提高高等教育联盟合作水平以及深入推进"双一流"建设也提供了非常重要的思路。

面对新一轮产业革命的冲击，以及新冠疫情的影响，后疫情时代全球高校创新创业教育也出现了不同以往的机遇与挑战。浙江大学梅伟惠教授对全球创新创业教育做了系统分析与历史梳理，认为后疫情时代全球创新创业教育将出现战略化、制度化、专门化、与技术深度融合、面向可持续发展以及构建创业生态系统的六个发展趋势。梅伟惠教授还深入研究了2014年"大众创业、万众创新"战略对我国创新创业教育的促进作用，大量跨领域交叉学科的学者进入创新创业教育，新的理论视角与研究工具将有助于研判后疫情时代创新创业教育领域可能出现的问题。

（三）国际教育理念实现的本土化探索

"我们不能随意漫步在世界教育制度之林，像儿童逛花园似的从一堆灌木丛中摘一朵花，再从另一堆中采叶子，然后指望这些采集的植物移植到家中的土壤便会成为一个有生命的植物"。[11] 国际教育借鉴不是简单复制他国教育经验，应发现教育与社会文化的关系，进而在本土探索形成教育发展的内生动力。

儿童友好是新时代美好生活的需要，也是全面现代化的必然要求。1996年联合国开始倡导建立儿童友好城市，我国也始终高度重视儿童的成长与发展，2021年国家发改委等部门联合印发《关于推进儿童友好城市建设的指导意见》。为推动儿童友好教育理念进一步落地与发展，中国教育学会国际教育分会成立了儿童友好与儿童发展项目组，本次论坛也开设了"共建儿童友好生态"主题论坛，不同学科领域的专家学者展开对话，探索如何创建既符合中国国情又符合科学理念，以幼儿社会情绪学习为发展特色的儿童发展友好园。

外语教学、外语特色学校办学是我国实践国际教育的重要途径。本次论坛中，围绕"外语与思辨特色教学实践""基于师生发展的中小学外语特色学校办学创新与实践""国际课程融合与创新实践"等主题，全国多位优秀教研员、外语特色学校从业者针对理解外语教学新理念、丰富教学新架构与贯彻新课标等内容展开了有益讨论。同时，本次会议还通过四个教研工坊展示了不同教育阶段外语特色课程与课堂教学的创新实践，进行了基础教育课程国际融合创新教研平台启动仪式，公布"寻访国际教育'名师优课'暨精品课例征集活动"的入选名单。

三、深化国际教育改革的新定位

立足新时代、新征程，我国国际教育的研究者与实践者也应肩负历史重任，一方面为我国实现教育现代化、教育对外开放与国际化人才培养等重大议题提供高水平的研究与咨询工作，另一方面也应通过教育对外开放新高地建设、全球教育治理与全球胜任力培养等不断探索我国国际教育的实践形式，进而从根本上使国际教育能够为促进我国教育事业发展作出贡献。

（一）加强国际传播能力，讲好中国教育故事

党的二十大报告指出，"加强国际传播能力建设，全面提升国际传播效能，形成同我国综合国力和国际地位相匹配的国际话语权"。[12]在教育领域，发展国际教育不仅有助于在国际社会传播中国教育的新思想与新观点，也有助于中外教育人文交流、增进各国人民友谊。国家开放大学王向旭博士基于期刊与文献数据，分析了新时代中国比较教育研究的转型与发展，发现比较教育与国际教育在研究方面应进一步提升期刊的学术影响力，将"引进来"与"走出去"相结合，在国际学术界传播好中国经验。上海师范大学宋佳副教授在探析了全球教师发展面临的共同挑战之后，指出我国可通过派出国际教师资源队、发挥在华国际组织二类中心的传播窗口和培训平台作用，以及制造国际认可的公共教育产品来打通教育领域的传播路径。

讲好中国教育故事是时代赋予国际教育的重要使命，这不但是提升我国对国际教育重要事件、重大问题的对外发声能力，也是使"中国的世界"与"世界的中国"走向交汇的历史机遇。本次会议围绕"走向世界的中国教育"展开专题研讨，北京师范大学国际与比较教育研究院滕珺教授和马健生教授等与会专家均认可各国间唯有平等才能对话，唯有对话才有共识，

唯有共识才能互鉴，唯有互鉴才能发展。我们需要从全球层面出发，共同研究各国教育普遍面临的、需要携手解决的全球性问题，在这个过程中更要讲好中国故事，生产中国知识，贡献中国智慧[13]。

（二）深化文明交流学习，研究可资借鉴的国际教育

世界正在经历百年未有之大变局，面对复杂的国际局势，我们应推动我国国际地位与综合实力的有序提升，深化文明交流学习，以文明互鉴超越文明冲突，以文明交流超越文明隔阂。西南大学王正青教授对比了俄乌冲突前后俄罗斯高等教育在国际排名、跨境高等教育与国际化科研产出方面的变化，认为我国在未来可能会成为俄罗斯留学生的替代性选择，应加大对国际性科研人才的优惠引进力度，强化创新驱动发展战略，持续推进"一带一路"教育倡议，支持中国在海外分校合作办学，提供高质量的国际教育公共产品，参与制定全球高等教育规则，推动构建公平合理的全球高等教育新格局。

1991 年，第一所 IB[1] 学校被引入中国，目前我国已建设六百余所 IB 学校，覆盖小学、初中、高中乃至职业教育。作为一种中国国际学校的发展类型，IB 学校的教育治理与实践仍存在一定争议[14]。华东师范大学邓莉副教授通过分析我国 IB 学校最多的上海 IB 教育政策的演化以及其他利益相关者对于相关政策及实施的回应，发现 IB 教育存在国际教育与民族文化认同的双重张力，以及精英主义与教育分层的双重矛盾，我国 IB 学校在未来仍会面临学生与学校数量增速减缓、与国家课程融合以及考试升学等诸多挑战。因此，未来 IB 教育在我国的发展需要回应教育主权与国家认同的问题，IB 教育对实现中国教育现代化仍有一定的借鉴意义。

（三）锚定中国式教育现代化，培养全球复合型人才

中国式教育现代化是新时期中国教育改革和发展的中心任务，研究教育的中国式现代化发展道路，是每位国际教育学人的应有之义。可持续发展理念为高等教育机构适应全新的教育生态、适应全球化背景下经济社会

1　IB：见第 7 页。

的变革提供了契机，陕西师范大学陈玥副教授辨析了大学可持续发展战略中短时即得效益与长期适应力之间的矛盾性与不确定性，并基于美国高校分析出了一个通用的大学可持续发展战略蓝图。陈玥副教授认为高等教育机构的可持续发展应关注到工具理性与价值理性的交织并存，引入多元利益主体，实现全面参与共治，拓宽实施路径并提升多元协作的保障，提升绿色发展动力。

教育是国之大计，党之大计，党的二十大报告提出"实施科教兴国战略，强化现代化建设人才支撑"[15]。在新的起点上，国际教育学人也应勇担历史使命，培养出具有"中国深度""全球广度""人文高度"的国际性、复合型人才。全球胜任力是国际化、复合型人才的重要品质，本次会议设置了"全球胜任力培养的创新与实践"专题论坛，上海外国语大学梅德明教授将全球胜任力与中国外语教育近年来的改革理念相结合，探讨了如何将全球胜任力的培养融入外语学科教育，多位国际教育从业者也分享了培养全球胜任力的实践经验。此外，青年学者是国际化、复合型人才的重要组成部分，为发挥青年研究者、硕博士生的责任与担当，本次会议开设了"'九零后教育学人'的使命与挑战"主题论坛，青年学者围绕教育改革与治理现代化、人才培养与高质量教育体系、教育国际化与中国行动等话题展开热议。

四、结语

教育不仅需要适应，更需要引领；凡事预则立，不预则废[16]。正确认识与准确把握未来教育变革，需要国际教育学者的细致研究与敏锐判断。与其他教育学科的研究者不同，国际教育学者站在本国立场上，考察不同国家教育的共性、差异及其内在原因，也是通过这些跨文化的教育考察与交流，来为本国的教育发展提供创新与启迪。未来的国际教育研究既要立足我国教育的现实问题，也要放眼大时代，从整个世界的历史全局来把握教育发展方向。此外，党的二十大指出，要"加快构建中国话语体系和中国叙事体系，讲好中国故事、传播好中国声音"[17]，这为国际教育的发展提出了新的要求，即推动中国教育更好地走向世界，世界更好地了解中国教育。后疫情时期，后发国家入局国际性竞争成为新常态[18]。根据党的长远的、历史性的战略布局，中国的国际教育也努力成为世界新标杆，助力我国在百年未有之大变局下赢得教育发展先机并为真正实现中华民族伟大复兴奠定更加坚实的基础。

（本文已发表在《世界教育信息》2023年第07期。）

参考文献

[1] 滕珺，马健生，石佩，等. 全球视野下中国"国际教育"现代性本质及其实现 [J]. 比较教育研究，2019，41（12）：36-41，50.

[2] 白玉平，曲铁华，胡林娣. 国际教育与国家利益：冷战时期——以"外国领袖项目"为中心 [J]. 外国教育研究，2021，48（06）：113-128.

[3] [12] [15] [17] 习近平：高举中国特色社会主义伟大旗帜 为全面建设社会主义现代化国家而团结奋斗——在中国共产党第二十次全国代表大会上的报告 [EB/OL].（2022-10-25）[2023-12-02]. http://www.gov.cn/xinwen/2022/10/25/content_5721685.htm.

[4] 张超超. 夯实全面建设社会主义现代化国家基础性战略性支撑 [EB/OL].（2023-01-11）[2023-12-02]. http://theory.people.com.cn/n1/2023/0111/c40531-32604079.html.

[5] 中华人民共和国教育部. 教育部等八部门印发意见加快和扩大新时代教育对外开放 [EB/OL].（2020-06-23）[2023-12-02]. http://www.moe.gov.cn/jyb_xwfb/s5147/202006/t20200623_467784.html.

[6] 李捷. "双循环"背景下高等教育发展格局的优化研究 [J]. 高校教育管理，2021，15（05）：23-35.

[7] 李军. 论教育改进科学：迈向改进型组织的艺术 [J]. 华东师范大学学报（教育科学版），2022，40（12）：1-13.

[8] 施雨丹. 粤港澳大湾区教师教育协同发展的价值、困境及改进策略 [J]. 华南师范大学学报（社会科学版），2021，（05）：74-82，206.

[9] 张蓉. 中小学国际理解教育课程建设的未来展望：基于国际比较的视角 [J]. 课程·教材·教法，2020，40（12）：46-52.

[10] 中共中央、国务院. 关于做好新时期教育对外开放工作的若干意见 [EB/OL].（2016-04-29）[2023-12-02]. https://www.gov.cn/xinwen/2016-04-29/content_5069311.htm.

[11] 王承绪. 比较教育学史 [M]. 北京：人民教育出版社，1998：66.

[13] 课题组，秦琳，浦小松，等. 提升我国教育世界影响力——习近平总书记关于教育的重要论述学习研究之十二 [J]. 教育研究，2022，43（12）：4-14.

[14] 伍绍杨，张玉娴，彭正梅. IB如何成长为最著名国际教育品牌：一种历史的考察 [J]. 外国教育研究，2022，49（06）：65-84.

[16] 王定华. 试论我国大学参与全球教育治理的方略 [J]. 教育研究，2022，43（12）：
76-90.

[18] 刘进，林松月，高媛. 后疫情时期高等教育国际化新常态——基于对菲利普·阿
特巴赫等 21 位学者的深度访谈 [J]. 教育研究，2021，42（10）：112-121.

作者简介

王亚玲：　北京外国语大学国际教育学院博士生。研究领域为国际与比较教育。

苑大勇：　北京外国语大学国际教育学院教授，中国教育学会国际教育分会副秘书
　　　　　长。研究领域为全球教育与文化、国际与比较教育、职业教育、终身教
　　　　　育等。

教育强国背景下基础教育国际化的新图景：中国教育学会国际教育分会2023学术年会暨投身教育强国建设、助力国际教育创新研讨会综述

苑大勇　聂苏佳惠　北京外国语大学国际教育学院

2023年5月，习近平总书记在主持中共中央政治局第五次集体学习时强调，建设教育强国是全面建成社会主义现代化强国的战略先导；要加快推进教育现代化，以教育之强夯实国家富强之基，为全面推进中华民族伟大复兴提供有力支撑[1]。为贯彻落实习近平总书记此次重要讲话精神，加快建设教育强国，更好地服务我国参与全球治理，构建更加优质、均衡、可持续的教育生态，推动基础教育的互学互鉴，助力培养具有家国情怀、全球视野、专业本领、引领未来的高素质拔尖创新人才，2023年12月2日，由中国教育学会和北京外国语大学主办，中国教育学会国际教育分会、北外国际教育学院、外语教学与研究出版社和北京外国语大学附属海南外国语学校承办的"中国教育学会国际教育分会2023学术年会暨投身教育强国建设、助力国际教育创新研讨会"在海南澄迈举办。本次会议围绕基础教育的国际化特色发展、中国特色高品质学校建设、外语教育课程改革与教学创新、青少年国际理解教育与全球胜任力等热点话题开展讨论，基础教育领域的40余位领导、专家学者在会上做了学术报告，为我国基础教育国际化发展提供了重要的决策参考。

一、教育强国建设进程中国际教育大有可为

习近平总书记在主持以教育强国为主题的中共中央政治局第五次集体学习时指出，"要完善教育对外开放战略策略，统筹做好'引进来'和'走出去'两篇大文章，有效利用世界一流教育资源和创新要素，使我国成为具有强大影响力的世界重要教育中心……增强我国教育的国际影响力和话语权。"[2] 这一重要指示为中国推动教育强国建设、发展国际教育、促进教育对外开放和交流合作指明了方向并提供了根本遵循。

（一）教育对外开放是教育强国建设的必要条件

教育对外开放是教育现代化的显著特征和重要动力，是教育发展、国家建设和新时代的需要，应以积极的态度开展教育国际交流与合作，促进不同文明相互交流、增进了解、建立友谊的桥梁[3]。教育部基础教育司司长田祖荫提出，要做好基础教育国际交流这篇大文章，一方面要坚定自信、做强做优，从中华传统文化中汲取营养，巩固和发展我国基础教育的优势，坚定不移地培养德智体美劳全面发展的社会主义建设者和接班人；另一方面要胸怀世界、扩大影响，面向世界、面向未来、面向现代化，吸纳借鉴国外基础教育领域好的经验、好的做法，培育我国基础教育的国际品牌项目，积极开辟基础教育国际合作交流的新领域和新赛道。华南师范大学教师教育学部部长王红结合"中美中小学校长教育领导能力学习与交流"项目的相关实践，指出只有在大学、中小学、地方政府和社区深度合作的前提下，才能使国际教育和国际交流做得既有理论高度，又有实践深度。此外，应主动加强同世界各国的互鉴、互容和互通，形成更全方位、更宽领域、更多层次、更加主动的教育对外开放局面[4]。北京外国语大学国际教育学院涂端午副教授从历史维度梳理了教育对外开放的内涵演变，总结出教育对外开放的先导性、自主性、探索性、原则性和平等性的基本特征，认为教育对外开放具备为深化教育改革聚智汇能、为民族复兴强基固本、为"一带一路"建设铺路架桥、为构建人类命运共同体凝心聚力、为全球治理变革蓄势赋能五方面的重要功能。

（二）助力教育对外开放是国际教育的重要使命

随着全球化进程的不断推进，教育国际化成为教育领域的热点话题。在新时代，中国国际教育事业的发展迎来新契机，同时也面临着新挑战。中国教育学会常务副会长翟博认为，在教育强国建设的伟大进程中，要研究和发展具有中国特色、世界水平的国际教育，着力构建教育对外开放的新格局；应认真研究国际教育的新态势，牢记为国育人、为国育才的历史使命，在国际教育交流与合作方面采取更加积极主动有效的策略，有效利用世界一流教育资源和创新要素，助力开拓我国国际教育新局面。国际教育要服务教育对外开放的国家战略，整合经济、社会等可持续发展要素，提供广泛的活动和服务，在全球教育枢纽建设中发挥国际教育的优势[5]。海南师范大学副校长韩小雨基于中国建设"世界重要教育中心"的重大战略命题，在分析了新加坡、卡塔尔、韩国和迪拜等有代表性的新兴国家和地区的国际教育枢纽后，指出打造新时代国际教育枢纽是国际教育发展的新趋势和我国应然的战略选择，建设高质量国际教育枢纽有利于我国加快建成全球教育中心、世界重要人才中心和创新高地。

（三）数字化转型是国际教育发展的未来机遇

在人工智能、大数据等数字化技术飞速发展的时代背景下，推进教育数字化、提升教育治理数字化能力成为实现中国式教育现代化的重要路径。中国教育学会国际教育分会理事长、北京外国语大学党委书记王定华教授提出，当今世界科技革命加深加广、信息技术加深演变、工业 4.0 已成现实、人工智能汹涌而来、ChatGPT 横空出世，在给教育工作者带来诸多机遇的同时，也构成了严峻挑战；广大教育工作者要抢抓机遇、直面挑战，做出新时代教育强国背景下教育人的切实担当。北京大学教育学院施晓光教授在分析面向未来的国际教育发展趋势时指出，"互联网＋教育"推动着学校教育教学的急剧变革，具体体现在课堂教学的革命、创新学校的发展、教学方式的变革、学习方式的更新、教师角色的转变等方面。教育数字化促进教学方式变革，驱动教学形态重塑[6]。在教学中使用新兴技术与数字化教学工具能够有效提升教学效率，培养学生的素质和素养。深圳市南山实验教育集团荔林小学党支部书记、校长张祖志系统介绍了荔林小学的"精·智"创新教学模式，分析了这一教学模式下教学方式、评价方式和培养方式的变革，包括在基于智能手环的精准体育教学模式中，实时监测课堂上学生的心率、运动强度和频度；在信息技术支持下的"我能写"语文课堂模式中，为写作困难的学生提供有效指导，为学生提供个性化的指导与快捷全面的反馈。

二、教育强国背景下国际教育发展的实践维度

当今时代，全球化程度不断加深，国际化发展是基础教育阶段各类型学校必须面对和思考的重要问题。从不同视角对近年来我国基础教育阶段的学校建设、外语教育实践、课程建设与改革等国际教育具体的实践维度进行讨论，探究中国基础教育实现高质量发展的可行路径，对教育强国建设有重要的实践价值。

（一）推进高品质学校建设的系统设计

建设高品质的现代化学校是实现教育强国进程的重要路径和有效举措。高品质学校是品位和质量都高的学校，既能找准自身的发展定位，又能采取恰当的教育策略，兼顾学生今天的幸福和明天的发展，肩负起历史使命，培养出担当民族复兴大任的时代新人[7]。北京外国语大学英语学院副院长张莲以比较的视角对中外高品质学校的建设进行对比研究，发现中外高品质学校的建设差异显著，存在交流互鉴的空间，并指出高品质学校建设既是一项事关国家发展战略全局的伟大事业，又是一项需要系统思考、研究和实践的动态系统工程。杭州外国语学校校长王华琪认为高品质学校走向现代化，不仅仅是办学条件达到现代化水平，还要在理念、课程、队伍、管理和设施上达到"现代的品质"，在学生身上培养出新时代未来人才必备的品质和性格。

高品质学校的建设还要重视生态性原则，发挥校园生态文明的培育功

能，有助于学生树立生态正义观[8]。北京外国语大学附属海南外国语学校校长肖远骑在解答如何打造有人性的、有温度、有故事、有美感的高品质学校这一问题时，介绍了该校将大树文化作为校本课程的经验，其校园中的树木、鲜花等生态要素的种植均蕴含教育寓意，致力于打造有文化的生态型校园，把文化种在校园里。

高品质学校的建设应积极落实科学教育的要求。科学教育是提高学生科学素养、培养拔尖创新人才、推动社会发展进步的重要支撑，在落实教育、科技、人才"三位一体"战略布局中具有关键作用。习近平总书记在主持中共中央政治局第三次集体学习时强调，要在教育"双减"中做好科学教育加法，激发青少年的好奇心、想象力、探求欲，培育具备科学家潜质、愿意献身科学研究事业的青少年群体[9]。中国人民大学附属中学海口实验学校党支部书记刘卫民通过论述其学校包含基础课程、创意发明课程、时事热点课程和探索发现课程的科学信息 FIND 课程体系，指出科学教育覆盖从基础教育到高等教育的全学段，并呈现螺旋上升的趋势。要加强学校作为科学教育的主阵地，以探究实践教育的方式调动学生思维，培养学生的科学观念、科学思维与态度责任，并且指出中小学校要与高校、科研院所、科研院校、科技场馆等合作，弘扬科学家精神，协同为国家培养科技人才。

（二）创新国际教育课程领域的实践路径

发展中国国际教育离不开外语教育教学和外语人才培养。紧跟时代、持续变革、打破常规已成为外语教育教学的新常态。外语教育作为党和国家国际化高素质人才培养的重镇和中外人文交流的桥梁，使命在肩，大有可为[10]。北京市海淀区教育科学研究院杨柳在讨论面向未来、素养导向的外语教学方式时提出，未来的教育重视学生问题解决能力的培养、强调逻辑推理的重要性、注重真实问题情境的建构、倡导学生在学习过程中的主动参与和自主实践，以问题为牵引的互动式、启发式、探究式课堂教学法是适应未来社会人才培养的路径转型。

在解决现实中的具体问题时，往往是没有学科边界的，因此跨学科教学对于学生跨界思维品质的培养至关重要。《义务教育课程方案（2022年版）》明确指出，要统筹设计综合课程和跨学科主题学习，原则上各门课程用不少于10%的课时设计跨学科主题学习[11]。通过跨学科教学，学生能够在知识融合与思维探索中，以更全面的眼光思考并解决问题。江苏省如皋市龙游湖外国语学校国际部主任周晓洁提出，应坚持英语教学中的跨学科理念，通过在教材中找出可进行学科融合探究的问题，并与其他学科老师进行联合备课，以融合学科元素和学科间辅助的路径进行跨学科教学。英语戏剧教学作为英语与艺术学科的跨界领域，其教学活动开展方式既生动有趣，又能促进学生的高效学习，有利于学生的智力成长和身心发展。四川省成都市教育科学研究院小学英语教研员樊波认为，英语课堂戏剧教学具备六大育人功能，即激活人生价值、提高真实体验、促成人际互动、加强团队凝聚力、优化师生关系和促进思维创新。她还指出，教师实施课堂戏剧教学活动应以具体教学设计为基础，把整体思路渗透进每一项具体活动之中，根据课堂戏剧的整体计划分步实施。

用英语讲好中国故事是新时代开展国际教育的必要内容。通过把讲好中国故事、传播好中国声音作为教育对外开放的重要内容，主动宣传祖国发展成就，积极传播中国理念[12]。党的二十大报告也提出加快构建中国话语和中国叙事体系，讲好中国故事、传播好中国声音，展现可信、可爱、可敬的中国形象[13]。通过讲中国故事，学生整理并概括故事中的关键信息，理解并推断故事背后的价值内涵，作出价值判断，并以一定逻辑进行表达，此过程利于提升学生的逻辑思维、辩证思维、创新思维和独立思考能力。北京市东城区教育科学研究院李莎认为，用英语讲好中国故事是落实英语学科核心素养的重要路径，是英语课堂教学之外的延伸。用英语讲好中国故事不仅要求学生理解中国故事，更需要以全球视野尊重和认同世界多元文化，鼓励学生将英语作为交际语言，用富含文化内涵的中国故事架起与世界沟通的文化之桥。

（三）谋划课程与教学建设的改革思路

课程建设与课程改革如何回应中国式现代化的推进，关乎教育课程现代化的前进方向。课程建设与课程改革的目标是通过创新和实验，打破传统的课程模式，塑造一种全新的课程体系，为学生提供更优质、更具实效性的教育体验。北京外国语大学附属外国语学校校长张文超分享了该校建设融通课程体系的实践路径，其融通课程体系分为基础课程、拓展课程和探究课程三阶，在语言表达与文化交流、自信自觉与文明互鉴、社会责任与全球视野、科学探索与技术创新、身心发展与和谐共生五个维度促进学生的全面发展。天津外国语大学附属外国语学校校长李晓辉详细论述了该校目标明确、结构完整的"一体两翼六领域"的课程体系："一体"是学校的主体课程，由"基本素质课程"和"核心课程"组成；"两翼"分别是"学术拓展类课程"和"社会实践类课程"；"六领域"包含语言与文学、数学与逻辑、科学与技术、人文与社会、艺术与欣赏、体育与健康。成都棠湖外国语学校高中部课程处主任李秀芳指出，要建多维多元的英语课程、设锦上添花的多语课程，以基于主题的群文阅读教学、基于主题意义探究的单元整体教学等方式进行创新教学，准确把握国家课程方案、英语课程标准和高考评价体系的内容，深化英语课程改革与教学方法创新。

三、国际教育的发展重心是国际化人才培养

随着全球化进程的推进，国家间在政治、经济、文化等方面的往来与联系日益紧密。为更好地适应全球化的新时代，需要以一种打通过去、现在与未来的教育模式，让学习者能够为未来社会的变化和需求做好准备，为打造更加平等和包容的未来作出贡献[14]。基于这一背景，对以国际化人才培养和学生国际素养提高为导向的国际理解教育和全球胜任力教育的呼吁愈发强烈。

（一）基础教育要强化国际理解教育

全球化是当今时代的明显特征，作为一种不可阻挡的现象，影响着世界各个角落的人们。着眼于教育领域，国际理解教育是全球化时代对应的产物。"国际理解教育"的理念于1946年联合国教科文组织第一次大会上

首次正式提出，以"人类和平"为终极目标，呼吁世界各国通过教育增进不同国家、不同文化间的理解 [15]。2010 年中共中央、国务院印发的《国家中长期教育发展和改革规划纲要（2010—2020 年）》首次将国际理解教育纳入国家级政策文件 [16]。2020 年《教育部等八部门关于加快和扩大新时代教育对外开放的意见》明确指出，要加强中小学国际理解教育，帮助学生树立人类命运共同体意识，培养德智体美劳全面发展且具有国际视野的新时代青少年 [17]。教育部中外人文交流教育实验区指导专家委员会委员李全认为，新时代的国际理解教育是落实新时代立德树人根本任务的具体体现，是教育高质量发展和建设教育强国的必然要求，是全面提升学生核心素养和全球竞争力的重要举措，要培养懂自己、知世界、走世界的中国人，并结合成都市推进国际理解教育的行动指出国际理解教育的实施难点在于课程难实施、内容难选择、课时难保证和教师难教学。国家基础教育课程教材专家工作委员会委员夏谷鸣指出，国际理解教育体现在语言能力、跨文化沟通、文化敏感性、全球视野和国家情怀五个层面，要培养学生理解不同语言、文化差异和全球性的问题的能力。武汉市教育局国际合作与交流处调研员胡思巍从立足学校特色构建融合课程体系，立足课堂教学适时渗透国际理解，开展国际合作交流增进国际理解这三个方面回顾了武汉市经开区国际理解教育的探索，并提出要广泛吸纳国际合作资源，促成学校广泛建设国际联系，将国际理解教育落到实处。

（二）立足本土文化培养全球胜任力

全球胜任力包含辩证分析全球和跨文化问题、理解他人观点和世界观、有效地进行跨文化交流等要素，开展全球胜任力教育是培养能投身于全球治理人才的新方案。北京外国语大学原副校长闫国华认为，全球胜任力是一种综合能力，包含综合素养、理想志向和实践技能三个方面和欣赏、沟通、分析、行动和语言五种能力，这些能力的培养和展现并非一个学科所能完成的，而应提倡超出学科层面的"大教育"，从视野、格局、胸怀等各个角度培养学生在全球胜任力方面的悟性。上海外国语大学教授梅德明指出，培养学生的全球胜任力，要从语言素养和人文素养两方面着手，致力于使其成为具有中国情怀、国际视野和跨文化合作与交流能力的时代新人，并要做到坚守中华文化立场，强调中华文化在全球胜任力培养过程中"根"与"魂"的作用。

四、结语

中国教育学会国际教育分会强调学术立会，本次年会也十分重视科研产出，大会发布了《全球基础教育十大事件》、《中国国际教育：观察与研究》与《国际教育研究与述评》等成果，发布了寻访国际教育名师优课及精品课例征集的评选结果，为国际特色学校搭建了教师教研和专业发展平台，为基础教育课程改革提供可借鉴的国际经验和特色。如今，建设教育强国是全面建成社会主义现代化强国的战略先导，是实现高水平自立自强的重要支撑，是实现中华民族伟大复兴的基础工程[18]。本次年会规模宏大、成果丰硕，学者们对当前教育强国建设背景下我国国际教育领域的重大议题、热点话题、焦点问题进行理性而透彻的研讨，分享丰富的教育实践，体现多样的研究方法，呈现可行的策略建议，为我国国际教育的繁荣发展注入新动力，为中国国际教育的高质量发展提供前瞻性、系统性的学术支持和帮助。国际教育可以为更快更好地建设教育强国、实现教育现代化、办好人民满意的教育贡献智慧。在国际化教育的道路上，在教育强国建设的背景下，做好国际教育任重道远。

（本文已发表在《基础教育参考》2024 年第 03 期。）

参考文献

[1] [2] 习近平主持二十届中共中央政治局第五次集体学习并发表重要讲话 [EB/OL].（2023-05-29）[2024-01-05]. www.gov.cn/yaowen/liebiao/202305/content_6883632.htm.

[3] 顾明远，滕珺. 后疫情时代教育国际交流与合作的新挑战与新机遇 [J]. 比较教育研究，2020, 42（09）: 3-7, 13.

[4] [17] 中华人民共和国教育部. 教育部等八部门关于加快和扩大新时代教育对外开放的意见 [EB/OL].（2020-06-23）[2024-01-06]. http://www.moe.gov.cn/jyb_xwfb/s5147/202006/t20200623_467784.html.

[5] 徐一录．"双循环"新发展格局下我国国际教育枢纽建设研究 [J]．高校教育管理，2022，16（06）：102-112．

[6] 刘邦奇．智慧课堂引领教学数字化转型：趋势、特征与实践策略 [J]．电化教育研究，2023，44（08）：71-79．

[7] 刘涛，崔勇．高品质学校建设的"四川样本"[J]．人民教育，2020，（10）：47-50．

[8] 盛文楷．"美丽中国"语境下校园生态文明培育实践的动力机制构建 [J]．教学与管理，2014，（27）：51-54．

[9] 习近平主持中共中央政治局第三次集体学习并发表重要讲话 [EB/OL]．（2023-02-22）[2024-01-06]．https://www.gov.cn/xinwen/2023-02/22/content_5742718.htm．

[10] 鲁巧巧，王志强．未来教育之高校高质量英语教学变革与赋能研究 [J]．吉林省教育学院学报，2022，38（04）：108-113．

[11] 中华人民共和国教育部．义务教育课程方案（2022年版）[S]．北京：北京师范大学出版社，2022：11，13．

[12] 中共中央、国务院．关于做好新时期教育对外开放工作的若干意见 [EB/OL]．（2016-04-29）[2024-01-07]．https://www.gov.cn/xinwen/2016-04-29/content_5069311.htm?t=inxyt．

[13] 习近平．习近平：高举中国特色社会主义伟大旗帜 为全面建设社会主义现代化国家而团结奋斗——在中国共产党第二十次全国代表大会上的报告 [EB/OL]．（2022-10-25）[2024-01-05]．https://www.gov.cn/xinwen/2022-10/25/content_5721685.htm．

[14] 孙成梦雪．面向未来的全球胜任力教育：回顾与反思 [J]．重庆高教研究，2021，9（04）：118-127．

[15] 李桐．新加坡中学社会科中国际理解教育的研究 [D]．上海：上海师范大学，2020．

[16] 中共中央、国务院．国家中长期教育改革和发展规划纲要（2010-2020年）[EB/OL]．（2010-07-29）[2024-01-07]．http://www.moe.gov.cn/srcsite/A01/s7048/201007/t20100729_171904.html．

[18] 彭泽平．加快建设教育强国的实践要点 [J]．人民论坛，2023，（22）：58-60．

作者简介

苑大勇：　北京外国语大学国际教育学院教授，中国教育学会国际教育分会副秘书长。研究领域为全球教育与文化、国际与比较教育、职业教育、终身教育等。

聂苏佳惠：　北京外国语大学国际教育学院比较教育学专业硕士研究生。研究领域为国际与比较教育。

后 记

当今世界，百年未有之大变局加速演进，世界进入新的动荡变革期，我国发展进入战略机遇和风险挑战并存，不确定、难预料因素增多的时期。世界之变、时代之变、历史之变正以前所未有的方式展开。2023 年 5 月 29 日，习近平总书记在主持中共中央政治局第五次集体学习时发表重要讲话，对加快建设教育强国指明了奋斗方向、提供了根本遵循。在此背景下，中国的国际教育发展的理论建构、实践探索以及政策研究都面临诸多挑战，中国国际教育的改革需要适应国内外新的发展形势，为教育强国贡献独特的力量。

中国教育学会国际教育分会发挥专业学术团体的优势，编撰了这本《中国国际教育：观察与研究 2024》。本书作为分会重要的研究报告，汇聚国际教育领域的研究学者和实践工作者，针对当前中国国际教育的重要议题贡献智慧，恰逢其时且十分必要。本报告围绕中国国际教育的核心议题，进行深入观察、案例分享、总结提炼、形成理论。报告主体内容分为五个部分：国际教育的使命价值、品质保障、课程理念、国际观察和全球教育回顾。这五个部分的内容相互映衬且互相支撑，反映了中国国际教育的现实状态，展示了当前学者们的理论思考，并分享了部分国际教育机构的典型案例，可以为中国的国际教育发展提供重要参考。在本报告的全球教育回顾部分，因出版周期关系，未能体现最新的国际教育信息动态，欢迎各位读者关注中国国际教育学会国际教育分会的官方微信公众号"国际教育荟"，了解国际教育领域的最新资讯。

本报告是全体撰稿人集体智慧的结晶，感谢各位作者辛勤付出，他们分别是：朱竹、段可争、李劲红、苑大勇、赵怡萌、葛晓辞、牛晓雨、王丹、雷甜甜、杨志娟、李梅、徐墨、李东玉、刘昕凯、李欢欢、沈思芮、斯雯、底会娟、王艺芳、文建章、刘仕奇、刘天伟、赵娟、李雪珊、廖婧琳、包耘、李俏、刘雯钦、曹宇婷、孙叶单、马晨晨、谢梓文、陈玥、屈蕾、刘茹梦、巫锐、吴瑞瑞、王琦、郭芳、贺亿、王亚玲、聂苏佳惠（按正文出现次序）。本报告在编撰和出版过程中，得到了中国教育学会国际教育分会、外语教学与研究出版社、北外国际教育学院各位伙伴的支持，在此一并表示诚挚谢意。

　　本报告作为中国教育学会国际教育分会的阶段性研究成果，期待能给读者带来关于中国国际教育的新思考，激励各位同仁不忘初心、牢记使命、砥砺奋进，共同为中国国际教育的发展贡献智慧。受编者水平所限，报告中可能有疏漏与不足之处，敬请各位同仁批评指正。

中国教育学会国际教育分社副秘书长

苑大勇

2024 年 4 月